教师教育新概念丛书

新编
课堂教学设计

XINBIAN
KETANG JIAOXUE SHEJI

曾文婕 ◎编著

北京师范大学出版集团
BEIJING NORMAL UNIVERSITY PUBLISHING GROUP
北京师范大学出版社

图书在版编目（CIP）数据

　　新编课堂教学设计/曾文婕编著.—北京：北京师范大学出版社，2023.4
　　ISBN 978-7-303-27931-9

　　Ⅰ．①新…　Ⅱ．①曾…　Ⅲ．①课堂教学-教学设计
Ⅳ．①G424.21

　　中国版本图书馆 CIP 数据核字（2022）第 099998 号

图书意见反馈：gaozhifk@bnupg.com　010-58805079
营销中心电话：010-58802755　58800035
北师大出版社教师教育分社微信公众号　京师教师教育

出版发行：北京师范大学出版社　www.bnupg.com
　　　　　北京市西城区新街口外大街 12-3 号
　　　　　邮政编码：100088
印　　刷：北京同文印刷有限责任公司
经　　销：全国新华书店
开　　本：787 mm×1092 mm　1/16
印　　张：12
字　　数：252 千字
版　　次：2023 年 4 月第 1 版
印　　次：2023 年 4 月第 1 次印刷
定　　价：39.00 元

策划编辑：冯谦益　　责任编辑：冯　倩　王贺萌
美术编辑：焦　丽　　装帧设计：北京汉风唐韵文化发展有限公司
责任校对：陈　荟　　责任印制：马　洁

目　录

第三篇

导　论

很长一段时间，一则《灰姑娘》的教学案例广为流传，被人称道。这是一堂来自异国他乡的阅读教学课。

上课伊始，老师先请一个学生上台讲《灰姑娘》的故事，然后开始向全班同学提问。

老师：你们喜欢故事里面的哪一个人？不喜欢哪一个人？为什么？

学生：喜欢辛黛瑞拉（灰姑娘）还有王子，不喜欢她的后妈和后妈带来的姐姐。辛黛瑞拉善良、可爱、漂亮，后妈和姐姐对辛黛瑞拉不好。

老师：如果在午夜12点的时候，辛黛瑞拉没有来得及跳上她的南瓜马车，你们想一想，可能会出现什么情况？

学生：辛黛瑞拉会变成原来脏兮兮的样子，穿着破旧的衣服，哎呀，那就惨啦。

老师：所以，你们一定要做一个守时的人，不然就可能给自己带来麻烦。另外，你们每个人平时要打扮得漂漂亮亮的，千万不要突然邋里邋遢地出现在别人面前，不然你们的朋友就会被吓着。女孩子们更要注意，将来你们成年后和男孩子约会，要是不注意被他看到你很难看的样子，他可能就要被吓昏了。（老师做昏倒状，全班大笑）

老师：好，下一个问题，如果你是辛黛瑞拉的后妈，你会不会阻止辛黛瑞拉去参加王子的舞会？你们一定要诚实哟！

学生：（过了一会儿，有学生举手回答）如果我是辛黛瑞拉的后妈，我也会阻止她去参加王子的舞会。

老师：为什么？

学生：因为我爱自己的女儿，我希望自己亲生的女儿当上王后。

老师：是的。所以，我们看到的后妈好像都是不好的人，但她们只是对别人不够好，可是她们对自己的孩子却很好，你们明白了吗？她们不是坏人，只是她们还不能够像爱自己的孩子一样去爱其他人的孩子。

老师：同学们，下一个问题，辛黛瑞拉的后妈不让她去参加王子的舞会，甚至把门锁起来，她为什么能够去，而且成为舞会上最美丽的姑娘呢？

学生：因为有仙女帮助她，给她漂亮的衣服，还把南瓜变成马车，把狗和老鼠变成仆人……

老师：对，你们说得很好！如果辛黛瑞拉没有得到仙女的帮助，她是不可能去参加舞会的。如果狗和老鼠都不帮助她，她可能在最后的时刻成功跑回家吗？

学生：不会，那样她就可能吓倒王子了。（全班再次大笑）

老师：虽然辛黛瑞拉有仙女帮助她，但是，光有仙女的帮助还不够。所以，同学们，无论走到哪里，我们都是需要朋友的。我们的朋友不一定是仙女，但是，我们需要他们。我也希望你们有很多很多的朋友。

老师：下面，请你们想一想，如果辛黛瑞拉因为后妈不愿意让她参加舞会就放弃了机会，她可能成为王子的新娘吗？

学生：不会！那样的话，她就不会到舞会上，不会被王子遇到，让王子认识和爱上她了。

老师：对极了！如果辛黛瑞拉不想参加舞会，就是她的后妈没有阻止，甚至支持她去，也是没有用的。是谁决定她要去参加王子的舞会的？

学生：她自己。

老师：所以，孩子们，就是辛黛瑞拉没有妈妈爱她，她的后妈也不爱她，这也不能够让她不爱自己。就是因为她爱自己，她才可能去寻找自己希望得到的东西。如果你们当中有人觉得自己没有人爱，或者像辛黛瑞拉一样有一个不爱你的后妈，你们会怎么做？

学生：要爱自己！

老师：对，没有一个人可以阻止你爱自己。如果你觉得别人不够爱你，你要加倍地爱自己；如果别人没有给你机会，你应该加倍地给自己机会；如果你真的爱自己，你就会为自己找到自己需要的东西。没有人可以阻止辛黛瑞拉参加王子的舞会，也没有人可以阻止辛黛瑞拉当上王后，除了她自己。对不对？

学生：是的！

老师：最后一个问题，这个故事有什么不合理的地方吗？

学生：（过了好一会儿）午夜12点以后，所有的东西都要变回原样，可是，辛黛瑞拉的水晶鞋没有变回去。

老师：天哪，你们太棒了！你们看，就是伟大的作家也有出错的时候。所以，出错不是什么可怕的事。我担保，如果你们当中谁将来要当作家，一定比这个作家更棒！你们相信吗？（学生们欢呼雀跃）

与之相应的另外一则《灰姑娘》课堂教学案例，也被人争相传阅。

上课铃响，学生和老师走进教室。

老师：今天上课，我们学习《灰姑娘》的故事，大家都预习了吗？

学生：这还要预习？老得掉渣了。

老师：《灰姑娘》出自《格林童话》还是《安徒生童话》？作者是谁？作者哪一年出生？生平事迹如何？

学生：书上都写着呢……

老师：好，谁来给课文分段，并说明分段的理由？

学生：前后各一段，中间一段，总—分—总……

老师：现在咱们归纳一下每一段的段落大意。

学生：（此时，已有学生昏昏欲睡）……

老师：请大家注意这句话，这句话是个比喻句，是明喻还是暗喻？作者为什么这么写？

学生：……

老师：大家注意这个词，我如果换成另外一个词，为什么不如作者的好？

学生：……

老师：大家注意，这段话如果和那段话位置换一换，行不行？为什么？

（若干时间过去了，睡觉的学生增加了 N 个）

……

老师：最后，让我们看看这篇课文的中心思想吧。①

掩卷沉思，我们每个人心中都会有自己独到的评论。这里，要追问的一个问题是：两个课堂为什么如此不同？其中一个原因就在于：任课老师受各自教学理念的引领，进行了不同的教学设计，进而产生了迥异的教学活动，造成了悬殊的教学效果。

教学设计，是教师在一定理念的指引下，在分析教学背景的基础上，对教学目标、教学资源、教学方法和教学过程等要素进行策划和安排的活动。阅读至此，很容易联想到一个耳熟能详的概念，即备课。备课，是教师为上课而进行的计划和准备工作。那么，教学设计和备课是什么关系呢？就此，人们的看法众多，但大致可分为两种类型。

拓 展 阅 读

教学设计的定义林林总总、纷繁复杂，归纳起来主要有五种看法。了解这些看法，可以帮助我们更深刻地理解教学设计的含义。

"计划"说。把教学设计界定为运用系统方法分析研究教学过程中相互联系的各部分的问题和需求，在连续模式中确立解决它们的方法步骤，然后评价教学成果的系统计划过程。

"方法"说。把教学设计看作一种研究教学系统、教学过程和制订教学计划的系统方法。这种方法与过去的教学计划不同，其区别就在于现在的教学设计有明确的教学目标，着眼于激发、促进、辅助学生的学习，并以帮助每个学生的学习为目的。

"技术"说。教学设计是一种旨在促进教学活动程序化、精确化和合理化的现代教学技术。

"方案"说。教学设计是运用系统方法分析教学问题和确定教学目标，建立解决方案，评价试行结果和对方案进行修改的过程。

"操作程序"说。教学设计是运用系统方法和步骤，并对教学结果做出评价的一种计划过程与操作程序。②

一种看法是备课和教学设计具有显著的区别。主要表现为以下两点：一是，备课的核心目的是教师怎样讲好教学内容，重视对学生进行封闭式的知识传授和技能训练，

---

① 辛晓明：《异域阅读课〈灰姑娘〉教学评析》，载《小学语文教学》，2004(4)。

② 林宪生：《教学设计的概念、对象和理论基础》，载《电化教育研究》，2000(4)。

其出发点是教师的"教"，存在"教学目的分析中的知识中心倾向""学习内容确定中的教材中心倾向"和"教学策略制定中的教师中心倾向"等问题；教学设计的目的是怎样使学生学好，以达到更好的教学效果，其出发点是学生的"学"。[①] 二是，备课的结果是"教学方案"（可简称教案）；教学设计的结果是教学设计方案（可简称教学设计）。二者的具体区别详见表1。在一定意义上，从关注"具体的教材教法研究"转变为关注"促进学生学习的有效教学策略研究"，是从教案走向教学设计的根本转折点。

表1　教案与教学设计比较表

设计要素		教案	教学设计
设计理念	知识观	知识是客观的，可以传递给学生。	知识不是纯客观的，是学生在与外在环境交互过程中建构起来的。
	学生观	学生只是接受知识的容器。	学生是有生命意识、社会意识、有潜力和独立人格的人。
	教学观	教学是课程传递和执行、教学生学的过程。	教学是课程创生和开发、师生交往、积极互动并共同发展的过程。
教学目标		以教师为阐述主体，使学生掌握知识与技能并培养能力。	以学生为阐述主体，在知识与技能、过程与方法、情感态度与价值观等方面都得到发展。
教学分析		教材教法和教学重点难点分析。	对任务、目标、内容和学情等方面做分析。
策略制定和作业设计		1. 传统的策略和帮助学生记忆的策略； 2. 以传统媒体为主； 3. 以技能训练、知识（显性）记忆和强化作业设计为主。	1. 学法指导、情境创设、问题引导、媒体使用和反馈调控等策略； 2. 多媒体的教学设计； 3. 根据不同需要如知识、技能、方法、态度和能力的提升来设计作业。
教学过程		传授知识，鼓励学生模仿记忆的以教为中心的教学过程设计。	创设情境鼓励学生在体验、探究、发现、思考、问题解决过程中获得自身提高和发展的教学过程设计。
效果评价		掌握知识技能，解决问题。	知情意都得到发展，为终身可持续发展奠定基础。

资料来源：鲁献蓉：《从传统教案走向现代教学设计——对新课程理念下的课堂教学设计的思考》，载《课程·教材·教法》，2004(7)。

另一种看法是备课即教学设计。现在，很多学校把备课和写教案称为教学设计。教导处对教师的要求是，不再让他们用原有的"备课本"了，改用"教学设计本"。老师们的教案虽然往这个新本上写，内容基本上还是老样子。

我们可以这样理解，备课是一个历史性的概念。随着教学理论的发展和教学实践的革新，在具体的历史时期，它有着不同的内在含义和外在表现。传统的备课就是备教材、备学生、备教法；当下的备课，则需要更加全面、深入和艺术地考虑各种教学要素及其优化组合。这样，教学设计不是对传统备课的全面否定、推倒重来，也不是对传

---

① 江家发、杨浩文：《新课程理念下的化学教学设计》，载《中国教育学刊》，2005(8)。

统备课的称谓替换、形式改变，而是对传统备课的继承、发展、深化和提高。而且，随着人们认识的深入，教学设计的含义也会逐渐完善和优化。

拓展阅读

为了形象地理解备课和教学设计的关系，有学者做了一个生动的对比。

理发：工具简单，梳子、剪刀、剃刀、电吹风；目标简单，仅有几种发型。

发型设计：工具多，梳子、剪刀、剃刀、电吹风、各种颜色的染发水、卷发工具、卷发药水、固定发型的用品……目标具有时代感，彰显个性，突出优点，避免缺点。

备课：工具简单，教材、黑板、投影仪、演示仪器；目标是传授知识、培养能力。

教学设计：工具多，教材、黑板、投影仪、演示仪器、多媒体课件、网络教学资源……目标具有时代感，体现"知识与能力，过程与方法，情感态度与价值观"等方面的要求，重在利用丰富的教学资源促进学生的个性发展，提高学生的多种素养。[①]

张子锷老师教中学物理五十多年，每年平均教三个班，教学成绩斐然，但他还是说："直到我教最后一遍，不备课还是不敢上课""不备课就没有上课权"。有人曾问小学教师斯霞："您教小学已经四五十年了，还备什么课啊？随手拿起书来不就可以把课上好吗？"斯老师回答："其实不像您说的那样。我常把备课当作指挥员在组织一场战役前的深思熟虑。"正所谓"凡事预则立，不预则废"，做好教学设计，落实课前准备，对教师的课堂教学和学生的学习发展，都起着至关重要的作用。

然而，做好教学设计，需要一系列的基础理念作支撑，还要熟悉各种教学要素及其优化策略，掌握大量教学样式及其使用艺术。鉴于此，本书分三篇，分别介绍教学设计的基础理念、基本要素和主要样式。

---

① 解世雄：《物理课堂教学设计的几点理论思考》，载《课程·教材·教法》，2008(10)。

第一篇

　　人们常说：如果一种活动和实践没有理念，就犹如无舵之舟、无弦之弓，无以治。理念，是人们经过长期的理性思考及实践，对一定活动所形成的思想观念、精神向往、理想追求和哲学信仰等的抽象概括。在一定意义上，它是关于一定活动的"应然状态"的判断，往往对相应的实践起着引导定向的作用。比如，2014年，《教育部关于全面深化课程改革落实立德树人根本任务的意见》明确提出，深化课程改革、落实立德树人根本任务具有重大意义，新时期课程改革在立德树人工作中发挥了重要作用，要改进学科教学的育人功能，全面落实以学生为本的教育理念。这一理念，渗透了人们对基础教育的理想追求，代表着人们所向往的"好"的基础教育的发展方向，引领着基础教育的改革实践。

　　教学设计不是各个教学环节的简单拼凑，它涉及学生的学、教师的教、教材的处理、学习的指导和评价的安排等内容，关涉如何看待学生、教师、教材、学习、教学和评价等问题。在一定程度上可以说，有什么样的学生观、教师观、教材观、学习观、教学观和评价观，决定着有什么样的教学设计。不同理念指导下的教学设计，所呈现出来的形式与效果完全不同。可见，梳理影响教学设计的一系列理念，有助于积淀教学设计的理论底蕴，提升教学设计的实际效果。

　　因此，本篇主要从理念入手，探讨作为新时期的教师，应当树立什么样的学生观、教师观、教材观、学习观、教学观和评价观，进而引领和指导自己做出既具有科学性又富有艺术性的教学设计。

第一章 学生观

　　人生观、世界观、价值观，通俗地说，就是如何观人生、如何观世界、如何观价值。学生观，即如何观学生，是对学生的根本看法。在一定意义上，学生观是教师从事教学活动的出发点。那么，教师应当树立怎样的学生观呢？

一、学生既是群体的人，也是个体的人

　　作为教学活动中一种特殊的社会存在，学生表现为"群体"和"个体"两种状态。

(一)学生是群体的人

　　学生群体，是指以一定方式的共同活动为基础而结合起来的学生联合体。小学生、中学生、大学生和研究生就是典型的学生群体。

　　第一，学生是群体的人，这意味着学生群体有着某些共性。根据不同的标准，可以对学生群体进行不同的划分。比如，可划分为男生群体和女生群体，优秀生群体、中等生群体和学困生群体等。教师要通过不断的学习和研究，深入把握不同学生群体的特征，才能设计出有针对性的教学活动。例如，针对小学低年级学生的教学设计，应当突出游戏活动，使学生在游戏中学习，教师可以有夸张的动作和表情等。

　　尤其需要注意的是，中小学生群体与成人群体之间存在着较大的差异，他们在价值观念、思维方式、行为倾向和生活体验等方面都和成人有着明显的不同。因此，教师应注意进行角色换位思考，多从学生的角度考虑问题，找到适合学生的教学方式。一位老师曾生动地回忆了自身的经历：

　　那是一个风和日丽、草长莺飞的春日。

　　我在一年级上一堂绘画课，课题是《我的太阳》。我先给学生们讲了"后羿射日"的故事，然后和他们讨论了太阳和自然界的关系。在他们对太阳有了足够的兴趣和认识后，开始讲解太阳的画法，比如，它的光芒可以画成折线、交叉线、波浪线等，它的圆圆的基本形可以想象成太阳公公、太阳叔叔、太阳姑娘的脸等。讲太阳的颜色时，我自然地拿起一个同学的彩色笔盒，抽出里面所有的暖色调彩笔，对着学生说："太阳原是一个大火球，我们就用这些颜色的笔来涂色。"为了进一步启迪他们的想象力，我出示了十几幅以前学生画的《我的太阳》贴在黑板上。顿时，整个教室活跃起来，学生们发出了啧啧称赞声，我也沉浸在自己设计的良好教学氛围里。

　　正在怡然自乐之时，忽然，一个不起眼的小女孩举起手。我示意她发言，她仰起

头问我："老师，我能不能把太阳涂成绿色？"我听了不以为然，不假思索地告诉她："你可以用许多种颜色，但不要以绿色为主。"我心里不禁嘀咕道：色感真是差！

作业收上来后，我发现了那张以绿色涂太阳的图画。这是一个什么样的太阳啊！翠绿的"脸"，草绿的光芒。只看一眼，就觉得心里凉飕飕的。

我不由得生气了，正想提起红笔给她一个不及格，突然一阵春风吹来，使我想起了王安石"春风又绿江南岸"的"绿"字。而那孩子为什么不听老师的话非要把太阳涂成绿色的呢？带着这份好奇，我拿起她的作业快步走到教室门口，正好碰到她在讲台边和其他小朋友嬉闹。她也看到了我，腼腆地笑了一下。我走过去把她叫到一边，扬了扬她的作业问："你为什么非要用绿色涂太阳呢？"她眨了眨眼睛，朝我顽皮地一笑，声音清脆地说："我想着有一个绿色的太阳该多好，我们武汉市的夏天就不再那么炎热了！"就这么简单！多么鲜活的思想，多么美好的想象，一时我语塞了。惊诧之余，我深深地理解了教学相长的含义，等我回过神来要夸奖她时，她却和同学飞奔到绿色的草坪上玩去了。

绿——生命的颜色。我的心中一直记着这个给人们奉献绿色的小女孩，珍藏着她那张《绿太阳》，它时时警醒着我。[1]

人类历史上，许多伟大的科学发现和发明都来自科学家的突发奇想和异想天开。正是有了"人能否像鸟一样在天空中飞翔"的奇思异想，才有了今日人类遨游天空的现实。因此，当学生的思维和想法与我们老师不同的时候，不要慌着把成人的观点强加给学生，不要轻易给学生贴上"离谱"和"幼稚"的标签，不要急于做出对与错的判断，而应学会耐心倾听，关注学生的幻想和标新立异。这样，创新之泉才会汩汩而出。

第二，学生是群体的人，意味着学生群体对个体有着一定的影响。在芬兰，其教育专家一再强调，"凸显优秀学生和精英教育，并不会对整体教育带来最好的结果，反而只要善加鼓励、运用资质优异的学生来帮助一般或落后的学生，使资优生了解人与人间的差异，这不仅不会影响资优生的学习，反而有助于群体社会的平等发展。"[2]这是一个善于发挥群体影响提升学习效果的成功例子。可以说，学生是群体的人，要求教师尽可能创造条件发挥学生群体对个体的积极影响，并善于利用这种影响来促进学生的学习和发展。新课程改革倡导小组合作和同伴互助等学习方式，在这方面已经迈出了关键的一步。紧随其后，教师如何有效地组织小组合作和同伴互助学习，是迫切需要深入思考的问题。

(二)学生是个体的人

学校教学主要以学生群体为对象，但不能由此就忽视学生还是个体的人。事实上，把握学生的个体性，是教学成功的重要前提。

首先，每个学生都是独特的个体。"儿童们每天来到学校，并不是以纯粹的学

---

① 吴建明：《绿太阳》，载《湖北教育》，2000(1/2)。
② 陈之华：《芬兰教育全球第一的秘密》，46页，北京，中国青年出版社，2009。

生——致力于学习的人——的面貌出现的，不，他们是以形形色色的个性展现在我们的面前的。每一个儿童来到学校的时候，除了怀有获得知识的愿望外，还带来了他自己的情感和感受的世界。"①受遗传、社会环境、家庭条件和生活经历等因素的影响，每个学生都有其独特的身心特点，他们在兴趣、爱好、动机、需要、气质、性格、智力和特长等方面各不相同、各有侧重。教师应善于分辨、挖掘和珍视学生的这些独特性，尽力使每个学生在原有基础上得到全面、自由的发展。特别是面对一些"令人着急"的学困生时，教师尤应如此。一篇名为《和"蜗牛"一道散步》的文章，讲述了这样的体悟：

班上有个叫小东的学生，成绩优劣先不说，单说他的磨蹭劲，就叫我受不了。一个四年级的学生，写一行字，竟需要一节课的时间。我批评过他，责备过他，甚至惩罚过他。在小东身上，我没少费工夫，苦口婆心地谈话，分秒必争地辅导，可收效甚微。我把满腔热情都倾注在了学生身上，希望班级中每个人都能成为品德高尚、学习优异的学生。可是美好的愿望不一定能得到满意的收获，面对诸如小东一样的学生，面对事与愿违的反差，我有些迷茫，甚至陷入了深深的烦恼之中。

正当我为小东发愁的时候，无意中我读到了这样一则小故事，故事的大意是：

有一天，上帝给我一个任务，叫我牵一只蜗牛去散步。可是蜗牛爬得实在太慢了。我不断地催它、唬它、责备它。它却用抱歉的目光看着我，仿佛在说，它已经尽全力了！

我又急又气，就去拉它、扯它，甚至踢它。蜗牛受了伤，反而越爬越慢了，后来干脆停在那里不肯向前爬了，而筋疲力尽的我也只好看着它干瞪眼。

无奈之余，我不禁有些奇怪：上帝为什么叫我牵一只蜗牛去散步呢？

又一天，上帝仍派我牵那只蜗牛去散步，看着它那蜷缩的身体，惊恐的眼睛，我不禁起了怜悯之心，不忍再催它、逼它，干脆跟在它后面，任它慢慢地向前爬。

就在这时，我突然闻到了一阵花香。原来，这里是花园！接着，我听见了鸟叫虫鸣，感受了温暖的微风……陶醉之余，我向前一看，啊，蜗牛已经爬了好远。等我跑步赶上它时，它用一种胜利的姿态迎接我。未等我开口，它已经带着自信，奋力地向另一个"驿站"爬去了……

读罢，我思绪万千。我不就是故事中的"散步者"吗？每天面对班内数十名能力各异的学生，我有着和故事中的"散步者"一样的感受。感触之余，我也有些豁然开朗了。既然我注定要和"蜗牛"一道散步，我还能着急吗？学生之间存在着差异，他们的思考方式、学习方法、兴趣爱好、行为表现参差不齐。如果我们当教师的只用一个标准去评价学生，不管我们的愿望有多么美好，不管我们的付出有多么巨大，得到的结果，恐怕未必能让我们满意。

读了故事，我受到了启发，对于小东，我不再催他、逼他，而是像故事中的"散步者"，跟在他后面，鼓励他，给予他信心，让他真正感受到学习的快乐，感受到老师的

---

① 杜殿坤、朱佩荣：《苏联关于教育思想的论争》，17～18页，北京，教育科学出版社，1988。

亲切。当小东用他的成绩和自信回报我的时候，我明白了：跟在学生后面鼓励和在前面"牵着"，具有不同的意义。①

如今，这位老师正根据学生的实际能力确定不同的"散步"目标，根据他们不同的性格类型设计最佳的"散步路线"，真正放开学生的手脚，为每个学生创造一个可以自由发挥、自由成长的天地。他期待着学生能引领他走进一个个"花园"，让他闻到花儿的芳香，赏到花儿的美丽。

拓展阅读

每个孩子的思想、观点、情感、感受等都是一个独特的世界。教师应当认清并熟悉自己学生的这个精神世界，应当成为学生的朋友，深入到他的兴趣中去，与他同欢乐、共忧伤。这样，学生才会向教师敞开他的心灵。学校，只有当它成为孩子过愉快而有趣的生活并努力求取知识和钻研科学的园地时，才能成为教育基地。②

——苏霍姆林斯基

在我们的果园里面，我们不独喜欢果子结得早的树木，同时也喜欢果子结得迟的树木。然则我们为什么在学问的花园里却只希望智力前进活泼的一批儿童受到宽容呢？③

——夸美纽斯

其次，每个学生都是整体的个体。即学生个体不是"单面"的人，而是"整体"的人，有着自己的见解、需要、选择、追求、意志和喜怒哀乐。具体来说，学生在学习的时候，关涉三个主要问题："知不知""能不能"和"愿不愿"。"知不知"解决理解相关知识的问题，"能不能"解决形成相应能力的问题，而"愿不愿"解决"情不情愿"去学的问题。很多时候，并不是学生记不住、学不懂、学不会，而是学生压根儿不想学，是学习的情绪、情感受到了压抑，没有了学习的热情和劲头。可见，如果不从人的整体性来理解和对待学生，教学的措施就容易脱离学生的实际，也难以取得预期的效果。相应地，反对割裂人的整体性的做法，关注整体性的学生，整体性地关注学生，特别是情感维度的关注，就尤为重要。以下这个成功的案例，颇具启发性。

刘可钦老师的班上有个小男孩，上课时他每次都积极举手发言，可是每次站起来就不知所云，久而久之，就不再举手了，老师也把他淡忘了。

一次偶然的机会，刘老师关心地问他："你是听不懂吗？"孩子不语。"是听懂了，说不出来吗？"他还是低头不语。刘老师耐心地走到他的身旁，亲切地说："咱俩说悄悄

① 赵爽：《和"蜗牛"一道散步》，载《小学语文》，2009(9)。
② [苏]苏霍姆林斯基：《帕夫雷什中学》，7页，赵玮等译，北京，教育科学出版社，1983。
③ [捷]夸美纽斯：《大教学论》，53页，傅任敢译，北京，人民教育出版社，1984。

话好吗？以后你听懂了就举右手；不仅听懂，而且又知道怎么回答了就举左手，你一举左手，我就请你……"孩子腼腆地点点头，师生感情沟通了，达成了默契。

谁知刚一下课，这个男孩走到讲台前，两行眼泪直流，小声地对她说："刘老师，谢谢你！"

这一声"谢谢"深深刺痛了刘老师的心。"真没想到，我一时的疏忽，竟带给孩子心灵上这么大的创伤！"于是，刘老师在备课本上写下了自责的"反思"。

此后，小男孩一举左手，就请他发言，孩子终于一次又一次地以成功者的面貌出现在群体面前，他的自信心增强了，最终以中上的学习成绩毕业离校。[①]

"不让学生在公开场合暴露自己的无能，让每个学生都能体面地坐下来"，这就是刘可钦老师的学生观。而这背后，是刘老师视学生为整体的人，不仅引导学生对知识的学习，而且关心学生的情感体验。

二、学生是现时的存在，也是历时的存在

卡西尔（Cassirer E.）在《人论》中这样写道，"伟大历史学家们的才能正是在于：把所有单纯的事实都归溯到它们的生成，把所有的结果都归溯到过程，把所有静态的事物或制度都归溯到它们的创造性活力。"[②]在"观"学生的时候，教师也应当看到，学生既是现时的存在，当时当下学生具有特定的表现，而且，学生也是历时的存在，每一个现时的存在，都是向过去和未来两个方向无限延伸的持续体。

（一）学生是现时的存在

视学生为现时的存在，就意味着教师需要通过观察和谈话等方法，去研究学生的当前状况，把握学生学习的现有起点、能力和可接受性等，进而设计有效的教学思路和行为。很多年前，魏书生老师刚到中学时，带了两个班。一个班是由全年级选拔出的好学生组成的，他当班主任，教语文课；另一个班，也是由全年级选拔出来的，但都是不太听话的，学习比较差的，有的是好打架的，53名同学全是"男同胞"，没有一个女同学。魏老师在各种场合的演讲中，多次回顾了他在第二个班进行作文教学的情景，生动呈现了根据学生的现状，艺术地开展教学的重要性。

我说："同学们哪，咱们得学写作文啦！""我们不会作文！"我说："不会作文不才要学吗？""学也学不会！"我说："学也学不会，老师慢慢教。""慢慢教也不会！"

我说："老师领着大家认识社会，体验生活。"我领着大家去祭扫烈士墓，这不是容易感动人的事情吗？回来以后，我问感想如何。"老师，挺受感动的。"我说："就把这

---

① 周玉仁：《孩子们喜欢的数学教师》，见雷玲：《小学数学名师教学艺术》，29 页，上海，华东师范大学出版社，2008。

② ［德］卡西尔：《人论》，235 页，甘阳译，上海，上海译文出版社，1985。

种感觉写出来，就是好文章啊！""老师，不就写不出来嘛，能写出来还说什么呢。"我说："那这样吧，我把我写的文章慢慢地读给大家听，大家能听写下来，就算好文章，行吗？""老师，我们有的字不会写。"

你能说："这个笨劲儿，听写还不行？那个班怎么都会，你们怎么不会呢？"废话！会，他不就上那个班了嘛！不会，他才在这个班呢！

所以，我只好跟学生们再商量："同学们，哪个字不会，用汉语拼音来代替，还不行吗？""我们不会汉语拼音！"我说："对不起，同学们，老师忽视了这点，那怎么办呢？这样吧，哪个字不会，咱就画圈儿，行吗？扫墓不会，就先写扫圈儿吧。"

哪个学生好意思说，老师，我不会画圈儿啊！于是，学生终于写出了一篇文章。对好多学生来说，这是他有生以来写完的第一篇文章啊。然后，我再教会学生查字典，教会学生把圈儿变成汉字，于是，一点点儿地学起来。①

这个教学案例，充分体现了魏老师的学生观。因为他研究了学生的现有水平，所以他不会去刻意难为学生，不会去一味批评学生，而是明白这个学生从现有水平来看"就是上不去"。那么，老师应该做的，不是去埋怨学生的起点多低，水平多差，而是帮着学生，从现有起点出发，一点一点朝前挪，一步一步朝前走。这样，就容易在行动中改变学生，让学生觉得老师既不难为他，又不放纵他，学生和老师的关系自然也就和谐了。

(二)学生是历时的存在

虽然学生是现时的存在，但是，学生也不会是一成不变的，学生总是从"过去"来，还要走向"未来"。因此，视学生为历时的存在，以动态发展的眼光看待每一个学生，也是非常重要的。如果学生的成长过程，经由老师的陪伴和点染，能够拥有值得回味的过去，尽情挥洒的今天，充满机会的未来，这既是学生的幸福，也是老师的幸福。

其一，视学生为历时的存在，意味着教师在"观"学生时，应有"过去"的时间意识。教师应当看到，学生一些现有的表现，是由过去的原因造成的。这样的思维方式，往往有助于教师解决一些棘手问题。下面的案例及其分析，就说明了这个道理。

有个孩子经常不完成作业，"硬是不写作业"。有一次，老师问他："这个周末怎么过的？""没怎么……"这是第一个回合，他支支吾吾的。"为什么作业没有完成？"老师干脆直接切入主题问道。"不为什么！"老师再也冷静不下来，随即拨通了他家里的电话，请他的母亲来学校。

在上第一节课的时候，他的母亲赶来了。从他母亲口中得知他回家说最近要考试，所以学校没有作业。这时，老师想到了他曾说上周的作文因写得不认真被母亲烧了一事，当场问了他的母亲，得知又是一个骗局。这位母亲也很无奈，只是一遍遍地说着："这孩子，真没有办法……老师，您多帮帮忙……"因还有课，老师只好送走他的

---

① 魏书生：《语文教学》，254～255 页，沈阳，沈阳出版社，2000。

母亲。但老师的心也越发沉重起来，这样的一个孩子，该怎样办？

孩子的现状虽是如此，但现状正是在多年的发展过程中逐步形成的。要解决这一现实的问题，必须追溯孩子过去的成长史。原来，孩子过去的有关情形是这样的：

母亲在"吃"的方面很顺着他，基本上满足他的一切要求。在"穿"的方面也是尽量满足他。据孩子的母亲讲，从一年级起她就特别重视孩子的作业，基本上每天都要给他检查。那时孩子是先玩，最终在家长的催促下才写作业。如果孩子写得不认真，家长就采用撕作业的方法，孩子每次都是不服气的表情，有时一边写一边嘴里还嘀咕着。一次，孩子的作业写得不认真。母亲检查之后，立即给他撕了，并在一旁监督他重写。他很不服气，但迫于无奈只好重写，后来，因写得潦草，又被撕了。就这样，写了撕，撕了写，到最后是越写越不认真（他母亲说他是故意的），整整用了一个新的语文作业本。因为作业，孩子也吃了不少苦头，基本上平均每周要挨三四次打。

孩子的母亲是个脾气暴躁的人。父亲一般不轻易出手，孩子也很怕他。在孩子3～7岁时，父亲经常出差，半个月至一个月才回来一次。挨打的原因一是因为作业；二是因为成绩下降。他父亲的要求是"会的不准错"，而恰恰这孩子又马虎，所以免不了受皮肉之苦。慢慢地，因为孩子大了，再者"打"这个办法也没能解决什么问题，现在就很少这样了。

老师追溯孩子的过去，并加以分析，根源就浮出水面了。为什么不写作业？因为孩子想清楚了，写作业吃两个亏，既费力又挨说，不写作业只吃一个亏，仅仅挨说而已，而且，说谎比写作业省力，所以他就把精力都用来磨炼说谎的本领了。

更深入地分析后，老师发现，这位母亲在吃穿方面是完全由着孩子的。这种家庭教育的结果是孩子会很任性（我不想吃的就不吃，我不想穿的就不穿），而且意志薄弱（不能控制自己的感情）。这两方面原因表现在对学习的影响上，就是厌学，因为写作业是艰苦的事情，需要意志，不能任性。这还不算，这位母亲为了让孩子完成作业，采用的是完全错误的"催、逼、打"的策略。这只能使孩子迅速地认定写作业是一件倒霉的、可恨的事情。然而，这位母亲实行如此策略已经多年。可以想象，经过多年的无数次"战斗"，孩子对作业的仇恨该到何种程度！对孩子来说，写作业从来都是不愉快的体验，让他顺利完成作业，这可能吗？他不逃避才怪。这是人的本能啊！这位母亲，一方面用溺爱破坏孩子写作业的心理基础；另一方面又用粗暴的"催、逼、打"想让孩子立刻完成作业。这就好比左手放掉一辆小轿车的汽油，右手又猛推车子往前，嘴里喊"前进"。

麻烦的是，孩子父亲提出的要求是"会的不准错。"这合理吗？不但孩子，连成人都做不到这一点。而且事实上，越是会的东西，才越可能出错。其实对孩子的正确要求应该是"尽量少出错"，这位父亲外行了。

有这样外行的父母，如此长时间的错误做法，造成孩子不爱写作业，应该是"顺理成章"的，而且很难纠正。在这种情况下，如果老师再不管三七二十一地"催、逼、罚"，那么，就实在看不出老师比孩子父母高明多少。那不成了父母的"帮凶"了吗？

将过去的根源厘清，当下的应对措施也就自然显现出来。老师需要赶快跟家长谈，把他们的错误想法、做法一一指出，并要求他们配合。首先减少孩子对作业的讨厌程度，再逐渐让他完成一点作业，然后慢慢增加，比如，他主动写了一点作业，家长就表扬他。告诉家长，这不可能立竿见影，必须有耐心。[①]

其二，视学生为历时的存在，意味着教师在"观"学生时，应有"未来"的时间意识。教师应当看到，学生是发展过程中的人，他的未来具有无限的可能性。用蕴含未来的发展眼光来看待学生，教师就能够从有利于学生发展的角度来设计和实施教学活动。

对于这一点，许多老师深有感触。曾当过老师的作家刘墉在《每个人都是天才》一文中，分享了一段亲身经历：

大学毕业的第一年，我回到母校教书。有一天，改学生的书法，发现有个学生写得又黑又脏，但是笔墨纵肆，有一种特别的味道。

我举着朱砂毛笔，看了又看，不知怎么给分数。论"规矩"，他的字实在太乱；论"气韵"，他的字又别有一种"丰神"。

最后，我批了"甲下"。

书法作业簿发下去了，我看到这个学生眼睛瞪着自己的成绩，露出难以置信的表情。也见到他旁边同学的奇怪反应。我猜想：他们一定认为我这个导师乱批。

于是我对全班学生说："某同学的书法，以一般的标准来看，我应该给他丙，但是我发觉他的字里有一种特别的力量。大家要知道，字写得漂亮不难，但是写得自成一家、别有风骨，就不容易了。凡是成功的书法家，必定都因为他能写出与众不同的味道。"然后，我把那学生叫到桌前："你下次只要控制自己的笔，不要写出框子，就会好多了。你想想，一个有才气的人，如果又能约束自己，脚踏实地地学，当然容易成功。"

我相信，那时候班上每个学生都看到了，他一天天进步、一天天收束。他的本子不再又脏又烂，他的字不再横涂竖抹。最后，他居然能代表班上参加书法比赛。

如果有一天，他成为名书法家，我一点也不会诧异。当然，我也可能对自己的"识才"而沾沾自喜。[②]

当教师用发展的眼光来看待学生的时候，相应的教育教学行为，就会少一些轻蔑、少一些教训，多一些期待、多一些鼓励。而这样的期待和鼓励，往往为学生打开了成长的空间，增添了成长的动力。

三、学生有向善的潜能，也有向恶的潜能

以发展的眼光看待学生，容易出现一种倾向，即盲目地把促进学生潜能的实现，

---

① 王晓春：《教育智慧从哪里来：点评100个教育案例：小学》，112~120页，上海，华东师范大学出版社，2005。

② [美]刘墉：《刘墉精品书坊·纵横卷》，65页，南宁，接力出版社，2002。

视为教育的目的和教师的职责。而且，这种思潮正或明或暗地存在于我们当下的教育领域之中。但是，关于"人类潜能"的专门研究发现，这其实是一种潜能的"价值性神话"。其典型表现为：坚信所有潜能都有价值，所有潜能的实现都会产生好的结果。事实上，人类的潜能有不同的趋向，有的潜能趋向于善，有的潜能趋向于恶，有的潜能既不趋向于善也不趋向于恶。身为教师，如果看不到这一点，就会放弃对学生潜能进行价值判断的责任，进而给社会和教育实践造成数不胜数的危害。因此，教师要考虑到不同潜能的不同道德趋向，不能盲目地尊重学生的所有潜能，而应选择与决定对哪些潜能加以培养、对哪些潜能加以忽视以及对哪些潜能加以抑制与排斥。[①]

(一)学生有向善的潜能

学生具有向善的潜能，教师应该坚信这一点。而且，学生向善的潜能形态各异。教师可以借激活、唤醒等方式来发掘、弘扬学生人性中积极的、美好的、向上的"善端"与"善念"，同时也注重引发学生进行自主开发。

魏书生老师曾应邀到监狱去给犯人做报告。一开头，魏老师就说：我坚信在诸位的幼年时期、童年时期、少年时期，都或多或少、或大或小地产生过为父母、为他人、为集体、为社会做好事的愿望，是不是啊？台下愣了愣神，突然响起了"哗"的热烈掌声。

他又说：同时，我还坚信，在座的诸位，在自己的幼年时期、童年时期、少年时期，都或多或少、或大或小地为父母、为他人、为集体、为社会，做过实实在在的好事，是不是这样？台下响起了热烈的掌声。

接着他说：但你们也真是到这儿来啦，原因是什么？不是不珍惜自己心灵深处这些真的、善的、美的、积极的、向上的、好学的脑细胞吗？不珍惜这些幼芽吗？任其自生自灭、自长自消吗？面对别的诱惑无法自持吗？一脚踏出，越陷越深、难以自拔吗？怎样回到人民群众中？体验做人的堂堂正正的感觉？那唯一的办法就是再到自己心灵深处发现这些真的、善的、美的、积极的、向上的、好学的幼芽，然后珍惜它、热爱它、浇灌它、扶植它，让它越长越高、越长越壮、越长越大，成为你心灵世界的主旋律！那么你自然就能走回人民群众中，体验做人的幸福感和自豪感，是不是啊？台下响起了更热烈的掌声。

魏老师用多年的教育体悟，真诚地建议老师们：一个班不就一个两个好打架，三个四个学习差，五个六个不听话的吗？怎么就说没有办法啊？走进学生广阔的心灵世界中，去发现那些真的、善的、美的、积极的、向上的、昂扬的脑神经，帮着他们兴奋起来！所以，他有一句名言：坚信每位学生心灵深处都有老师的助手。

① ［美］谢弗勒：《人类的潜能：一项教育哲学的研究》，石中英、涂元玲译，中文版前言1～2页，上海，华东师范大学出版社，2005。

（二）学生有向恶的潜能

梅（May R.）曾指出，"当我们看到并肯定人有善恶两种潜能时，人生从摇篮到坟墓的旅程表现为一种热情，一种挑战，一种吸引""正是这一两极化，这一辩证的相互作用，这一积极与消极之间的摇摆，给予人的生活以动力和深度"①。恶在个体和群体身上都是客观存在的。而且，最新的研究从基因所具有的自私和复制天性出发，有力地证明了这一点。② 所以，教师绝不能不加选择地一味迁就和迎合学生的一切潜能和需要，在尽可能地张扬人性中善的方面的同时，需要分辨和限制人性中恶的方面。在这个意义上，在教育教学中对学生进行限制，不仅是教师的一种权力，更是教师的一种神圣义务与责任。

拓展阅读

只有对人和人的本性的彻底的、充足的、透彻的认识，根据这种认识，加以勤恳的探索，自然地得出有关养护和教育人所必需的其他一切知识以后，……才能使真正的教育开花结实，欣欣向荣。③

——福禄培尔

但是，在对学生进行限制时，教师尤其需要注意限制的内容和方法。

其一，在内容方面，教师不能单纯以自己的喜怒哀乐作为限制学生的根据，以学生与自己看法的不一致作为限制学生的理由，而应力求做到限制的内容是应该限制的，而不是不应该限制的。具体而言，限制需要掌握保护性原则与发展性原则。保护性原则，是指教师要通过限制学生恶的潜能，以保护学生的成长不受这些潜能的危害与侵袭。如对不做作业的学生，教师要限制这些学生的贪玩本性，等等。发展性原则，是指教师要通过提供一些限制，以促进学生全面有效的发展。由于学生的知识有限、自主选择能力尚不完善，他们很难从异常丰富的文化中选择出较有价值且适合自己的内容作为学习对象。具体一点说，如果学生并不知道人类历史上有哪些经典诗词，也并不理解这些诗词的内容，就很难自由地选择合适的诗词来学习。在这样的情况下，学生诗词鉴赏能力的发展，有赖于教师的限制。教师必须事先为学生选择好一些优秀的诗词，并以适宜的方式来引导学生学习。④

---

① ［美］梅：《关于恶的问题——给卡尔·罗杰斯的一封公开信》，见［美］马斯洛等：《人的潜能和价值——人本主义心理学译文集》，455 页，林方等编译，北京，华夏出版社，1987。
② 孔宪铎、王登峰：《基因与人性》，22 页，北京，北京大学出版社，2009。
③ ［德］福禄培尔：《人的教育》，见张焕庭：《西方资产阶级教育论著选》，315 页，北京，人民教育出版社，1979。
④ 曾文婕：《如何看待教育中的"限制"》，载《教育科学研究》，2008(5)。

其二，在方法方面，教师最好运用艺术性的方法来进行限制，而不是赤裸裸地强迫、警告和打压。夏美丝老师就学生生性贪玩、作业完成不好的情况，根据学生心理特点所进行的限制，非常令人称道。夏老师于 20 世纪 90 年代初就实行了"作业批改优分制"。每一节课选择三道题左右做基本题，做完了就是 100 分，另外的题目都是分值为 10 分的选做题。因此，基本上每个学生都是 100 分，学生很高兴，他们下课了还要做题，比谁的分数多。后来提倡用等级制了，夏老师将作业组织成几类题目，分别命名为"青菜快餐""鸡蛋快餐""排骨快餐"和"海鲜快餐"，吃好了就是优。学生不仅不觉得做作业讨厌，反而下课了还一路上拉着老师的手喊：我还要吃，我还要吃！[①] 赤裸裸地强迫限制，可能使学生心生逆反，扼杀他们的学习乐趣，同时，还可能毁灭他们今后对少年时光的美好回忆，乃至使他们弃绝对教师真诚的谢意。夏老师的方法，胜在使学生不生对抗情绪，不给学生留下强迫痕迹，似一种"无形之限"，若一种"不教之教"。

当然，无论是强迫还是无形的限制，说到底都是教师这一外在力量对学生的限制，本质上属于"外在"限制。但是，学生不能永远在教师的"保护"与"指引"下学习与发展。因此，在教育教学过程中，教师还应该创设机会，逐渐帮助学生将"外在"的限制化为"内在"限制。这也是教师限制学生恶的潜能所应该追求的理想境界。

四、学生是教育的对象，也是学习的主体

在学校中，学生是获得入学资格的相对固定的人群，是教育的对象。但是，教师的教又不能代替学生的学，学习活动只能由学生来完成，学生是学习的主体。

(一)学生是教育的对象

学生是教育的对象，要求教师了解学生的特点，据此来创造教育教学条件，引导、促进学生的学习与发展。比如，老师在做教学设计时，一定要依据学生的已有水平和身心状况等，筹划整个教学活动。就小学低年级学生来说，直观有趣的教学活动容易激发他们的兴趣。相反，单调僵化的教学活动会让学生心生厌倦。一位老师在教句型"there be"时，为了帮助学生操练"there be"的一般疑问句，设计了"猜礼物"的游戏。请一个学生戴上圣诞帽，扮成圣诞老人，拿着一个大盒子，里面放着一些有趣的玩具和文具。游戏开始前，老师说："Now, let's welcome Santa Claus to come to our class. Look, he has a big box. There are many nice presents in it. If who can guess the right thing, we'll give it to him as a present." 在这种情景下，学生会不断提出"Is there … in the box?""Are there any … in the box?"等问题。如果学生猜对了，圣诞老

---

① 俞正强：《只有心灵才会把一切安排得最好——浙江省数学特级教师夏美丝访谈录》，载《教学月刊(小学版)》，2007(12)。

人就拿出礼物说："Here you are."学生答："Thank you."这样，学生在游戏中集中注意力进行较长时间的操练，不知不觉地掌握了新句型。

特别要注意的是，不能因为学生是教育的对象，教师就随心所欲地加以对待。在根据学生特点施教的过程中，教师尤其需要尊重学生。每个学生都是一个独特的生命、一个多彩的世界。要使学生成长、成人、成才，教师要从思想上、感情上、行为上尊重他们的人格，尊重他们的个性，尊重他们的权利，尊重他们的情感，尊重他们的隐私……有了尊重，才有师生间的平等对话、沟通合作；有了尊重，才有学生主体意识和健全人格的生成；有了尊重，才能展开优质的教育画卷，谱写动人的教育篇章。

对教育对象的尊重，不仅是一种理念，更应渗透在教育的细节之中。如果老师嘴上对学生说"你真棒"，眼睛里却找不到"你真棒"的感觉，学生是不会有触动的。如果一份作业，老师一看，竟没有一道题是对的，气愤至极，老师随即打上一连串的"×"，或是画上一个大大的"0"，并且批注上"差，太差了"，那么，想到自己好不容易做完的作业竟如此收场，学生可能一见到老师就害怕，甚至不去上课或逃学，根本提不起学习的劲头。换一种方式，如果老师在"0"分的旁边写上："希望你从零开始，获取知识和智慧。"那么，学生就可能从这里收获鼓励和鞭策，感受尊重和自信，进而更亲近老师，更多地投入学习之中。

(二)学生是学习的主体

承认学生是教育的对象，并不意味着否定学生的学习主体地位。事实上，教师不可能代替学生去学习，只能为学生创设良好的情境，让学生自己观察、自己思考、自己体验。对此，教育家陶行知先生有着精彩的解读。陶先生受邀去武汉大学演讲，讲台下座无虚席。他走上讲台，不慌不忙地从箱子中拿出一只大公鸡放在讲台上。台下的听众全愣住了，不知他要干什么。随后，陶先生从容不迫地掏出一把米放在桌上，然后按住公鸡的头，强迫它吃米，可是大公鸡拼命地挣扎，只叫不吃。他又掰开公鸡的嘴，把米硬往鸡嘴里塞，大公鸡还是拼命挣扎，还是不肯吃。最后，他轻轻地松开手，把鸡放到桌子上，后退了几步，大公鸡自己就吃起米来。可见，教师尊重和充分发挥学生学习的主体性是多么的重要！

当然，教师在观念上不反对学生的主体性。但是，在具体教育教学实践中，却难以做到把学生作为真正的主体来对待，教师更多的是越俎代庖。因为教师往往会低估学生的能力，或者说，因为教师期望学生能做得像成人那样而不敢放手让学生自己去做。事实上，哪怕是小学一年级的学生都已经具有主动性。他们已经积累了不少的经验与知识，具有了初步的交往、合作和思考问题的能力。甚至可以说，没有学生学习的主动性，没有学生在教学中的积极、主动地参与，教学就可能蜕变为"驯兽式"的活动。靠重复强化和外在诱惑或威胁，来维持学习活动和产生学习效果，其后果不仅是学习质量和效益的降低，更严重的是压抑了学生作为人所必须具备的主动性和能动性的发展，影响了学生积极、主动的人生态度的形成。这就使他们不能真正体会到学习生活的愉悦，体会到因主动性发挥而得到的精神满足和能力发展。学生主动性发展的最高水平是能动、自觉地规划自身的发展，成为自己发展的主人，这是我们教育成功的重要标志。① 所以，重视学生的学习主体地位，并思考如何更好地加以践行，是教师工作的题中之义和迫切任务。

---

①　叶澜：《更新教育观念，创建面向 21 世纪的新基础教育》，载《中国教育学刊》，1998(2)。

第二章　教师观

作为教师，如何看待和定位自身，对进行教学设计、展开教学活动以及提升教学效果都有着至关重要的影响。随着教育实践的发展和教育认识的深化，就个人身份诉求而言，教师应实现从"匠人"到"专家"的转变；就与学生的关系而言，教师应实现从"拉纤者"到"引路人"的转变；就与同伴的关系而言，教师应实现从"孤军"到"团队"的转变。

一、从"匠人"到"专家"

教书匠，主要指的是那些只知道照本宣科、给学生生硬地灌输知识、粗暴地让学生死记硬背、按部就班开展教学工作、丝毫没有创造性的教师。影视作品中常有一些呈现古代教学的镜头：教师读一遍书，然后学生开始摇头晃脑地跟着读、跟着背，谁背不下来，便要戒尺"侍候"。如果现在教师还将自己定位为教书匠，那么肯定会被滚滚前进的教育浪潮所淘汰。当下，我们更需要的是教育家式的专家型教师。

首先，专家型教师富有创造性。专家型教师能够自觉地以教育理论来指导自己的实际工作，独到地运用教育理论来开展教育活动。

钱梦龙老师教学说明文《人民英雄永垂不朽》的教学案例，就极具创造性，为人称道。教学现场是这样的：课前两分钟，先请几位高个儿同学帮忙把 10 幅教学挂图张挂在黑板上方。老师故意让他们把次序搞乱，每幅图下方有标题，如《鸦片战争》和《五四运动》等，也用小纸片遮住了。看到如此场景，同学们在小声地议论："看，人民英雄纪念碑，今天准是要学习那篇《人民英雄永垂不朽》了。"几个机灵的同学已经拿出语文书，还准备自读。老师赶紧制止："请大家不要看书。"钱老师今天计划用一节课的时间基本教完《人民英雄永垂不朽》。有许多外省市老师来听课，教室的后排坐满了人。

一上课，老师宣布了这堂课的要求：今天要测验一下大家的观察力和口头表达能力。他说："首都人民英雄纪念碑的碑座上有 10 幅浮雕，展现了鸦片战争以来中国人民革命斗争的历史画面。这就是那 10 幅浮雕的挂图。图下的标题已经遮去，刚才张挂时又把次序搞乱了。现在要请你们观察画面，看谁能准确说出每个画面各反映了什么历史事件，并说明自己判断的根据是什么。然后给每幅画加上标题，并按每个历史事件的年代先后把次序重新排列一下。你们都学过近代历史，应该能够做好这件事。""哇！"几个女生先叫起来，"这太难了！""老师，我们可以看语文书吗？""不，不能看书。""这么难，让我们看一下书吧！""不行。""我们只看一会儿，就合拢，怎么样？"女生们"讨价还价"起来。"老师，行行好嘛……"几个调皮的学生开始"哀求"。"是时候了！"老师心里暗暗高兴，但不露声色，故作考虑状，最后以无可奈何的表情宣布了"让步"："唉，真拿你们没办法！那好吧，但最多只能让你们看 10 分钟，时间一到要自觉把课本合拢，能办到吗？""能！"

同学的"苦苦哀求"终于为自己"争"到了看书的"权利"，他们一下子都像占了什么"便宜"似的，个个心满意足地打开了课本。学生们一边看图，一边看书，还不时在书上做些记号，神情专注。当他们把课本合拢的时候，似乎都已经十拿九稳了。果真，每一幅挂图的辨认和说明都进行得十分顺利。学生观察得很仔细，连武昌起义时冲向总督府的军人脚旁一面不引人注意的小龙旗都观察到了，并且说出了这个细节的象征意义。学生的记忆力好，在解说画面时，用到了不少课文里的词句。最后由一名学生给 10 幅图都加上了标题，并按时间先后排出了顺序。这时，钱老师请同学们再次打开课本，顺理成章地把教学导入下一个环节：厘清全文的结构，进一步消化关键段落和词句……整个教学过程，老师讲得不多，学生的学习效率却很高，虽然只有一节课的时间，但从学生发言时都能援引课文中的语句看，他们对课文消化得很好。

课后，许多老师都认为整个教学过程的设计很有些"出奇制胜"，尤其是教学挂图这样使用，完全出乎意料，既激发了学生读文的兴趣，也充分发挥了挂图的作用。有位老师对钱老师说："你的点子就是比我们多，我怎么就想不到挂图可以这样用呢？"

钱老师剖析了自己能"出奇制胜"的原因。他说：其实，并不是他"点子多"，其他老师们也不见得点子少，根本的不同在于教学观念。通常，老师们拿到教学挂图，首先考虑的是怎样借助挂图把课文讲清楚，因为在他们看来教学过程主要是老师向学生传授知识的过程。他则认为教学过程是学生在教师的指导下自己理解教材的过程，因此拿到挂图，首先就琢磨着怎样用它引起学生学习的动机，一琢磨，"点子"就出来了。其他老师们之所以觉得这点子新鲜，是因为他们从来没有朝这个方向想过。①

教学挂图，是常见的教学材料，老师基本上都用过，但要像钱老师这样用出自己的"个性"，充分激发起学生的学习动机，极度彰显出教学的艺术魅力，则需要不断地模仿、积累、尝试和探索。

其次，专家型教师具有丰厚的文化底蕴。专家型教师绝不会满足于仅仅知道自己任教科目的教科书和教学参考书上的知识，他们深谙教师"不能居高，岂能临下"以及"不能深入，哪能浅出"的道理。

比如，教学王安石的《泊船瓜洲》中"春风又绿江南岸，明月何时照我还"一句时，教师要有"绿"字究竟妙在哪里的知识底蕴。专家型的老师在长期不断地潜心学习中具有这样的知识储备。我们来看王崧舟老师在《诗意语文挥洒诗意人生(上)》对此诗的介绍。

我们先来看看这首诗的创作背景：宋神宗熙宁二年，王安石由江宁知府被任命为

---

① 钱梦龙：《钱梦龙与导读艺术》，75～77 页，北京，北京师范大学出版社，2006。

副宰相，进行变法。变法对巩固朝廷统治、增加国家税收起了积极作用，但也触犯了大地主的利益，遭到许多朝臣的反对。熙宁七年，王安石被罢相，回江宁任知府。第二年春天，宋神宗又把王安石召回京城当宰相。到第三年，王安石再次辞去宰相职位，回江宁府去了。这首诗作于宋神宗熙宁八年，也就是王安石第二次拜相的时候。当时，作者由江宁奉诏进京，坐船沿长江南下，泊船瓜洲，再由瓜洲沿运河北上，赴汴京任职。

"春风又绿江南岸，明月何时照我还"是千古绝唱，王安石先后用过"到、过、入、满"等字，最终才锁定"绿"字，而且洞悉"绿"字的妙处有三。一妙在"形象"。着一"绿"字，原本看不见的春风就有了鲜明的视觉形象。展现在我们眼前的是这样一派春光：春风拂煦，百草丛生，千里江岸，满目新绿。这就写出了春风的精神，诗思也深沉多了。二妙在"意味"。"绿"字给人以一种独特的语感，夏丏尊先生说过：在语感锐敏的人心中，见到"新绿"二字，就会感到希望焕然的造化之工、少年的气概等说不尽的情味。"绿"是什么？是生机，是活力，是希望，是憧憬。诗人心中是否有这样的情味呢？答案是肯定的。"又绿"是否还有别的寓意呢？变法的背景、浮沉的仕途，作者心中怎能不对此发出深深的感慨？三妙在"理趣"。"绿"是谁带来的？当然是"春风"。"春风"一词，在中国古典美学中，又颇多理趣。它让人想起白居易的"野火烧不尽，春风吹又生"；让人想起李白的"云想衣裳花想容，春风拂槛露华浓"；让人想起孟郊的"春风得意马蹄疾，一日看尽长安花"。"春风"既是写实的，又是象征的。象征什么？皇恩浩荡。春风驱散寒流，那是政治上的寒流；春风带来温暖，那是变法图强的温暖。这种心情，用"绿"字表达，最微妙、最含蓄。①

以此为底蕴，老师在课堂上就能用符合学生特点的方式，进行恰如其分的引导，让学生充分体会千古佳作的美感、意境和神韵。在这个意义上，语文课中出现的浮躁、肤浅、庸俗、蜻蜓点水、浮光掠影、隔靴搔痒，大多与教师的文化积淀、文化底蕴不充足有关。苏霍姆林斯基曾中肯地给教师提出建议："如果你想有更多的空闲时间，不至于把备课变成单调乏味的死抠教科书，那你就要读学术著作。应当在你所教的那门科学领域里，使学校教科书里包含的那点科学基础知识，对你来说只不过是入门的常识。在你的科学知识的大海里，你所教给学生的教科书里的那点基础知识，应当只是沧海之一粟。"②

最后，专家型教师拥有研究意识和能力。这是专家型教师的一个显著特征。一个学生解析几何学不好，很着急，找王金战老师辅导。王老师说我给你做三个题目，这三个题目只要一做完，保准你的解析几何就没有问题了。为什么会有如此"神奇"的情形？这源于老师经过大量研究，已经深入发现和熟练掌握了学生的各种学习困难及其成因，以此为基础，有针对性地迅速给出矫正的有效方法，自然就水到渠成。还有，

① 王崧舟：《诗意语文挥洒诗意人生(上)》，载《小学教学参考(语文)》，2004(11)。
② ［苏]苏霍姆林斯基：《给教师的建议(修订版)》，杜殿坤编译，8页，北京，教育科学出版社，1984。

小学数学老师通常会遇到一个让人困扰的问题，即不管怎么想办法教，怎么告诫学生不要粗心，学生还是经常计算错误。就这个问题，邱学华老师也曾遭遇，他四处找寻解决之道，终于发现，原来是学生口算不过关搞的鬼。接下来，他运用口算练习条提高学生的口算能力，学生的数学成绩得到大幅度提高。邱老师的处女作《一张可以组成近万道题的口算表》也就此诞生。可见，拥有研究意识和能力，是专家型教师的基本功，是生成教学智慧不可缺少的途径。

拓展阅读

　　有学者梳理出一些常见的教师隐喻，并对其进行了分析。这能揭示出一些平时被人们所忽略的视角和看法，拓宽并加深我们对教师作用的理解。

　　1. 蜡烛论

　　"教师是蜡烛"这一隐喻使人感到既喜又忧。教师的无私奉献精神得到彰显，但教师的自身发展没有得到重视。"蜡烛论"给教师的定位太高，几乎将教师抽象为一种"圣人"。但在把教师无限拔高的同时，也指出了教师较低的地位，似乎教师只能靠燃烧自己来完成其工作职责。事实上，教师在发展学生的同时也发展了自身，教师在发展自身的同时也就发展了学生。

　　如果自认为是蜡烛，一味燃烧，蜡烛会越烧越短，终有熄灭的一天。如果教师认识到自己在服务于别人的同时也在为自己谋福利，便不必像蜡烛那样牺牲得那么悲壮，便不用"自我怜悯"，便会为学生的发展和自己的成长而不断充电，在"为人师表"的同时创造条件发展自身。

　　2. 工程师论

　　"教师是人类灵魂的工程师"这一隐喻包含了十分丰富而复杂的内涵。它表明教师从事的是一个非常崇高的事业，目的是塑造学生的灵魂。因为只有人才有灵魂，因此教师的职责是育"人"，注重学生的心灵发展，而不仅仅是向学生灌输知识和能力。然而，工程师论是一个"混合型隐喻"，该理论将一些互不相容的形象生硬地并置在一起，形成了一个牵强、不太协调的图像。一方面，将教师比喻为"工程师"，反映的是一种工业模式，似乎学生是一块没有生命、任人摆布的钢铁，可以任工程师按照自己的蓝图塑造成产品；另一方面，"灵魂"这个概念将教师提升到一个神圣的境地，似乎教师是一个万能的上帝，可以按照自己既定的方案塑造学生的精神。也许，这个隐喻反映了中国人的一种思维方式，即将抽象和具象、有生命的和无生命的、人和宇宙合为一体。

　　从教育质量观看，工程师论似乎暗示了一种固定、统一的质量标准。教育作为一个大工厂，教师是工厂里的工程师，学生是被批量生产的、规格整齐划一的产品，教师在从事教育之前就已经有了一张事先设计好的蓝图。

从教师自主权考虑，工程师论也隐含着自相矛盾的地方。一方面，它似乎比较重视教师的主观能动性，教师可以按照自己的意愿和设计塑造学生，改变学生；另一方面，它又表明教师缺乏必要的自主权。上级对产品通常有统一的要求和规定，工程师只能按照一定的工艺要求、方案和流程操作，工程师不具备教师所应该具有的主动性。教育从某种意义上说，既是一门技术又是一门艺术，教师的工作不能完全被规范，必须给予一定的想象和创造空间。

3. 园丁论

与上述工业模式相对应，"教师是园丁"这个隐喻反映的是一种农业模式，认为学生像种子，有自己发展的胚胎和自然生长的可能性，但需要教师来浇水、培土。与工程师论相比，园丁论更加重视学生的生长性，既考虑了学生发展的共同规律(生长性)，同时又照顾了学生个体发展的差异性(每一颗种子可能开出不同的花儿)。同时，这个模式也考虑了教育的过程性，而不仅仅是结果。教育学生就像是培育花朵，需要经常、定时地浇水、施肥、松土。

然而，"园丁论"似乎隐含着学生的发展类型和阶段基本上是不变的，教师的作用只是辅助其生长。园丁无论多么努力浇水施肥，都无法将一株玫瑰培育成一棵紫荆。他们能够做的就是顺其自然，使这株玫瑰长得枝繁叶茂、花开似锦。而且，学生与花儿一样，其发展是有阶段性的。如果前一阶段发育不良，下一阶段将很难弥补，"过了这个村就没有这个店了"。这种观点与弗洛伊德(Freud S.)的理论十分相似，似乎早期的创伤会终身决定一个人的命运。而根据埃里克森(Erikson E. H.)的理论以及我们自己的生活经验，人在发展阶段中的过失是可以修复的。教育是一个充满了不确定性的过程，需要教师运用自己的智慧去面对很多事先无法预料的新问题。

4. 桶论

"教师要给学生一碗水，自己要有一桶水"这一隐喻强调的是教师知识和能力的必要储备，对教师的职业能力提出了很高的要求。有人甚至认为，在现代社会，教师只有"一桶水"已经不够了，应该是"自来水"，什么时候想要，都可以随时拧开水龙头；不管要多少水，都可以哗哗地流出来。在教育理念上，"桶论"显然已经过时了。它强调教师如果要"给"学生一碗水，自己首先就要有一桶水，这使人立刻想到"灌输"的形象。似乎教师的作用就是"给"学生"灌"知识，而且这种"灌"采取的是从上往下"倒"的姿势。教师的桶里和学生的碗里装的都是"水"，教师倒给学生的知识没有经过学生本人的处理。"桶论"反映的是一种应试教育的模式，学生被当成被动的容器，被教师注入知识，然后在考试的时候再原样倒出来。

"桶论"没有考虑到学生作为独立学习者和终身学习者的能力和条件，似乎学生从老师的桶中接到的水够自己一辈子受用。如果教师在教学中坚持"桶论"，将很难使自己的学生做到"青出于蓝而胜于蓝"。

　　"桶论"对教师知识和能力的要求主要是一种量上的储备，似乎越多越好。而我们不得不考虑，教师桶中水的质量如何。这涉及"什么是知识"以及"什么样的知识最有价值"的问题。在一定程度上，教师也很难肯定自己这桶水对学生是否有用，这桶水倒给学生，学生是不是想要。特别是在当前这个日新月异的时代，教师如果不及时更新自己，自己原有的那桶水恐怕不但没有用，而且早已腐臭了。目前，在我们的学校里，十几年使用同样教案的老师不乏其人。当然，强调质并不是说就不需要量，但质和量必须结合起来。教师光有满满一桶平常的水(信息、知识)是不够的，还需要更加精练的、具有丰富营养的、高质量的水(智慧、修养、情操、全面素质)。

　　此外，"桶论"不仅没有强调教师知识储备的质量，而且没有考虑到对教师教学方法的要求。似乎教师只要有一桶水就够了，至于他们应该如何倒这桶水、往学生的碗里倒时会不会倒歪了、会不会溢出来等问题都不在考虑之列。

　　由于隐喻具有意义不确定、解释多元、边界不清楚、情感卷入等特点，上述隐喻同时也在教育教学的其他方面引导我们思考。如果只停留在语词层面，我们会发现上述一些分析显得牵强附会；而如果我们深入到话语和语用层面，就会看到这些隐喻其实已经在严重地影响着社会对教师这一职业的期待以及教师本身的工作实践。

　　有关教师的隐喻很多，内涵也十分丰富。如果集思广益，对这些隐喻进行更加细致、深入的分析，将会揭示出很多我们自己"日用而不知"的观念，进而对"教师到底是做什么的"这类问题产生更加深刻的质疑。而如果教师希望将自己从"教书匠"提升为"专家型"和"研究型"教师，这种反思和质疑是必不可少的。①

二、从"拉纤者"到"引路人"

　　长期以来，教学活动中出现了这样一种倾向，就是老师对学生一点一点地教，学生亦步亦趋，老师任劳任怨承担了许多工作，学生却不领情……究其实质，在很大程度上，是由于教师把自己定位为正在拉动逆水之舟的"拉纤者"。逆水之舟不仅自己没有原生的动力，而且还有与行进方向相反的反作用力。这让人想起一个故事：一位印第安老人买了一辆汽车，他不知道如何开动，便雇了三匹马来拉汽车。可以说，教师的教学变得沉重而痛苦，在很大程度上，是没有看到、坚信并激发学生自身的动力。

　　学生是有主动性的，学生是学习的主体，教师需要着眼的，并不是日复一日地"拉纤"，而是如何让学生依靠自己的思维来完成学习活动。在这个意义上，教师是学生学习和发展的"引路人"，引领着具有原生动力的、自己能行走的学生，在知识的旷野里驰骋。

---

　　①　陈向明：《教师的作用是什么——对教师隐喻的分析》，载《教育研究与实验》，2001(1)。

帕尔默(Palmer P. J.)曾描述过这样的境界：我的教学处于最佳水平时，我就像一头牧羊犬，不是那种细致的、毛发蓬松和可爱的类型，而是那种专门在野外赶羊的苏格兰柯利牧羊犬。牧羊犬有四项重要的功能。它维持一个使羊群能自己吃草的空间；它把羊群聚集在那个空间之中，不停地把走失的羊找回来；它保护空间的边界并把危险的掠夺者阻拦在外；当放牧的草原上的草吃光了，它和羊一起转移到另外一个可以得到它们需要的食物的空间。我在教室中的任务就相当于所想象的牧羊犬的任务。学生一定要自己去喂饱自己——这被称为主动的学习。如果他们要这么做，我一定要把他们带到一个可以得到食物的地方：一本好的课本，一个预先计划好的练习，一个启发性的问题，一组纪律良好的对话。然后，当他们已经知道在那个地方能学到什么知识时，我一定要把他们转移到下一个放牧场。我一定要把这个群体聚集在某一个地方，对迷路或逃走的个人要给予特别的注意，在这个时候我还必须保护群体，使他们免受捕猎者带来的恐惧等。①

一旦教师把自己定位为"引路人"，他进行教学设计的时候，着重点就不再仅仅是把自己要讲的教材内容都写出来，而是更多地考虑如何使学生参与到学习中来，如何调动学生的兴趣和思维等。地理老师王能智的三大教学设计"妙招"，即是如此。

第一，从学生的实际出发。课堂教学的选题与学生越接近，效果就越好。比如说，学生们要去春游，王老师就提出设计一个"今年春游去哪里"的题目，把学生分成组，每组就是一个小"旅行社"，由学生自己提出旅游的设计方案。学生们热情高涨，对要去的地方进行了全方位的调查，包括住宿、旅行路线、旅游地区的自然和人文地理环境、出行费用等。这堂课的成功关键就在于课堂设计的案例贴近了学生的实际生活。

第二，引导学生去寻找矛盾。比如，1998年长江流域发生了特大洪灾。王老师设计了这样的课，在课堂上给学生一幅图，显示1998年的全年降水量并不比平常年份的降水量多，反而是少；引导学生思考：为什么小水闹大灾呢？为什么荆江地区的降水量并不比平常多，但水位却很高？为了进一步探明成因，教师引导学生去做"模型"——带领学生把学校的操场挖得到处是"山包"和"沟"，模拟青藏高原的长江河道。学生认真研究，思索为什么有的地方一桶水浇下去，就会引起"河道泛滥"。

第三，寻找实践案例。王老师把这种方式归结为四个基本步骤：找话题、话题案例化、案例问题化和应用矫正。比如，讲到有关气候资源的知识时，王老师提出设计：话题——解读气候资源。案例——如，厄尔尼诺现象发生时，美国、日本就立刻扩大了大豆的种植面积。问题——它们这样做的目的是什么？经过探究知道，厄尔尼诺现象使得秘鲁渔场的鱼减产，这种鱼主要用作牲畜饲料，而大豆是牲畜饲料的最好代用品。又如，某地区的窗台都为三角形，为什么呢？原来是为了夏天避免阳光直晒，冬天利于采光取暖。对这些案例的解读和问题的探究，使学生对如何利用气候资源有了

---

① ［美］帕尔默：《教学勇气：漫步教师心灵》，吴国珍等译，148～149 页，上海，华东师范大学出版社，2005。

生动的认识。①

当学生的学习兴趣、动机、思维和能力等得到激发,学习效果不仅能达到老师的要求,而且会大大超过老师的预期。在王老师班上,由于他的地理课充满活力和情趣,学生们非常喜欢,由此甚至产生了一些"负面效果"。一些家长反映,自己的孩子对于"主科"不想学习,反而是对地理这门"副科"有浓厚的兴趣,拼命地学习。学生顾刚是有名的"淘气捣蛋分子",可是听了王老师的课以后,他不再打架了,而把自己的满腔活力和聪明用在考察地质条件、研究冰川遗迹等上面,他对北京西山地区冰川遗迹的考察记录得到了专家的认可。有的学生去了法海寺四十多次,研究那里的地理和人文状况。还有学生"偷"了学校实验室的罗盘、测量仪等,去很远的地方进行考察。当然,这些因对王老师的课喜欢至极而产生的"负面效果",令王老师自己也哭笑不得。然而,如果教师都能上出这样的课,鼓舞和唤醒学生的学习主动性,那么教师的教学生活和学生的学习生活,将会是一种崭新的局面。

拓展阅读

2019 年 12 月,为加强和改进新时代师德师风建设,教育部等七部门研究制定了《关于加强和改进新时代师德师风建设的意见》。该意见以习近平新时代中国特色社会主义思想为指导,深入学习贯彻习近平总书记关于教育的重要论述和全国教育大会精神,把立德树人的成效作为检验学校一切工作的根本标准,把师德师风作为评价教师队伍素质的第一标准,将社会主义核心价值观贯穿师德师风建设全过程,严格制度规定,强化日常教育督导,加大教师权益保护力度,倡导全社会尊师重教,激励广大教师努力成为"四有"好老师,着力培养德智体美劳全面发展的社会主义建设者和接班人。

师范生的师德养成是师德师风建设较为重要的组成部分。华南师范大学小学教育专业教学团队探索并开发了适用于师范生师德养成的专门课程——"高尚师德修养实验",课程目标、课程内容、学习方式和课程评估如下:

1. 卓越教师的高端目标定位

(1)为师范生提供优良品德学习和高尚师德修养的学习机会。

(2)为师范生提供高尚师德学习活动设计与实施的实践机会。

(3)培养师范生"综合性"与"整合性"的高尚师德教育教学专业素养与能力。

2. 目标导向的优化课程内容设计

按照课程目标的设定层次,创新"高尚师德修养实验"课程内容体系,设计了"优良品德学习""高尚师德研习"和"德育能力提升"三个模块的内容。

---

① 刘原、于书江:《从"小学科"里走出的"大教师"——记地理特级教师王能智》,载《北京教育》,2003(4)。

"高尚师德修养实验"课程内容

	第一章　美德与优良品德的基础
第一编 **优良品德学习**	第二章　美德与优良品德的概念
	第三章　优良品德学习的方法
	第四章　优良品德学习的开发
	第五章　优良品德学习的分享
第二编 **高尚师德研习**	第六章　教师职业道德
	第七章　美德与优良品德的开发
	第八章　高尚师德的开发
	第九章　高尚师德的学习
	第十章　高尚师德学习的开发
	第十一章　高尚师德学习的分享
第三编 **德育能力提升**	第十二章　德育过程论
	第十三章　德育活动论
	第十四章　德育课程论
	第十五章　德育方法论
	第十六章　师范生优良品德学习的开发
	第十七章　师范生优良品德学习的分享

3. 协同交互式的立体学习模式开发

该门课程采用网络化合作活动学习模式，强调知行合一，注重理论与实践结合，致力于破解我国德育课程的散乱式自主学习、灌输式课堂教学和乏力的学习支持等困境，创用了突出强调协同性自主学习、交互式自主教学和立体化网络平台的新型学习方式和教学模式。

首先，针对大学课程学习中师生交往不足和同伴互动薄弱而造成低效的自主学习问题，该课程以深化课堂教学为中心，建构起"学生自主作业→同伴交流分享→教师在线组织指导→参与式过程作业评分"的网络化自主学习四环节运行机制，推动师范生勤奋学习。

其次，就传统德育灌输式教学导致的低效问题，课程开发使用了网络化交互式自主教学"一基三法"学习为本策略体系。该体系以教师精心指导下的师范生网络化自主教学为基础，课堂上灵活采用"教师答疑精讲""学生分组问题讨论"和"学生优秀代表教学"三种方法，让师范生成为课堂的主人。

最后，针对资源供给、平台建设和教师指导严重短缺导致学习支持乏力的问题，本课程开发使用资源丰富和交互智能化的网络课程平台。从而优化网络化合作活动学习的"资源支持""教师支持"和"同伴支持"三重机制，形成崭新的超时空网络学习的立体支持系统，保障高效学习。

网络课程只有秉持"网络课程＝网络化的教学内容＋教学活动＋教学评价＋教学互动＋教学管理"的理解和结构，才能真正借由网络践行和实现"对话、互动、建构与生成"的现代课程与教学新理念。因此，基于已有网络平台而设计、开发"高尚师德修养"网络课程的"教学互动"与"教学管理"系统，为师范生参与本课程的学习互动和对课程的管理提供了适切而优质的学习平台。

4.参与式过程评估的三联驱动方法创用

该门课程基于学习化评估理念和优势为本评估模式，创用多元评估方法，建立并施行了"参与式过程评估"的三联驱动方法。

第一，整体结构评分法。该方法试图全面而准确地反映师范生的学习效果，并让师范生通过评估深刻认识到自己参与课程建设的主体性，以充分调动其学习的主动性。在这一评估过程中，师范生的自我评估是关键，也是凸显师德学习课程对个体自律和自觉性的考察，教师可以组织师范生通过填写问卷和反思日志开展自评。此外，通过常任组长、助教和教师的评估，提升他人评估的客观性和全面性，以帮助整体优化课程评估的公平性。

第二，过程作业评分法。该门课程在每个章节都设计了与内容匹配的作业任务。例如，对于理论性强的章节，教师通常布置问题导向的反思型作业。要求师范生针对某个理论或问题，结合课程已有材料，进一步拓展文献，撰写反思型读书笔记。对于方法引述类的章节，教师通常布置案例分享介绍型作业。要求师范生针对某种类型德育方法，结合个人经验或其他学习资源，寻找相关方法，详细介绍该方法的开发原理、操作流程、评估方式和应用效果等。对于自主活动开发类的章节，课程作业通常是参照已介绍的开发方法和范例进行自主设计开发，撰写活动设计报告。师生要对过程作业进行评估，通过"以评估促学习、以学习修德性、以德性助评估"的动态过程，实现高尚师德学习课程的根本旨归。

第三，表现优秀加分法。该门课程的加分政策包括自学拓展加分、卓越教学加分和专题研究加分。首先，自学拓展加分，即对自主学习本课程所涉材料以外的论著等，并在学期结束前一周提交"拓展性学习所得笔记"的师范生，在其已有课程成绩基础上加分。其次，卓越教学加分，即每次分组同伴教学后进行评优加分。最后，专题研究加分，即对自主参加《科研训练》专题活动，并完成各项学习与研究任务，撰写出专题研究论文的师范生进行加分。借此，将课程评估发展为师范生自主学习、开放性学习、持续性学习和探究性学习的持久动力。①

---

①　潘蕾琼、陈思宇、曾文婕等：《师范生师德养成课程创新研究——以"高尚师德修养实验"课程为例》，载《中小学德育》，2019(9)。

三、从"孤军"到"团队"

学校的课堂基本是独立的空间，这使得教师主要以孤立的方式进行工作，自然会造成个人主义的教师文化占主导地位。而且，教师主动公开和分享教学经验，很可能使自己的教学遭到别人的批评，从而产生沮丧和焦虑的情绪，也很可能使自身的成功经验被他人采用，从而导致自己丧失教学中的优势地位，使自信心受到极大打击。再加上，"奖优罚劣"的教师评价制度使教师围绕着特定的标准，相互之间展开激烈的竞争，这在一定程度上加剧了教师之间孤立、封闭的现象。

但是，教师的专业发展需要同伴间的互动和对话。"与其他专业相比，教学发展得非常缓慢，其原因就是教学的个人化。如果外科手术和法律也像教学一样在个人化的环境下运作，我们仍会用水蛭对大多数病人进行放血治疗，仍会把被告浸在磨坊水池里。"[1]当下，教师需要通过各种途径，实现从"孤军"固守课堂教学的"私人空间"到"团队"共建课堂教学的"公共领域"的转变。可以看到，目前学校实行的集体备课和校本研修等，都正在朝着这方面努力。

比如，采用集体备课，就是期望带动教师进行合作研究，形成研讨氛围，体现"集体效应"的优势，从而发挥教师的团队合作精神，集思广益，取长补短。一般来说，集体备课包括准备活动、集中探讨、教后反思三个步骤。第一，准备活动。备课组长明确主备教师和辅备教师。主备教师做出教学设计，在集中探讨前2～3天把教学设计发给组内每位教师，同时，准备好主讲内容，交给备课组长。辅备教师一定要抽时间浏览主备的教学设计，注上个人见解，对主备的设计做教前的设想调整。第二，集中探讨。①交流上一次集体备课的教后反思以及备课存在的问题，备课组长可有针对性地进行主题发言或以讲座辅导的形式，给予其他教师以专业引领和指导。②主备教师结合教学设计，阐述主讲内容。③主备教师和辅备教师就主备的教学设计进行充分交流。④在参考他人发言的基础上，每位教师积极思考、博采众长，对主备的教学设计做一些修改调整，以便形成合理的、个性化的教学设计。这是集体智慧的结晶，也是个人智慧的激活。第三，教后反思。每位教师对自己的教后情况进行总结，以调整教学设计中不切合学生需求的环节，并在下一次集中探讨时进行交流。

虽然目前有各种形式鼓励教师进行团队互助、经验共享，但是，这些活动也存在形式化严重的问题。所以，最根本的还是要教师转变观念，真正看到共同体对自己专业发展的促进作用。

当然，正如克莱门特（Clement M.）和瓦登伯格（Vandenberghe R.）所提醒的那样："把教师合作看成是解决所有问题的唯一灵丹妙药是错误的，我们只有在教师自立和合

---

① ［美］帕尔默：《教学勇气：漫步教师心灵》，144页，吴国珍等译，上海，华东师范大学出版社，2005。

作之间维持一种适当的张力，才能给教师专业发展带来挑战和机会。"①没有教师个人的自主发展，没有教师个人的独具特色，就没有教师团队间的观点纷呈、智慧碰撞和灵感闪现。教师间的团队互助，并不是要全盘否定教师的个人努力和价值，并不是要完全革除教师的独立工作方式，而是鼓励教师在自主发展的基础上合作，进而使教师合作文化在各种独具特色的教师个体文化背景下得到令人满意的创生和优化。

---

① Clement，M.，Vandenberghe，R.，"Teachers' Professional Development：A Solitary or Collegial（Ad）venture，"*Teaching and Teacher Education*，2000(1)，pp. 81-101.

第三章　教材观

　　教材，是"教师和学生据以进行教学活动的材料，教学的主要媒体。通常按照课程标准（或教学大纲）的规定，分学科门类和年级顺序编辑。"①广义的教材具有丰富多样的形式，既有文本教材，包括教科书、讲义和教学参考书等，也有视听教材，包括音频和视频材料等，还有基于现代网络技术的网络教材。其中，教科书是教材的主体。狭义的教材则专指教科书（或称课本）。人们通常所说的教材，主要是指狭义的教材。

　　受应试教育观念的影响，在很长一段时期里，我国中小学形成了一种教师"教死书，死教书"，学生"死读书，读死书"的局面。毋庸置疑，教材是经过严密选编的系统化的学科知识，然而，无论如何优秀的教材都不可能完全概括该学科领域最为主要的知识，不可能彻底反映该学科的全部结构，更不可能适宜于任何情境中师生的教学。因此，在对待教材方面，教师应当变"教教材"为"用教材教"，在深刻领会教材编写意图的前提下，根据具体的教学情境，对教材灵活地进行调整或开发，为提升教学效果开辟更广阔的空间。根据已有的经验，人们在对待教材方面主要存在两种问题：一是视教材为"圣经"，认为教材全部都对，只管照搬教材上课，不管教材中的内容是否符合学生的实际，结果导致课堂效率低下。二是视教材为"镣铐"，不分青红皂白地否定教材，根据自己的理解任意地改变教材，甚至抛开教材随意发挥，以至于有的教师整整一节课都不使用教材，同样导致课堂效率的低下。为了避免以上问题，概括来说，教师首先要做到尊重教材、研读教材，在此基础上，要调整教材、拓展教材。

一、尊重教材，研读教材

　　教材凝聚了大量专业化编者的心血和智慧，可以相信，有高度责任心和负责精神的教材编者，都会仔细推敲教材中的每一句话，反复打磨教材中的每一个例题，精心挑选教材中的每一道习题。作为执行课程标准的载体，教材的每一章节、每一例题都有特定的教学目标，蕴含着特定的编写意图。因此，教师在尊重教材的基础上，研读教材，理顺知识结构，领会编写意图，才能深入挖掘教材的"精彩"以提升学生的学习效果。

　　这样的教材观，要求教师在改变教材之前需慎重考虑两个问题：一是自己是否深入解读了教材并深刻领会了教材的编写意图，二是改变教材后的效果是否真的能超越

---

　　① 顾明远：《教育大辞典（增订合编本）（上卷）》，695 页，上海，上海教育出版社，1998。

已有教材。但是，在现实生活中，一味重视改变教材，忽视教材编写意图的现象时有发生。比如，"运算律"的教材内容是这样的：

教材的情境图是28个男生在跳绳，17个女生在跳绳，23个女生在踢毽子。一位教师为了让教学内容更具趣味性，对学习素材进行了如下置换：出示一段森林中猴子在玩耍的录像(有28只猴子在摘桃子，17只猴子在玩水，23只猴子在爬树)，接着让学生根据情境提出几个用加法计算的问题，然后围绕其中两个问题展开教学，探索加法交换律和结合律。

仔细推敲不难发现，教师提供的素材背离了教材的编写意图。教材的情境图中包含三个隐含的内在关联的条件，28＋17求的是跳绳人数，17＋23求的是女生人数；而置换后的素材虽也能引出(28＋17)＋23＝28＋(17＋23)这个等式，却割裂了三个条件之间的内在联系。如此置换，实不可取。①

当然，也有教师通过反思改变教材所带来的问题，深刻认识到尊重教材的重要性。如图3-1小学五年级"公倍数和最小公倍数"的教材内容。

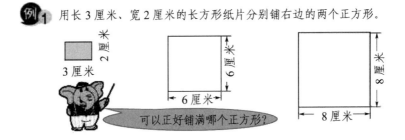

例2 6和9的公倍数有哪些？其中最小的公倍数是几？

图3-1 "公倍数和最小公倍数"的教材内容

例1中实际问题的解决，需要学生从倍数的角度来思考并解答，从而引出概念公倍数。但是，老师首次教学时直接将教材例1与例2倒了过来。

这样操作，学生就直接从字面来理解"公倍数"之"公"，让学生通过"找倍数→找公倍数→找公倍数中最小的一个"，在"纯数学"的范畴内经历概念的形成过程。这样的教学虽然突出了数学知识的内部联系，并能帮助学生在较短时间内掌握需要学习的知识，能够"省下"较多的时间完成练习或学习更多的知识，但其不足之处也显而易见。比如，学生难以体会到数学与外部生活世界的密切联系，难以充分利用已有的生活经验来促进数学知识的学习；形式化的、缺乏实际意义的学习任务也很难真正引起学生的学习兴趣，学生的学习活动是在老师的"命令"下被动地进行，等等。②

最小公倍数是一个内涵比较丰富的数学概念。为了帮助学生真正理解概念的内涵，

① 袁仕理：《对数学教学中若干"顾此失彼"现象的思考》，载《中国教师》，2009(20)。
② 顾文亚：《数学教学中"推敲"故事两则》，载《江苏教育(小学教学版)》，2009(11)。

教学中老师要让学生亲身经历概念的形成过程，这样才有可能形成有意义的学习。怎样让学生经历最小公倍数概念的形成过程？思考之后老师再次回归教材，从例1到例2，从学生的现实生活中寻找能够"自动地"反映公倍数、最小公倍数内部结构特征的实际问题，让学生动手操作用小长方形铺大正方形，让学生在解决生动具体的实际问题过程中，获得相应的直接体验，积累数学活动的经验。在此基础上，再引导学生从生活"进到数学"，通过对实际问题的反思抽象，引出公倍数、最小公倍数等数学概念，并通过对解决问题过程的进一步提炼，总结出求最小公倍数的方法。

几经波折，最终回归教材，这是很多磨课过程中的经历和体验，而就是在这回归中，教师对教材例题所承载的功能有了新的、深刻的认识。之初，要改变教材，是为方便、为新意；之后，要回归教材，是实施的需要，是深入研究之后对教材的渴望。这种回归，是积极的、螺旋上升的回归。

从上述例子可以发现，对教材的编写意图，教师需要仔细揣摩，透彻理解，反复琢磨，问个究竟。具体来说，面对教材，教师不妨问自己三个问题：[①] 一是教材中编写了什么？意在熟悉教材的编写内容。二是教材为什么这样编写？意在对教材的呈现方式及编写理念有深入的理解。三是教材这样编写对教学有什么启示？这三个问题由表及里、由浅入深、层层推进，唯有以这般审慎的态度解读教材，并从教材出发，对其进行合理的加工、重组、改造，才能真正做到超越教材，实现科学、合理、有效地"用教材教"。

二、调整教材，拓展教材

强调尊重教材，研读教材，并不等于要求教师照本宣科。教师在尊重和研读教材的基础上，发挥自己的专业能力和智慧，根据实践中的具体状况，创造性地对教材进行有效调整和拓展，能够显著地提升教学效果。

其一，调整教材编排。如果调整教材编排可以优化教学，教师可做相应的灵活处理，不必按顺序从教材的第一页教至最后一页。如统编版《语文》二年级下册识字单元的核心任务是"发现汉字的秘密"，课文编排顺序为《神州谣》《传统节日》《"贝"的故事》和《中国美食》。研读文本，可以发现《神州谣》《传统节日》和《中国美食》中提到的风景名胜、传统节日和美食都与学生生活密切相关，而《"贝"的故事》是对汉字的追根溯源，学生缺乏相应的生活体验。因此，教师可以将《"贝"的故事》和《中国美食》的教学顺序进行对调。调整后，教师教学《神州谣》《传统节日》和《中国美食》时，可以创设真实的任务情境，勾连和丰富学生已有生活体验、知识与兴趣，让学生在生动的情境中识字、写字。接着，教师还可以用"故事会"的形式开展进一步教学，让学生在故事情境中了

[①] 马水娟：《基于理解与尊重，勇于超越与重构——谈小学科学教材的二度开发》，载《中小学教学研究》，2009(5)。

解字源、造字规律和汉字文化。[①]

其二，拓展教材视野。在一定意义上，教材就是提供一些教学素材，但教材不可能也没必要为师生提供全部教学素材，所以，教师要注意根据学生的具体情况，对教材进行适当的拓展。例如，教材上"中华民族的灿烂文化"中列举的是学生非常熟悉的四大发明，教师若再喋喋不休地去讲述，学生不会有太大的兴趣。有位教师不囿于教材提供的知识信息，在概述四大发明后，补充讲述了我国古代哲学家主张的"天人合一"的思想，还讲了中华民族的伟大不仅表现在那众多的"世界领先"上，也展示在对异族文化兼容并蓄的恢宏气度上。[②] 这样，学生听起来很带劲。因为学生渴望了解与书本知识有关，但又更具广度和深度的知识。又如，在教学"因数和倍数"时，教师可以给学生介绍"完美数"及"数论"的相关知识。这种拓展，不仅能开阔学生的数学视野，也能激发他们对数学的热爱。

---

① 蒋晓茹：《大单元大任务设计让自主识字真实发生——统编本教材二年级下册第三单元教学实践与思考》，载《语文建设》，2019(8)。

② 王金红：《更合理有效地使用教材的探索与实践》，载《中学政治及其他各科教与学》，2009(3)。

第四章　学习观

在教学活动中，教师的教并不是最终目的，教师的教是为了学生的学，学生的学才是最终目的。教师教了许多，但学生没有学到、没有学会，教师的教便沦为无效劳动。只有学生学到了、学会了，在知识、能力、品德和智慧等方面获得了发展，教师教的价值和意义才彰显出来。可见，如何看待学习，也是影响教学设计的一个关键的、基础的理念。概括来说，从起源上看，学习是人的本性；从过程上看，学习是建构的过程；从价值上看，学习是通达自由的途径。

一、学习是人的本性

弗洛姆(Fromm E.)在《人的基本特性：人性》中指出，个人的一生只不过是使他自己诞生的过程。人生是一个不断"成人"的过程，人不是已经预成的存在，而是持续生成的存在。人的生成性主要表现在，由未特定化导致的基于缺陷的生成和由超越性导致的基于丰富的生成。[①]

人的生成性首先表现为，人只是自然的一个"有缺陷的动物"、一个"匮乏的动物"（这一特性人们通常用"未特定化"或"非专门化"，即"unspecialization"来加以概括与表达），他需要不断弥补自身的缺陷、解除自身的匮乏。具体而言，动物的器官往往适应于特殊生存环境的需要，这种专门化的结果和范围是动物的本能，它规定了动物在各种环境中的行为，正所谓"鱼生三日，游于江湖。兔生三日，盘地三亩"。动物在体质上的特定化，使它们可以凭借各种特定的自然本能在特定的自然链条上成功生存。较之动物，人在体质器官上则呈现出非特定化的特点，由此决定了人在自然本能上的薄弱，正所谓"人者，爪牙不足以供守卫，肌肤不足以自捍御，趋走不足以从利逃害，无毛羽以御寒暑"。[②] 然而，正是由于人先天自然本能方面的贫乏与缺憾，自然并没有规定人该做什么或不该做什么，使他能够从自然生存链条中凸显出来，通过后天的创造来弥补先天的不足。而用以弥补人的生物性之不足的，就是人类的文化。正如兰德曼(Landman，M.)所说的，"不仅个体文化成就的可能性，而且被继承下来的客观文

---

① 曾文婕：《文化学习引论——学习文化的哲学考察与建构》，广州，华南师范大学博士学位论文，2007。

② 王力波：《列子译注》，188 页，哈尔滨，黑龙江人民出版社，2003。

化的潮流，都会弥补人与动物相比较而似乎具有的'缺陷'"①。人失去了大自然的庇荫，却在被社会群体保存下来的作为人类生存方式的文化那里获得了补偿，文化解除了人在适应自然时的匮乏，为人的生存提供了丰富的外在工具体系。举个浅显的例子，人并不像北极熊一样长出一身皮毛以适应极地的严寒，但是人会以缝制衣服和盖起雪屋等方式来御寒。人的未特定化成就了文化作为人的"第二本性"的地位与价值。为了补偿自身在生物性方面的不足，人必须不断学习，进而掌握人类发展史中积累起来的各种文化，以求得生存。

同时，人之为人，"我们都需要领略辉煌，使我们的心灵升华，感受超越自我的伟大以及人生的无限可能。"②人的生成性还表现为不断追求发展的超越性，这是人的优化自身存在的意向性。如果说作为生成性表现之一的弥补缺陷和解除匮乏，是为了求得生存，那么作为生成性表现之一的超越性，就是为了生活得更有意义，更有价值。关于人的超越性，李鹏程指出，人总是认为自己的现状是"不完满"的，有值得改进和改善的可能性。这种对自己当下状况的"不完满性"的确认和在此基础上对"完满性"的追求，就使人产生了超越意识，产生了使自己变得"更加完满"的意识指向。基于此，"从人的生命存在的基本特点来说，人的意识状态的本质意义，就在于它是一个基于现实并要求（愿望、向往）超越现实的指向性"③。由于人的超越性这一基本特性的存在，使人的生活世界中产生了现实与理想、现有与应有、此岸与彼岸等之间的张力。此时，文化中所蕴含的真、善、美的特质，可以引导人们摆脱愚钝和粗陋，克服人性的野蛮和残缺，超越世俗的浅薄和功利，使人们不断地从已有、已知、已达到的层面，向未有、未知、未达到的层面前进。可见，人从现实超越到理想、从现有超越到应有、从此岸超越到彼岸的通达途径，就是学习蕴含真、善、美的文化，使自己的学识得以增进、德性得以锤炼、境界得以提升、创造性得以发挥与展现，使自己不断向着真、善、美的终极目标趋近。

由此可见，人要依赖文化才能生存，也才能生活得更有意义与价值。立足于人为了自身的生存与发展而对文化极端需要的这个基础，人在基于补偿而学习，也基于发展、基于追求"完满"而学习。前者实现生物的人向现实的人之转变，后者促进现实的人向理想的人之转变。所谓人生，乃是一个不断经由学习而"文化成人"的动态过程。

另外，人们还从社会心理的角度，解释了学习是人的本性。"每当人们观察那些初次接触教育环境的孩子时，都深深地被他们要求受教育的愿望所打动，而这显然不仅仅是出于求知欲，而是出于被成年人的世界、被社会价值世界所接受的需要。"④

虽然人们从多种角度凸显了学习是人的本性，但不表明这个本性会自动地、茁壮

① ［德］兰德曼：《哲学人类学》，第 2 版，206～207 页，阎嘉译，贵阳，贵州人民出版社，2006。
② ［英］汉迪：《饥饿的灵魂》，89 页，刘海明、张建新译，上海，上海三联书店，1999。
③ 李鹏程：《当代文化哲学沉思》，240 页，北京，人民出版社，1994。
④ ［法］梅迪契：《新教育》，侯健译，25 页，北京，商务印书馆，1998。

地生长和发挥作用。相反，人的本性如果受到忽略，就如"刀不磨要生锈"的道理一样，会逐渐消退。如果再受到外来力量的打压，则更易挫伤。因此，发现、保护并促成学生学习本性的生长，并善于利用这一本性，提升教与学的效果，进而推动学生的成长与发展，是教师应当研究的一个重要而迫切的问题。

拓展阅读

学习是人的本性，为什么现实生活中众多的学生"厌学"甚至"恨学"呢？对此，王晓春老师做出了一定的分析。

我的一位同事对她的上小学四年级的侄女谈到终身学习的问题，小姑娘一脸惶恐地说："啊？毕业了还要读书啊！"我联想起 20 世纪 80 年代我教中学时，每当考试后放假前，常常在厕所里看见被撕成碎片的课本和作业本，还有被整本扔到便池里的。每次中考和高考后，此种镜头更多。前年，一位家长请我去帮助他厌学的儿子，那孩子正上八年级。我去到他家，推孩子的房门时，感觉有障碍，往门后一瞧，原来是一大堆碎纸片。家长告诉我，这是孩子全部的课本和作业本。我对家长说："您的孩子不是'厌学'，而是'恨学'！撕出这么一大堆碎片，也是比较重的体力劳动，没有满腔的仇恨是坚持不下来的。"

大人都想让孩子学习，而且学习也确实对孩子有好处，可孩子为什么这样不懂事呢？一个两个不懂事在所难免，怎么现在不爱学习的孩子这么多呢？

原因是多方面的，有家庭教育的毛病，有社会风气的影响，也有孩子自身的问题。这里我们侧重从学校教育的角度探讨一下原因。据我看，恐怕我们的学习态度导向有问题。

我们的学习态度导向具有明显的任务化、工具化、神圣化的特点，而人性化则比较薄弱。

所谓任务化，就是把学习看作完成别人交给的任务，因而学习主要是对别人负责而不是对自己负责。老师让我学的，我不得不学，就被动地去学；老师没有安排的，我就不主动去学。学生这种单纯任务观点是教师引导的结果。如果教师一贯用制订计划、布置任务、检查监督的"指标管理法"推动学生学习，久而久之，必然会削弱学生的主体意识，使他越来越变成一个机械被动的学习者。我的一位同事的孩子从小比较爱学习，让他认个字或者学点什么东西，他都很高兴。上了一年幼儿园，糟了，再教他什么，不学了，理由是"老师没让我们学这个"。他已经开始把学习看成了特定的上级交给他的特定的任务，这实际上是把学习的空间缩小了。许多孩子除了老师留的作业以外，绝不多做一点学习的事情，也是这个道理，虽然这其中也有自我保护的成分（作业太多了）。也许在老师眼里，孩子是进步了，听话了，其实在学习观念上，他退步了。学习成了一种"差事"，快乐减少了，人情味减少了，人性减少了。

所谓工具化，就是把学习目的变成单纯的掌握谋生工具，把学习看成"学徒"，当成"敲门砖"，而不是看作自身成长和发展的过程，学习的过程好像单纯是一个外加的过程。知识对学生来说，似乎是入侵者，而不是朋友。如果硬说是朋友，也是由教师包办的朋友。人对工具的通常态度是，有用就用，没用就扔。如果把学习工具化，其必然的结果是短视的实用主义的泛滥：能得到好分数或换取毕业证书的东西就学，否则就不学。而一旦毕业证书到手，就可以和学习说"再见"甚至"永别"了。很难想象人们会对"敲门砖"产生多么深的感情，所以工具化也减少了学习的人情味。而且生活的逻辑总是这样：凡是把学习当工具者，自己也必然在某种程度上工具化。显然，过分强调学习的工具性，不利于学习者养成健全的精神和健康的人格。

所谓神圣化，就是把学习看成非同小可的事情，给它戴上一个光环。古人看书时要焚香，正襟危坐，端个架子，就是这个意思。如今许多家长和老师，也总是以为必须在专门的时间和专门的地点，摆出专门的姿态，看专门的书，那才叫学习。看课外书不是学习，玩儿更不是学习。只有看老师让看的书，做老师让做的题，务"正业"，才算是学习。这看起来是对知识的尊重，其实不但缩小了学习的范围，而且使学习狭隘化，使学习远离了孩子的日常生活，漠视了人的基本需求。教材也存在这个问题，脱离学生的生活，在一个封闭的圈子里大讲一些神乎其神的学科术语，致使学生"敬而远之"。"神"味太浓了，人情味儿就减少了。

总之，任务化、工具化把学习搞得太"俗"，神圣化又把学习搞得过"雅"。这"三化"使学习态度走向两个极端，最终妨碍了民族素质的提高。

如果人们小时候把学习单纯看成任务或工具，那么一旦长大成人，他就不再学习了，除非领导下死命令，或者迫于谋生的燃眉之急。目前我国成年人的学习状况大致如此，这是我们基础教育的大失误大教训。别人且不说，就说中小学教师吧，按道理，教书的人应该是最爱读书的，可惜完全不是这么回事。他们往往只读课本和教参，因为这是"任务"和"工具"，至于从提高自身素质、完善自我出发读的书，那就很可怜了。绝大多数老师只是到了期末写总结或评职称写论文的时候，才很不情愿地去找本书来翻一翻、抄一抄。有些领导为了督促教师看书，常常不得不用检查读书笔记的办法，像检查小学生的作业本一样，让人哭笑不得。不爱读书的大人自然无法培养出爱读书的孩子，果然，这些孩子成年后也不爱读书，然而却又拼命逼着自己的孩子读书。这是完全合乎逻辑的，越是不爱读书的人，越容易逼孩子读书，因为他自己就没找到爱读书的感觉，因而他会顺理成章地认为，读书绝不是有趣味的事情，不施加压力是不行的。于是，就这样一代一代地，把厌学的情绪，把缺乏人情味的学习态度，传下去了。

所以我们现在必须改变这种状况，必须提倡一种更尊重人性、更积极自觉的学习态度。这样的学习态度应当以学习者为本，以人为本，以人的发展为本。

在这种态度下，学习不是单纯的任务，也不再等待别人的评价，而是为了满足自身的发展需要。这种学习是开放的、发散的，而不是单纯按别人指定的死路线前进的。这种学习不光是为了取得毕业证书，更重要的是要充实自己的生活，完善自己的人生。它有功利的成分，但不完全是功利的，学习同时成了个体生活的一个非常自然的组成部分。它不再仅仅是为了生存，而且其本身就是一种生活方式。它既不是外加的，也不是神秘的。它常常像是一种精神的旅游，有时也很累，但是有无穷的乐趣，累是自愿的。

要倡导这样的学习态度，需要从两个方面努力，一个是努力建立学习型社会；另一个是使学习生活化，即尽可能使学习与学生的个性、与学生的生活密切联系起来。这当然不是某一个人所能完成的任务，但是每位教师都可以有所作为，起码教师可以自己努力做一个学者型教师。你要做学者型教师，谁能阻拦？只有你自己能阻拦。你要喜欢读书，谁能阻拦？谁也阻拦不了。别人最多只能减少你的业余时间，但无法削弱你对书籍的热爱。别人最多只能剥夺你脱产学习的机会，但无法剥夺你业余学习的热情。而只要一位教师自己具有人性化的学习态度，他肯定就会感染学生，他也一定能想出许多办法让孩子体验学习的快乐，因为他自己就体验过这种快乐。人是有情感的，人在学习的时候不可能没有情感介入，区别只在于是消极的情感还是积极的情感。情感是无法教授的，只能彼此感染。要以积极的情感感染别人，自己先要有积极的情感。所以说到底，还是教师自身素质的问题。

为了避免误会，我在本文的结尾要替"任务化、工具化、神圣化"的学习态度辩护几句。说学习是任务并不错，用布置任务的办法推动学习，也常常是必要的。说学习是为了掌握某种知识和工具也不错，甚至人本身，从某种意义上说，也是工具，这并不一定损害人的尊严。至于把学习在一定程度上神圣化，也有好处，它至少可以增加学习者的使命感和责任感。所以，这"三化"都有其合理的成分。问题在于掌握火候，多么合理的东西过了火也会变荒谬的，而现在过火得太厉害了。闹得孩子们把课本都撕碎了，巴不得早点儿长大，永远结束读书生活，这还不是问题吗？①

二、学习是建构的过程

有这样一个故事，从前，有一条鱼很想了解陆地上发生的事，却因为只能在水中呼吸而无法实现。鱼与一只小蝌蚪交上了朋友。小蝌蚪长成青蛙之后，便跳上陆地。几周后青蛙回到池塘，向鱼描述了陆地上的各种东西：鸟、牛和人。鱼听了青蛙的描述，脑海中浮现出各种新形象——人被想象为用鱼尾巴走路的鱼、鸟是长着翅膀的鱼、

---

① 王晓春：《让学习更加人性化》，载《河南教育》，2000(6)。

奶牛是长着乳房的鱼。[1]

这个故事的寓意非常深刻。学习并不是一个搬运的过程，不是老师将自己头脑中的知识搬运到学生头脑中，也不是学生将教材上的知识搬运到自己的头脑中，学习是学生基于自己已有的知识，去建构新知识和理解新知识。学习是一种建构的过程。

从以上故事还可以看到，学生在建构知识的过程中，机遇和危险并存。如果学生能对知识进行正确、完整和系统地建构，自然是再好不过的事情。但是，学生也有可能对知识进行不完整建构或错误建构。教师需要善于发现学生在建构过程中出现的困难和错误，并加以正确而艺术化的引导。以下是一则教学片段：

在小学三年级的一节科学课上，学生们正在给动物进行分类。学生有各种分类方法，如按动物的运动方式、食性、有无脊椎骨分类。此时有一名学生提出动物可以分为冷血动物和热血动物，血是冷的就是冷血动物。学生们都表示赞同。显然，三年级的孩子从其他途径听说过"冷血动物"一词，但他们根据已有的知识经验，建构了完全错误的理解。教师决定从学生最了解的"人"入手，帮助学生正确地理解。

师：人的体温是多少？

生：37℃左右。

师：夏天，上海的气温有时会达到……

生：39℃以上。

师：那你的体温呢？会不会也变成39℃呢？

生：不会！还是37℃左右。

生：39℃就是发高烧了，要到医院去挂盐水了。

师：冬天，上海的气温有时会达到……

生：0℃、−5℃……

师：那我们人的体温会不会也变成0℃、−5℃呢？（学生笑了）

生：才不会呢！

生：还是37℃左右。

生：0℃的话，人早就死了。

师：人的体温有什么特点呢？

生：不管外界环境的温度怎么变化，人的体温总是在37℃左右……

师：不管外界环境的温度如何变化，人和有些动物（像牛、羊、猫、狗）的体温都能保持稳定，这样的动物就是你们刚才所说的热血动物，科学的说法是恒温动物。而冷血动物正好与恒温动物相反。现在谁来说说，什么是冷血动物？

生：冷血动物的体温会随外界环境温度的变化而变化……

师：能不能给这些冷血动物起一个科学的名字？

---

[1]　［美］布兰思福特：《人是如何学习的——大脑、心理、经验及学校》，19页，程可拉等译，上海，华东师范大学出版社，2002。

生：变温动物。

这位教师敏锐地抓住了学生根据在头脑中建构起的错误概念的常见思维理解，艺术地利用学生已有的正确知识经验，引导学生对错误概念建构起正确的理解。当然，这一建构过程主要是教师帮助学生完成的。根据不同的教学情境，某些建构过程教师可以组织学生，以相互帮助或相互争论等方式来完成。

在进行教学设计时，教师特别需要注意的是，学习作为一种建构过程，在建构知识的同时，还应建构起相应的意义，这样可以整体性地激发学生学习的兴趣，提升学生学习的效果。这里，以"负数"的教学为例作一说明。

教学"负数"时，可以这样讲：同学们，今天我们讲负数，负数是什么呢？是为了表示具有相反意义的量，如收到 5 元钱，我们记作＋5，付出 5 元钱，我们记作－5，这就是负数。[①]

还可以先给出一个引例，由此引出负数的概念，然后对概念进行分析，继而给出例子以加深学生对负数的理解。

以上不论是直奔主题，还是从引例出发，所表现的都仅仅是知识的获得。为了引导学生在获得知识的过程中进行相应的意义建构，教师可以按以下方法进行设计。

首先让学生置身于现实生活中，通过丰富的实例，让学生感受到现实生活中存在着大量具有相反意义的量，如输赢、收支、盈亏、增减、上升下降、以前以后等。先要给学生这样的感觉：满世界都存在着这样的量，它们具有相反意义。

其次让学生知道这些量是需要表示出来的，如何表示呢？这就是一个问题。原来我们可以用整数、分数来表示一些事物，现在却遇到了问题，从而促使学生产生一种内在需求、一种困惑：原来的数怎么不够用了，不够用了怎么办？这又把问题推进了一步，接下来就研究这样的问题。

不够用了怎么办？需要引进新的记法。如何引进新的记法呢？这就需要探索、尝试、比较、逐步实现目标。学生的经验、学生的观察、学生的智慧，就在这里交流着、碰撞着，最后找到真理。

反思一下，上述过程就是负数形成的一个过程，也是数学发现的过程。通过这个过程，激活了负数的概念，使它真正成为有意义的东西。也正是在这一过程中，学生体验了数学与人类生活的联系。在这一过程中，学生还可以体会人类智慧的伟大。你看，数不够用了怎么办？在原有数前面添加一个符号，就解决了问题，这就是人类的创造。可见，在负数的教学中，教师还可以激起学生对人类创造的敬意。

在这个过程中，既有知识的获得，又有能力的生成，还有情感的体验，三维一体。可以说，这个学习过程，既实现了知识的建构，也实现了知识的意义建构。然而，要引导学生实现知识的意义建构，并不是一件容易的事，这需要教师进行认真深入的探索和设计。

---

① 裴光亚：《试谈以人为本的三维课堂教学》，载《中学数学》，2006(1)。

三、学习是通达自由的途径[①]

世界作为一个巨大无形的网，主要由三种关系构成，即人与自然的关系、人与社会的关系和人与自身精神的关系。通过学习蕴含"真"的文化精华，学生能够可以洞悉与掌握自然界各种事物的客观规律。同时，通过学习蕴含"善"的文化精华，学生能够体认与内化外在的社会道德规范，从而自主地展开道德活动，达至"人与他人之间关系的自由"，即伦理学意义上的道德自由。而且，通过学习蕴含"美"的文化精华，学生能够不断实现心灵的解放与超脱，深层次地体验精神的愉悦，达至"人与自身精神之间关系的自由"，即美学意义上的审美自由。

其一，在学习中求真，通达人与事物之间关系的自由。一方面，在学习中求真，使学生从外在事物的控制与束缚中解放出来。正如斯宾诺莎（Spinoza B.）所揭示的，"自由是对必然的认识"[②]。人们如果不了解事物的客观规律，就会被它们所束缚、所限制。如被源自对不存在实体的恐惧情感所支配，不能很好地利用自然事物而遭到自然界的惩罚等。然而，一旦人认识了事物的客观规律，那么要使事物越来越服从人的意志并利用它们来达到自己的目的，这就完全取决于人自身了。另一方面，在学习中求真，使学生能够以事物的客观规律为依据从事各种自主活动。一旦事物的客观规律被人所认识，它就由支配人的外在力量变成了人的活动的内在根据，就由客观的外部必然性变成了人支配与控制客观事物的能力。在充分认识事物客观规律的基础上，人们就可以将那些束缚人、限制人的自在之物转化成为人服务的为我之物，进而展开各种各样的自主活动，为主体自由的实现开辟出一条道路。可以说，在不断把握事物的客观规律并使之服务于自己的目的的过程中，学生才能得到真正的自由。学生对客观规律的把握越深刻、越全面，他们活动的自由度就越大。

其二，在学习中立善，通达人与他人之间关系的自由。一方面，在学习中立善，使学生摆脱道德的外在规定。除了狼孩等特殊情况外，个体一出生，便被"抛"入一定的道德文化之中。这时，道德文化是先于个体而存在的，是外在于个体的。当道德外在于人而强制人服从时，人往往感到处处受这种外在力量的支配，从而觉得很不自由。然而，学生在学习过程中，感受文化所彰显的道德人生及道德智慧的美丽华彩，体验道德规范给予作为类的人在调整人伦关系时的自由和优越，便会心向往之、行趋近之，从而不断将道德的外在限制转化为自我内在限制，最终演化为道德自主、自决和自律。通过学习，道德的外在规定性就转化为学生自身的内在信念。另一方面，在学习中立善，使学生自主地展开道德活动。当道德从外在规定转化为人自身的内在信念之时，它就成为一种自我意志融入个体的血脉深处。这样，个体"在认识道德必然的前提下自

---

① 曾文婕：《学习通达自由——对学习领域自由问题的新阐释》，载《教育研究》，2008(6)。

② 苗力田、李毓章：《西方哲学史新编》，330 页，北京，人民出版社，1990。

觉自愿地按道德必然去行动，从而达到一种'从心所欲而不逾矩'的境界"——道德自由的境界！[1] 而且，在学习过程中，学生越是深刻地体会到道德的价值与魅力，就越能够将外在道德要求转化为内在道德意志，就越能够在与他人的关系之中获得更大的自由。

其三，在学习中审美，通达人与自身精神之间关系的自由。一方面，在学习中审美，使学生超越单纯的功利欲望。现实生活中的利益关系，人是无法回避的。审美，恰好能带给人一种特别的解放，它解放的是人自身的精神，它使人的精神从功利欲望的控制与束缚中解放出来。[2] 学生对学习内容的审美，使自己沉浸在学习内容所描绘的人类文化世界，迷醉于学习内容所展示的人类文化生命力量，使自己从实际的利益计较中摆脱出来，从精神层面告别和舍弃功利，体验自身生命超越现实束缚而进入无限世界的心灵敞亮与精神解放。另一方面，在学习中审美，使学生自主地进行精神体验。基于审美的超功利的精神解放特性，在学习中审美，学生就超越了功利与得失的计较，投入感应于学习内容所代表的人类文化生命的呼唤，体悟到人类文化生命与自己精神生命交融的和谐与奇妙，产生"悠悠心会，妙处难与君说"的精神愉悦，进而在日常生活的单调和琐碎之中拥有超然的心境，在无限的失落与永恒的动荡之中获得精神的安宁。正是这些超然与安宁，让人享有挣脱世俗生活后所带来的纯粹的生命的快乐，让人达到一种审美的大欣喜、大感动、大震撼的境界。这样，一种融化在理想境界中的精神体验式的自由——审美自由便油然而生。

学习通达自由，为教育领域提出了一个新课题。作为教师，可以首先拓展与升华自己对学习的意义与境界的认识，进而在教学设计和课堂教学中，给学生以熏染和陶冶，并充分考虑运用什么策略才能更好地促使学生"经由学习而通达自由"。

---

① 李建华、覃青必：《论道德自由的三个基本向度》，载《哲学研究》，2006(1)。

② 彭富春：《哲学美学导论》，122～123 页，北京，人民出版社，2005。

第五章 教学观

教学常被解释为教师的教和学生的学共同构成的双边活动。它包括了教师的教和学生的学，却并不是两者的简单相加。由师生构成的教学双边活动，形式多样，差异甚大，优劣俱存。因此，从观念上澄清什么是好的教学，进而能够以适当的教学观引领教学，就尤为重要。

一、教学以学为本

有这样一个故事在教学界多次被提及：日内瓦湖前面有一条隧道，人们开着汽车穿过隧道，隧道管理者在入口处竖立了告示牌，要求司机即使是白天也要亮灯。但是，从隧道出来，许多人都忘记关灯。这样，他们停下来一段时间后，汽车没有电就不能打火了。面对司机们的抱怨，管理方想到在出口处也竖一个牌，要求司机们"出隧道后关车灯"。但显然这样写是不够的，晚上驾车，司机看到这个告示也要关灯吗？这样一来，告示就要写上多种情况：白天如何，晚上如何，下雨天和阴天又如何。可是，如果司机要看清这么多文字，车可能就冲进日内瓦湖里了。写少了不清楚，写多了看不清。后来，一位管理者想出一个办法，只在告示牌上写了一句话：你的车灯还亮着吗？于是所有的问题都解决了。

类比到教学领域，如果教师看到并相信学生的学习能动性，进而想方设法去触发和调动学生的学习能动性，让学生自己去思考、去学习，那么，教学就会变得简单而高效。这就是说，在教与学的双边活动中，始终应以学为本，教师的教是为了激励、唤醒、鼓舞学生的学。2019 年 6 月，《国务院办公厅关于新时代推进普通高中育人方式改革的指导意见》中，明确指出要深化课堂教学改革，培养学生学习能力。如果教师在观念上总认为学生不是可以自己学、自主学的，那么，教师就会对学生的学习意识和能力予以忽视甚至藐视，会仅仅去思考如何教给学生更多的东西以及怎样才能教得更细一些，如同故事里的管理者仅仅思考如何把告示写得更全一样。这样的教学观念是以教代学、舍本求末。

但是，在实际的教学领域中，教师的教过多地代替学生的学，以教代学、越俎代庖，是较为普遍的情况。这具体表现为两种相互关联的现象：一是教师认为我不教，学生就什么都学不到；我教了，学生总能学到一些东西；我教得越多，学生就能学到越多。二是教师总在思考如何才能将课讲得清清楚楚、明明白白，总是试图将课讲深、讲透。这被形象地戏言为"如同教师把食物替学生嚼烂后再喂给学生一样"。一则，教师从教的角度对教学内容的"咀嚼"与学生从学的角度对教学内容的"咀嚼"并不是完全相同的一个过程，而是有区别的两个过程。二则，如果教师对教学内容的"咀嚼"过多地代替了学生自己的"咀嚼"，学生的"咀嚼"功能退化、"消化"能力弱化就成必然。好比有人问一个饥饿的人："怎么把自己饿着了？"后者回答："妈妈不喂我东西吃！"再问一个消化不好的人："怎么胃不舒服呢？"后者回答："妈妈没有把食物嚼烂！"回到教学领域，类似的现象实实在在地发生着，如以下案例。

我曾问过几名已毕业的学生："《苏州园林》的写作特点是什么？"他们回忆了一会儿说："答不上来，但我们已经抄到笔记本上，一翻笔记本，就能知道。"我又找出杂志上的一篇小说，请他们分析，尽管这篇小说特点很明显，他们还是说不出。我问他们为什么说不出，同学们理由很充分："老师还没讲，还没抄，我们怎么能会！"①

其实，教师的出发点是让学生学得更多，学得更透，结果却与初衷背道而驰，更严重的是造成学生将学习视为教师的事情而不是自己的事情，因为教的主体性事实上取代了学的主体性。学的主体性一旦丧失，学习就成为被迫、痛苦和折磨。为什么会产生这样的悖论现象？主要有两方面的根源。②

第一，心理安慰效应。现在书店里的课外辅导资料"泛滥成灾"，如果留心观察，经常会看到类似的场景：家长推着小车，看见辅导书就往里面装。孩子跟在后边问："妈，你给我买这么多书，我什么时候能看完啊？"妈妈说："你期末考试考得那么差，再不多看书多做题，什么时候成绩能上来？"这回答听似有理，但这么多书，孩子会不会一看到就厌烦、一想起就打退堂鼓呢？这么多书，孩子怎么看得完、做得完呢？这么多书，究竟适不适合孩子的现有水平、能不能有效改善孩子的薄弱之处呢？家长多半想的是：反正给你买了一大堆书，这心里就比较踏实了。教学活动中的以教代学，与此现象雷同。我教了，还教得很细、很透彻，心理上也就比较安慰了。正如不少老师经常说的："教不教是老师的责任，学多少则是学生的事情！"由此就能理解，为什么那么多的老师感到很郁闷、很气愤，经常埋怨：我教了那么多、教得那么细，怎么你还不会呢？真是没法教了。

第二，只见树木效应。一些老师通常会有这样的疑问：身边的老师都是尽量多教一些，力求将课讲深讲透，如果不教或少教一些，行吗？这就涉及一个视野的问题。熟悉身边同事的做法，只是看到"树木"；如果将视野投向更广阔的天地，一大片"森林"则会映入眼帘。正所谓，一个人的发展取决于与他直接和间接交往的所有人的发展。在了解身边老师做法的同时，把握其他老师的动向，就不会只见树木不见森林，不会固守一隅，从而获得新颖丰富的借鉴资源和参考材料，促进自身教学活动的反思和发展。

比如，就语文教学而言，专门研究已经表明：提高语文教学质量的决定性因素，不在于教师的讲深讲透，也不在于教师对学生的练习做过细的指导。换言之，并非教师

---

① 魏书生：《教学工作漫谈》，29 页，桂林，漓江出版社，2007。
② 曾文婕：《试析教学领域的文化错位》，载《教育发展研究》，2010(4)。

的讲课越深透，对学生的指导越具体，学生就会学得越好。学生是认识的主体，他们的认识活动只能通过自己的实践和感知，在自己的头脑里进行，旁人替代不了。比较有代表性的一次实验，是鲁迅小说《一件小事》的教学。对照班完全由教师讲授，讲解力求深透，语言力求生动，让学生听得津津有味，学生在听讲的过程中都做了记录，随后，学生完成课后习题，做习题前教师还做了详细的指导，答案的正确率很高。整个教学过程（包括课内作业）共用了四个课时。实验班由学生自读、思考、讨论，老师只做重点指导。首先，学生根据课后"思考和练习"的提示自读、理解课文，并提出疑难问题。然后，教师将学生的提问集中到一个问题上："文章里的'我'是不是一个自私的剥削者?"随后，学生进一步细读课文，以《〈一件小事〉中的"我"是一个怎样的人？》为题写出发言稿并进行辩论。最后，学生修改、充实自己的发言稿，写成文章《谈〈一件小事〉中的"我"》。整个教学过程，教师在学生争论不休的时刻提出启发性的问题供学生思考，时间也用了四个课时，没有做课后练习，但完成了一篇作文。一个学期后，用课后练习题及少量补充题"突然"测验两班学生，结果发现，没有做过练习题的实验班学生成绩，超过了做过练习题的对照班。实验班优秀答卷占全班学生数的70％，对照班仅占38％。尤其在对课文内容记忆的准确程度以及对某些问题理解的深度上，实验班都超过对照班。在事后的访谈中，对照班学生说："这篇课文是一个学期前听老师讲的，时间隔得这么长，测验前也不让我们复习一下，怎么记得住？"实验班学生说："当时为了弄明白课文里的'我'是怎样一个人，大家拼命到文章里去找根据，双方争得面红耳赤，现在还清楚记得那时争论的内容。"①

放眼当下，洋思中学老师的少讲、精讲，已经在多个学科教学中取得成功。课堂上，"教师们已退居二线，教师就像'引桥''路标'一样将学生引向自学的'高速公路'。"②"教"和"学"的地位还原已经萌芽，教师"道而弗牵"的本然状态开始出现。然而，"教"和"学"错位后真正的、全面的复归，还需要更多的教师一起来关注、探索和开拓。在思考教什么和怎样教才能促进学生学的时候，需要考虑不教什么和不这样教反而更能促进学生的学习。后者与前者相比同样重要，甚至在一定意义上更为重要。

这样的教学观，同样可以用一个生动的故事加以诠释：在一个偏僻的小山沟里，有一位睿智的老太太，所有的孩子都喜欢向她问问题，而她总是有问必答。小孩子中有个捣蛋鬼。有一天，他抓到了一只小鸟。他双手捧着那只小鸟，然后招来一群朋友，对他们说："我们去耍弄一下那个老太太，好不好？我先问她我手里有什么，当然她会说有只鸟，然后我就问她这只鸟是活的还是死的。她要是说死的，那我就松开手让鸟飞走；她要是说活的，我就猛地一捏，给她看一只死鸟。这样，她怎样答也答不对。"其他人都认为这是个绝妙的主意。于是，他们爬上山，进了老太太的小屋。"老奶奶，我们要问您一个问题。"他们大声喊道。"我手里的是什么？"那个调皮的小鬼问道。"肯

---

① 钱梦龙：《钱梦龙与导读艺术》，11～15页，北京，北京师范大学出版社，2006。

② 华国栋、高宝立：《实施优质教育，促进全体学生全面发展——江苏省泰兴市洋思中学的经验及启示》，载《教育研究》，2005(6)。

定是只小鸟。"老太太答道。"可这是只死鸟还是只活鸟呢?"老太太沉思了片刻,然后说:"这一切由你来决定。"几个孩子一下愣住了。愣了半天,他们把小鸟放飞了。

在这个故事中,老奶奶的高明之处,就在于她敢于并且善于引发孩子的思考,她的一句"这一切由你来决定",使孩子们放走了小鸟。相反,如果是喋喋不休的说教,强迫孩子将小鸟放走,结果就不一样了。

拓展阅读

就教学活动而言,人们提出了"仓库"理论和"蜜蜂"理论,并认为从"仓库"理论到"蜜蜂"理论,是现代知识教学思想改革的必然趋势。这对我们形成自己个性化的教学观具有一定的启发。

"仓库"理论是一种形象、比喻的说法。这种理论认为,人的大脑就像储存知识的仓库,教学就是用知识去填充大脑这座"仓库"。大脑里的知识装得越多,人就知道得越多,人的学问和本领就越大。归纳起来,"仓库"理论具有这样几个显著特征:

(1)强调知识教学的外铄、灌输和注入,将学生的大脑视为被动的知识容器、知识载体和知识受体,注重知识的权威性和作为知识代言人的教师的特权。

(2)强调学生背诵和记忆大量的书本知识,并注重以书本知识为内容的考试。由于学习书本知识与各种考试之间有着直接的联系和利害关系,因而学习主要是为了应付以课本为内容和范围的考试。知识常常未经学习者吸收和消化而被机械地记忆在大脑里,学习无异于死记硬背和囫囵吞枣。犹太人将仅有知识而没有智慧的人称为"背着很多书的驴子",中国人将只会读死书的人称为"书呆子"。呆读死记无异于吃别人已经咀嚼过的东西,虽然可以"填饱肚子",但没有吸收到多少营养。

(3)强调知识内容或知识本身的价值,而忽视传授掌握知识的方法,忽视培养人猎取知识和运用知识的能力。这就如同授人以鱼而不授人以渔,给人猎物而不给人猎枪。其结果是,学生拥有的知识越多、包袱越重,能力越得不到锻炼和发展。不是知识越多越主动、越轻松,而是知识越多越被动、越沉重。

(4)只注意到教学适应知识数量、内容的积累与增长,而忽视了适应人的身心全面发展的需要。现代知识的发展呈现出裂变、爆炸的态势。一个人的认识,哪怕是对某一个专业领域的认识,是根本不可能追赶上知识的发展速度的。1946年版的《大英百科全书》只由两个人编写,1967年版增至一万名专家,最新版达几万人。因而,"仓库"理论要求教学不断增加知识数量和内容,不仅不能适应知识增长的速度,而且不断地增大了知识的难度,使学生普遍丧失了学习知识的兴趣和内趋力。学生"知识包袱"越来越重,身体素质和道德水准普遍下滑,这与"仓库模式"的长期影响是分不开的。

"蜜蜂"理论同样是一种比喻的说法。关于知识的获得有三个比喻:先验论者像蜘蛛一样,只知道从自己的肚子里吐丝布网;经验论者像蚂蚁一样,只知道收集简单的材料；而科学认识应该像蜜蜂一样，把采集来的花粉进行消化和加工，并酿造成蜜浆。蜜蜂的喻示是恰当和深刻的。"蜜蜂"理论具体表现为以下几个方面：

（1）为学生主动学习知识而教。蜜蜂的活动是自由、主动和探索的。学生是一个能动的认知体和生命体，是学习的主人和知识的探求者，因而学生的学习活动也应该具有蜜蜂活动的特性。学习不是被动地背诵、接受知识，而是主动地采集、猎取知识。不是由知识主宰、控制着人的学习，而是人去认识、掌握和占有知识。学生应成为他们获得知识的主人，而不是消极的知识接受者。

（2）为学生在理解过程中学习知识而教。理解是掌握知识的第一要素。学习知识不是机械的条件反射，而是对知识的理解、认知、加工、改造。

（3）为学生运用智慧方法学习知识而教。"方法比知识更重要"是现代知识社会和终身教育时代的价值观念，因而学会学习（learning to learn）或知道怎么做（know-how）就成为当代重要的教育主题。学会学习强调培养学生主动寻求、发现知识的经验、方法、智慧和能力，给学生提供开启知识宝库之门的钥匙。正所谓：一个坏的教师奉送真理，一个好的教师则是教人发现真理。

（4）为学生在探索和发现中学习知识而教。学生的头脑不是一个要被填满的容器，而是一支需要被点燃的火把。现代知识教学的基本观念之一，是注重对知识的思考和创新，由被动地接受知识到主动地建构知识。学生主动建构知识的过程，如同蜜蜂采集、加工花粉和酿造蜂蜜的过程，是一种主动探索、发现知识的过程。[①]

二、教学是预设与生成的统一

预设指教师在课前对课堂教学的规划、设计、假设和安排。它表现在课堂上，指的是师生教学活动按照教师课前的设计和安排展开；表现在结果上，指的是学生获得了预设性的发展，或者说教师完成了预先做好的教学设计。

预设是必要的。教师在课前对教学目的、内容和过程等有清晰、理性的思考和安排，是保证教学质量和效率的基本要求。本书主题定位为教学设计，即着眼于能够在一定程度上帮助教师做好课前的一系列预先设计。

然而，课堂并不是一成不变的。教师与学生、学生与学生、学生与文本等的互动均可形成"生成"的时机。生成表现在课前，指的是教师的"空白"意识，给教学活动留下拓展、发挥的时空；表现在课堂上，指的是师生教学活动超越了原有的思路和教学设计方案；表现在结果上，指的是学生获得了非预期的发展。正所谓，教育的技巧并

---

① 靖国平：《从"仓库"理论到"蜜蜂"理论——知识教学观的变革》，载《中国教育学刊》，2000(2)。

不在于能预见课堂的所有细节，而在于根据当时的具体情况，巧妙地在学生的不知不觉中做出相应的变动。可见，课堂教学活动不能仅仅成为师生执行教学设计方案的过程，教师在教学活动中，应善于捕捉在课堂上随机生长出来的稍纵即逝的资源，因势利导，演绎教学的精彩。

比如，一位教师在教学《节约用水》时，讨论中有学生指出洗车太浪费水，而另一学生却认为用很多水才能把车洗干净。两种截然不同的意见，恰恰是引导学生深入讨论的契机，而该教师却只是分别给予简单的"很好"后便按自己事先设计的思路继续授课。如果该教师能够抓住生成的时机，由此引导学生思考日常生活中如何解决"需要用水"和"节约用水"的矛盾，便可以大大提高课堂教学的效果。

当然，也有教师十分善于实现教学的精彩生成。例如以下案例。

课堂上，学生正在学习《江雪》一诗，一名学生提了一个"意外"的问题："老师，那么冷的天，老翁为什么还要在江上钓鱼？"另一名学生随口答道："我知道，因为那老翁家里穷，没什么吃的了。"老师当即捕捉到这一资源，神情凝重、饱含深情地顺势启发学生："同学们，或许老翁家里真的很穷，钓鱼充饥。可他真的在钓鱼吗？"学生思考后回应："不是。"老师继续追问："其实在干什么？钓什么呢？"思考之后，有学生说："老翁在欣赏冰天雪地那晶莹剔透的美景。"有学生说："告诉人们他非常坚强。在冰天雪地寒风凛冽的环境下钓鱼。"有学生说："告诉人们他非常孤独。我发现这四句诗的第一个字连起来是'千万孤独'四个字，是一首藏头诗。"有学生说："老翁钓鱼很有情趣……孤舟蓑笠翁，独钓寒江雪。这是一种孤独的情、期盼的情、顽强不屈的情。"老师称赞大家："啊！多深的发现，多有见地的领悟。"有学生接着答："我认为老翁在钓一个春天，冬天到了，春天还会远吗？"[①]

这一课堂片段，不由得让人心生感触：多么好的情感体悟！这都是老师善于捕捉，进而巧妙一问的效果。这样的一捕捉、一引导，触动了学生的心灵，解放了学生的思维，释放了学生的情感，引出了学生对诗人孤独至极的环境的体验，对诗人孤独至深的心境的领悟！这样的教学生成，饱含着人文底蕴，流淌着灵性和悟性，更满溢着教学的智慧。

需要指出的是，捕捉课堂上随机出现的教学生成点，有时也会陷入误区。当下的一些课堂，当新情况一发生，教师就立即中断计划中的后续教学，开始围绕新情况进行讨论。如一位教师执教《塞翁失马》时，有学生在讨论中提出"塞翁丢失的是公马还是母马"时，教师有些兴奋，马上放弃计划，抓住这一问题就让学生讨论。结果一堂课在争论"马的公母"中过去了，令人啼笑皆非。因此，生成需要建立在两个基础之上，一是捕捉前的鉴别；二是捕捉后的引导。在《塞翁失马》的教学中，该老师既没有对生成资源进行分析鉴别，也没有运用教学智慧对其进行顺势引导，势必背离教学的本真诉求，导致课堂的低效甚至无效。

---

① 郑百苗：《人文关怀是一种召唤——〈江雪〉教学片段》，载《教学月刊（小学版）》，2002(4)。

三、教学的价值在于促进学生的成长

有人认为，教学的价值是传授知识。这种教学观认为教学过程以教科书为内容，是一个将知识单向输送给学生的过程。教师是教学过程的中心，学生是知识的接受者，教学的效果表现为知识的接受与积累。有人认为，教学的价值是应付考试。这种教学观认为提高考试成绩是教学的最终目的，并由此决定教学内容和方式。教师是训练者，学生是训练对象，考试需要的各种知识和技能是训练的内容，好的考试成绩是教学追求的目标。也有人认为，教学的价值是发展能力，这种教学观认为应该把教学目标放在发展学生能力上，创造良好的情境气氛让学生在已有的知识基础上主动进行学习，是教学的关键。学习的过程主要表现为学生与教师、教学内容及学习环境之间的相互作用，学习的效果主要取决于学生自身的努力，而教师则起到帮助学生学习的作用。

那么，教学究竟应该发挥什么样的价值呢？就这一问题，人们可能会从自己的立场出发，去加以理解、诠释和表达，这也往往意味着自身教学观的形成和成熟。但是，总的来说，将教学的价值定位于促进每一个学生的成长，是基本没有疑义的。学生的成长是整体性的，因此，要使教学发挥出促进每一个学生成长的价值，则需要教师在教学价值观上，从仅重视知识价值或能力价值等单一要素的"单向度认识"走向关注多重价值的"整体性把握"。

在教学活动中，学生要获得知识、增长能力，这是毋庸置疑的。同时，教学活动也需要让学生体验学习的乐趣、掌握思维的方法，并使学生的情感、态度和价值观得到升华。

但是，许多教学活动并没有彰显这些价值。如以下"电流和电路"的教学片段。[①]

老师先请学生做实验，将发光二极管连入电路，观察发生的现象……过了几分钟，老师命令学生停下来，象征性地询问学生：你们发现了什么？然后就直接告诉学生"二极管具有单向导电性，正接就发光，反接就不发光"。

而实际上许多学生还没有尝到成功的滋味，有的一开始就非常幸运地正接了，亮或者不亮还没有得到进一步验证。

这里，教师没有给予学生获得体验的时间、空间和权利。之所以只是快速带过实验，原因就在于教师更看重的是传授知识、强调结果。教师没有让学生充分体验实验的快乐，也就很难让学生发现惊奇的现象并最终激起学生热爱电学的情感。事实上，教材安排二极管这个素材，其本意是想通过光彩夺目的实验现象来吸引学生，使其体验到电流是有方向的，从而引发其对电学世界的好奇与热爱。理解了这个意图，教师就应当放慢脚步。教育是慢的艺术，对于学生来讲，只要产生了浓厚的学习兴趣，就会产生主动学习的愿望，从而大大提高学习效率。相反，如果忽略学生学习的幸福体验，就算是再重要的知识，学生也会因为缺少学习动力而懈怠。

---

① 张世成：《学生意识：体验教学的起点》，载《中学物理教学参考》，2009(5)。

当然，现实生活中也有许多成功的案例。如在数学教学中，虽然有一些数学学得好的学生，可以轻松地跨过抽象的门槛，严密地按照形式化的叙述把握数学的含义，但还有相当多的学生较难接受这样的数学，他们总是把数学看成是"天书"，与自己的思维挂不上钩。人的认知过程是一个整体，人文的、科学的种种认识相互交织在一起。因此，有的教师开始探索数学的"人文意境"，尝试建立一种"人文意境"式的数学教育形态，力求改变数学教学很干巴、很冰冷的面目，使学生体会豁然开朗的感觉，体验数学学习的情趣，进而不断亲近和领会数学。教师引入杜甫《登高》中的"无边落木萧萧下，不尽长江滚滚来"两句，带领学生仔细琢磨，"无边"和"不尽"说的是"实无限"，而"萧萧下"与"滚滚来"则描述了动态的"潜无限"。诗人当初未见得有这种数学思维，但这种接近数学中无限概念的文学意境，却令今天的学子可以有所感受。而数学名家徐利治先生在课堂上讲极限的时候，总要引用李白的《送孟浩然之广陵》一诗，用"孤帆远影碧空尽"一句，让学生体会一个变量趋向于 0 的动态意境，煞是传神。[①]

拓展阅读

教学隐喻是人们对教学的一种生动形象的表达方式，主要有教学即倒水、教学是演戏和教学是一起登山等。了解这些教学隐喻，可以在一定程度上帮助我们形成自己的教学观。

1. 教学是倒水

人们常用一桶水与一杯水的关系来说明师生之间的知识状况与教学情况，即如果要给学生一杯水，那教师至少要有一桶水。这个说法隐含着教师的知识一定要比学生的知识多，教学就是教师把自己的知识灌输、倾倒给学生。如果我们反问：教师的水能倾倒给学生吗？倒完了怎么办？于是又有了"问渠哪得清如许，为有源头活水来"，即教师的那桶水不应该是死水应该是活水。这个说法并没有从根本上解决问题，只是要求教师不断增加自己的知识量而已。对教学而言还是灌输、倾倒，甚至是更多的灌输、倾倒。在这样的隐喻中，学生变成了可以盛东西、盛知识的容器，其实教师也变成了容器。

2. 教学是演戏

教师与学生的关系就是导演与演员的关系，教学过程就是教师指导学生演戏的过程。导演指导演员演戏，导演的指导是一方面，演员演到什么程度又是一方面。一部戏的好坏不是全部由导演指导的好坏来决定的，也不是全部由演员的表演来决定的，而是由导演与演员组合、配合的最优化来实现的。类似的，教师就是导演，学生就是演员，教学效果的好坏是教师与学生配合的结果。

---

① 张奠宙：《构建学生容易理解的数学教育形态——数学和人文意境相融合的 10 个案例》，载《教育科学研究》，2008(7)。

这个隐喻所涉及的核心问题，其实是对教师与学生在教学过程中的地位和作用的认识。它启发人们对师生在教学中的地位与作用进行重新认识。学生不再仅仅是受教育的对象，学生的主动性、积极性受到充分的关注，这是教学思想上的一个根本性转变。

3. 教学是一起登山

不同的人、不同的小组可以选择不同的登山路途，而不是"自古华山一条道"。教学就是要让学生多途径通达目的地，而不是由单一路径达到教学目标。师生之间的关系是伙伴关系。伙伴之间的关系应该是平等的、民主的、合作的。教师作为其中年长的、有经验的一员，在登山过程中起到导引、帮助同伴的作用。作为学生的同伴同样会帮助他一起进步。

不过，教学是一起登山的隐喻还是不很妥帖。因为登山虽然是一种多角度、多途径的活动，但毕竟还是一种单向度（向上登山）的活动。它不能充分体现出教学中的发散性、不确定性、中心边缘的互动性等特征。[1]

---

① 李冲锋：《四种教学隐喻的分析》，载《上海教育科研》，2006(5)。

第六章 评价观

评价具有反馈调节、导向激励和反思总结等功能，是教学活动不可或缺的组成部分。就教学设计而言，主要关涉的是教学评价的基本观念。当然，教学评价的内涵十分丰富，包括对课前教学设计的评价和对课堂教学活动的评价等多重内容。在此，主要从评价学生的课堂学习活动入手，分析教师应当树立的评价观。

一、评价取向："发展为本"超越"奖优罚劣"

在很长一段时间里，评价学生的课堂学习活动，都以奖优罚劣为基本的价值取向。课堂上，学生的表现优秀，老师就以各种方式表扬学生，如奖励小红花等。反之，如果学生的表现不好，老师就以各种方式惩罚学生，如罚学生站着听课等。如此，评价就成为奖优罚劣的代名词。

但是，从根本上说，评价的目的在于促进学生学习活动的发展与完善，即以学生的学习为基本立足点，要为学生的学习服务，力求使学生的学习潜能得到最大限度的发挥。简言之，评价以学生的学习发展为基本的价值诉求。

以下是小学数学练习课的一个教学片段。

华应龙老师让学生判断课本上总复习的一道题："4 个 1 平方米的正方形拼成的图形面积一定是 4 平方米。"有一个学生站起来说："不一定。如果 4 个正方形摆成一排，或者是拼成一个正方形，那么它的面积是 4 平方米。可是，如果你角对角地拼，那它的面积就不是 4 平方米。"

所有听课的老师都一头雾水，同学们也都"啊"的一声，表示不理解和不赞成。发言的学生十分窘迫，华老师并没有急于否定，而是耐心地问他："很难用语言表述，是吗？那就把你的想法画在黑板上。"（学生在黑板上画图）

随即，学生边指图边说："这个图形的面积就大于 4 平方米。"原来，他把两个正方形中间的空隙也算入面积了。华老师没有简单地进行纠正，他问学生："这一块到底算不算，还得看究竟什么是面积。"一句话激活了学生相关的知识。学生纷纷发表观点，有的说："面积是围成的平面图形的大小。"还有的说："这个图形是这么围成的（该生指图形的周长），因此那一块不应该算在内，这个图形的面积还是 4 平方米。"最后，华老师总结道："通过刚才的讨论，我们对面积的意义有了更深的认识。那么，同学们，是谁帮助我们复习了有关面积的知识？"全班同学不约而同地将视线集中到刚才出错的学生身上。这个学生如释重负，没有了先前的那种羞愧，体面地坐下了。[①]

在这个教学片段中，面对学生的差错，教师的心态是斥责、批评，还是欣赏、接纳，这就反映了教师的评价观。华罗庚说过，天下只有哑巴没有说过错话，天下只有白痴没有想错过问题，天下没有数学家没算错过题。学生出错是正常的，关键是我们怎样对待差错。如果我们抱着以学生发展为本的评价取向，就不会只想到去惩罚学生，仅盯住学生的错误，而会考虑到如何以学生的错误为资源，因势利导，帮助学生找到走出错误的方向并树立走出错误的信心。可以说，在一定程度上，教师的智慧会体现在对学生差错的认识及利用上。

有时候，学生的表现有些"离谱"，这更需要教师用高超的智慧予以应对。同样是华应龙老师的例子。[②]

一次，他在讲平行四边形面积的计算时，出了一道习题："下面每组图中的两个图形的面积相等吗？为什么？"大部分同学能够准确解答，而晨晨同学却有异议。他解释说："为什么相等呢？因为那个图形像影子一样，所以相等。"同学们哄堂大笑，华老师也情不自禁笑了起来。晨晨显得局促不安。华老师说："老师很欣赏晨晨同学能提出这条理由，人的影子确实有和身高一样长的时候。"晨晨的脸上露出几分自豪。华老师停顿了一下，继续说："不过，大家想一想，人的影子有时不是也比身高长或者短吗？"同学们点点头。"既然这样，能不能根据那个图的影子，就推断它们的面积相等呢？"晨晨摇摇头。"晨晨同学能想出从来没有人想到的理由，并且这一想法对了一半。我们为有这样的同学而自豪。"教室里掌声响起来，晨晨同学体面地坐下了。

在这个案例中，教师用巧妙的评价语言，及时肯定了学生发言中的合理成分，充分呵护了学生的自尊心，自然保护了学生思考和参与的积极性。这样的评价，不再是遴选学生优劣的"筛子"，而是激励学生发展的"泵机"。

二、评价内容："整体多维"超越"唯智倾向"

评价内容的唯智倾向，指的是评价主要聚焦于智力活动特别是知识学习的过程和结果。比如，学生做题做对了，老师评价其"非常正确"和"你真聪明"等。然而，学生的学习既有智力投入，还有情感关涉，也有人际交往的影响等。因此，整体多维的评价内容，意味着不仅要评价学生的智力活动，而且应当关注学生参与学习活动的态度，在学习活动中所表现出来的合作精神、创新精神和实践能力，以及对学习方法和学习策略等的掌握情况。所有这些，使得学生的学习评价成为一个相互关联的整体。

在课堂上，好的评价能够做到知识评价不放松，情感态度要跟进，鼓励学生在学

① 李建平：《课堂因差错而精彩》，见雷玲：《小学数学名师教学艺术》，73～74页，上海，华东师范大学出版社，2008。

② 李建平：《评价不是筛子而是"泵"》，见雷玲：《小学数学名师教学艺术》，71页，上海，华东师范大学出版社，2008。

习过程中表现出来的努力，肯定学生在学习过程中的协调合作品质等。像英语老师可以用"You're diligent."赞赏学生付出的辛勤劳动；用"You're creative."赞赏学生具有创造性或具有独到见解；用"Good job in cooperation with others."表扬学生良好的合作学习方式。又如，一些老师在课堂上引导学生进行小组合作学习，发给每个小组一份评价表（详见表 6-1），要求小组活动完毕后，由小组长负责组织大家进行自评和互评。

表 6-1　小组合作学习评价表

班级＿＿＿＿＿　组别＿＿＿＿＿　小组长＿＿＿＿＿

姓名	合作学习表现摘录	自评	互评
教师评价			

2019 年，《中共中央　国务院关于深化教育教学改革全面提高义务教育质量的意见》中，提出坚持"五育"并举，强调突出德育实效、提升智育水平、强化体育锻炼、增强美育熏陶和加强劳动教育，进而全面发展素质教育。因此，评价内容应整体观照德智体美劳各个方面。教师在教学过程中，可以积极拓展家庭、社会资源，基于生活中的实际问题，适当开展综合性的评价。

杭州市凤凰小学的语文老师积极探索依托本学科教学内容，突破学科壁垒实现"五育"融合，如鼓励学生小组合作选择自己喜欢的语文课文进行剧本编写或插图设计等，并在学习过程中整合德育、智育、体育、美育和劳育评价，实现以评促学。学生在实践活动过程中既能受到经典课文的思想熏陶，也能发展表演能力、绘画能力、动手能力和团队协作能力，提升综合素养。[①]

拓展阅读

这是一个关于"第一名"的故事，对我们确立正确的评价观有一定的启发。

话说鹿、老鹰、松鼠和鸡必须学习跳、飞、啄、挖四门核心课程，评分标准和大部分学校是一样的，即犯的错误越少，得分便越高。

---

① 宁本涛：《"五育融合"与中国基础教育生态重建》，载《中国电化教育》，2020(5)。

在这四门课程结束之前，动物产生的焦虑情绪是可想而知的。可怕的测验在最后一周进行，随之产生的测验结果也是我们可以预见的：

鹿在跳栅栏一项上得了"A＋"，却在飞和啄的测验中失败了。

老鹰用低飞通过了跳跃的测验，在飞行中得到了高分，却在啄的测验中折喙，在挖的考试中损爪。

松鼠是善于挖和跳的，但在啄的方面却不可能做到像啄木鸟那样轻松自如，结果，也只能勉强通过测验。

于是，表现最优秀的莫过于院子里的鸡了，它在跳跃测验中得了"A"，在飞行、啄、挖三项测验中也得到了很高的分数。

如此一来，鸡理所当然地成了第一名，而鹿、老鹰和松鼠却失败了，它们有可能会因为自己羞于启齿的成绩而从此一蹶不振。①

三、评价主体："多元主体"超越"一元权威"

长期以来，课堂上对学生的评价主要由教师完成。教师评价在教学中占有重要地位，具有示范性、指导性和权威性。这是一种一元化的评价主体。随着对评价认识的不断深入，一元化的权威主体地位被消解，多元化的评价主体进入到评价共同体中，教师、学生、专家、家长以及相关社会人士都参与进来。就对学生的课堂学习活动评价而言，特别需要注意在教师评价的基础上，开展生生互评和学生自我评价。请看有关"圆的周长"的教学片段。

师：同学们，根据圆周的特点，你认为圆的周长能用什么工具和办法进行测量呢？请大家四人小组合作，找找测量的办法。

于是孩子们纷纷以小组为单位，议论着、比画着。一会儿小手便纷纷举了起来。

师：在刚才的小组活动中，你们有什么发现，有什么启发，又有什么问题呢？请大家畅所欲言。

生1：老师，我想，圆的周长是不是也可以像三角形、长方形那样直接进行测量？

生2：（马上站起来）我有意见，刚才在小组活动中我们已经提出意见了，圆周是曲线，不可以直接测量的。不过我们想既然是曲线那它肯定很容易滚动，所以是不是可以在直尺上滚动测量呢？

师：那你能上来给大家做个示范吗？

（学生进行示范，并提醒同学们应该注意的地方）

---

① ［美］韦伯：《有效的学生评价》，207 页，国家基础教育课程改革"促进教师发展与学生成长的评价研究"项目组译，北京，中国轻工业出版社，2003。

生3：我们组还发现可以用绕绳的方法来测量圆周长（学生边示范边讲解）。

生4：我们组刚才共发现了两种测量圆周长的方法，而且还发现这两种测量方法单靠一个人很难完成，我们组都是几个人合作完成的。

生1：（反驳）刚才××同学对我的方法有意见，现在我也对另外的方法产生了疑问，试想有些建筑物中大型的圆形屋顶还能用滚动和绕绳的方法吗？

……

在这里，教师没有过早或不合时宜地做出评价，而是让学生进行互相评价和自我评价。如此，学生的思维被激活了，从而自然地产生了新的问题，得出了新的想法，提高了分析问题的水平。

四、评价方法："灵活多样"超越"机械僵化"

评价方法，绝不仅限于给学生一个很好、不错和不对的反馈，绝不仅限于给学生的作业打一个分数。如果走出"机械僵化"的评价方法观，你就会发现评价方法是如此的灵活多样。

除了口头语言的评价，还有体态语言的评价。教师对学生表示肯定时，可以用鼓励的眼神、满意的微笑、轻轻地点头等方式，这些行为无不触动被评价者的心灵，使师生引起共鸣，达到良好的评价效果。在学生回答错误或不全面时，教师可以拍拍学生的肩膀以示安慰，以缓解学生怕受批评的恐惧情绪，从而在课堂上营造出轻松、和谐的课堂氛围。

除了采用常见题型进行评价，还可以采用弹性作业进行评价。一位教师曾谈道：传统作业评价是对课本内容的简单重复，如"竞争的积极作用和消极作用是什么"以及"我们应该怎样正确行使权利"等。如果布置这样的作业，学生是鲜有兴趣去做的，即使做了也鲜有收获。作业的设计应该是考查学生对所学观点的理解程度，考查学生运用所学观点解决实际问题的能力。同时，为了让家长和学校都参与到促进学生发展的过程中来，我们还应该设计一些需要家校配合完成的作业。例如，"写给父母的一封感谢信"和"我为校园诚信建设提建议"征文活动等。这些精心设计的作业，既解决了学生个性差异的矛盾，也调动了学生学习的积极性；既激发了学生的非智力因素，也培养了学生的各种能力。这样的作业已不再是强加给学生的负担，而是学生成长的一种自觉的生活需要、学习需要、人生需要，学生也会在完成作业的过程中体验到辛劳、快乐和幸福，从而增加成就感。[1] 作业是学生的日常活动，老师通常会以课堂作业和课后作业等方式评价学生的学习状况。当下，如何使作业的形式灵活多样，让学生对作业抱有一定的兴趣，是一个正在兴起和值得探索的课题。

同时，对学生作业的批改不能仅停留在判断正误上，教师需要根据学生表现出来

---

[1]　陈琳：《初中思想品德学科发展性评价方法初探》，载《思想政治课教学》，2006(6)。

的认知水平给予学习方法上的指导和引导，还要注意对学生非智力因素的评价。比如，有的学生比较粗心，可以在他的作业本上写上"搬开你前进的绊脚石——粗心，奋勇前进"，"希望你早日和细心交朋友"，"你的字写得可真漂亮，要是能提高正确率，那肯定是最棒的"或者"再细心一些，准行"，这样一方面不打击其自信；另一方面使其纠正不良倾向，培养严谨的学习态度。学生的作业做得又正确又整洁，除了打上"优"外，还可以加上"非常棒"等各种评语。①

① 张春莉：《走向多样化的评价——小学生学习能力评价的理念、方法与实践》，43 页，上海，上海教育出版社，2005。

第二篇

　　教学设计需要考虑的事项林林总总，需要厘清的思路千头万绪。一般来说，在明确教学设计基础理念的前提下，如果较好地把握住分析教学背景、确定教学目标、开发教学资源、选用教学方法和组织教学过程等基本要素，可以在一定程度上保证教学设计有条不紊地展开。

　　分析教学背景，包括课程标准分析、教学内容分析和学生情况分析。课程标准分析指教师对课程标准中相关内容条目的认识与理解，教学内容分析指教师对教材的研究与挖掘，学生情况分析指教师对学生已有基础和现有理解能力等的洞察与考量。

　　分析教学背景是教学设计的一个重要基础，也是教学设计的一个基本依据。

　　在分析教学背景的基础上，教师需要确定本节课的教学目标，即教学中师生预期达到的学习结果和标准，进而明确整节课教与学的根本方向。

　　教学并不是照本宣科。在确定教学目标之后，紧接着的任务就是根据目标开发相应的文字、视频等教学资源，进而保证教学有效、生动、富有魅力地展开。

　　开发教学资源的同时，教师要考虑的是选择什么样的教学方法来利用教学资源，使外在于学生的教学内容内化为学生的个体经验，进而使学生经由教学达到预期的学习结果和标准，有效地实现教学目标。

　　最后，教师需要对本节课的每一环节做什么、怎么做、为什么这样做进行整合式的思考，进而对整节课的教学过程做出具体安排，在此基础上完成整个教学设计方案的撰写。

　　本篇主要从教学设计的五个基本要素入手，介绍如何条分缕析，一步一步落实具体的设计任务，最终完成一节课的教学设计。

第七章 分析教学背景

优秀的教学设计，首先需要进行一系列的教学背景分析。一般来说，分析教学背景包括课程标准分析、教学内容分析和学生情况分析，简称研标—读本—析生。

一、课程标准分析

中华人民共和国成立以来，我国曾长期沿用苏联的一套教学概念体系，如教学计划、教学大纲与教科书。长期以来，全国中小学统一使用一个教学计划、一套教学大纲和一套教科书。2001 年，新的基础教育课程改革开始实施，我国制定了国家课程标准。这是新课程的重要文件，它对学生在知识与技能、过程与方法、情感态度与价值观等方面应达到的基本要求做出了明确阐述。然而，中小学教师在实践过程中发现一些标准的内容、要求还有待完善。2011 年，教育部正式印发义务教育语文等学科课程标准(2011 年版)。

2022 年，教育部印发新修订的义务教育语文等学科课程标准(2022 年版)，对各学科课程性质、课程理念、课程目标、课程内容、学业质量和课程实施进行了阐释。

例如，《义务教育语文课程标准》(2022 年版)在明确义务教育阶段语文课程性质和理念等基础上，对核心素养内涵进行解读，并对课程的总目标和学段要求进行了明确规定。其中，学段要求又具体分为第一学段(1～2 年级)、第二学段(3～4 年级)、第三学段(5～6 年级)、第四学段(7～9 年级)要求。各学段要求从"识字与写字""阅读与鉴赏""表达与交流""梳理与探究"四个方面予以表述。第一学段"识字与写字"的基本要求是：

1. 喜欢学习汉字，有主动识字、写字的愿望。认识常用汉字 1600 个左右，其中 800 个左右会写。

2. 学习汉语拼音。能读准声母、韵母、声调和整体认读音节。能准确地拼读音节，正确书写声母、韵母和音节。认识大写字母，熟记《汉语拼音字母表》。

3. 掌握汉字的基本笔画和常用的偏旁部首，能按基本的笔顺规则用硬笔写字，注意间架结构，初步感受汉字的形体美。努力养成良好的写字习惯，写字姿势正确，书写规范、端正、整洁。

4. 学习独立识字。能借助汉语拼音认读汉字，学会用音序检字法和部首检字法查字典。

课程标准还对义务教育阶段语文课程的实施提出了一系列建议。可见，课程标准反映了国家对每一学段学生学习结果的统一的基本要求，是指导教学的纲领性文件，也是课堂教学设计的一个基本依据。教师在进行教学设计前，需要先研读课程标准，领会有关内容的教学要求。目前，许多地方开展的教师教学基本功大赛，已经要求教师必须对课程标准进行分析。通过研读课程标准，教师就能够领会本节课教材内容在整个课程标准中的地位和作用，就不会孤立地看待和处理本节课的教学定位，进而较好地把握本节课的教学目标、广度和难度。

比如，《义务教育语文课程标准（2022年版）》要求第一学段开始"学习默读"，第二学段"初步学会默读"，第三学段则要求"默读有一定的速度，默读一般读物每分钟不少于300字"。由此，整个小学高年段的语文教学设计，在处理默读方面，就有了基本的准绳，即语文课堂教学到了高年段，在一定程度上课堂应该静下来，给学生充分的时间和空间去静心读书，静心思考。

然而，在现实生活中，一些老师却很少深入研读课程标准，甚至少数老师从来没有读过所教学科的课程标准。造成这种情形的原因很多，其中的原因之一是受历史传统的影响。

从历史的角度来看，我国的教学主要有三种类型：一是基于教师经验的教学；二是基于教科书的教学；三是基于课程标准的教学。第一，基于教师经验的教学，就是教师凭借自身所具备的知识和所信奉的理念开展教学。教师所具有的经验成为教学内容，教师所具有的教育理念左右着教学格局，教师的素养决定着教学质量。这种类型的教学活动主要存在于普及教育和教科书出现以前。第二，基于教科书的教学，就是教科书成为教学的主要依据，对"教什么"和"怎么教"起着决定作用。简言之，即通常所说的"教教材"。第三，基于课程标准的教学，就是教师根据课程标准规定的学生学习结果，来确定教学目标、设计评价、组织教学内容、实施教学、评价学生学习和改进教学等。基于课程标准的教学，给了教师一种方向感，它既为教学确立了一定的质量底线，又为教学预留了灵活实施的空间，它要求教师"像专家一样"整体地思考标准、教材、教学与评价的一致性，并在自己的专业权力范围内做出正确的教学决定。长期以来，基于教科书的教学占据着主导地位，因此，当下我国尽管有了国家课程标准，倡导教师应该基于课程标准开展教学，但事实上绝大部分教师还是依据教科书来教学。实现基于课程标准的教学，还需要人们不断探索和努力。①

拓展阅读

2000年，有300多名专家参加的义务教育阶段课程标准研制工作正式启动。2001年，义务教育阶段17个学科的课程标准（实验稿）正式颁布。首次颁布的课程标准，尽管各有特色，但结构基本上是一致的，大致包括前言、课程目标、内容标准、实施建议和附录等部分。在目标的陈述上，包括了知识与技能、过程与方法以及情感态度与价值观三个方面。

---

① 崔允漷：《课程实施的新取向：基于课程标准的教学》，载《教育研究》，2009(1)。

2003年，教育部颁布了普通高中15个学科的课程标准（实验）。

2004年，义务教育阶段课程标准开始修订，力求处理好五个关系：掌握基本知识和基本技能与培养创新精神和实践能力的关系；学科逻辑与社会进步、科技发展和学生经验的关系；接受性学习与自主、合作、探究学习的关系；学科的独立性与关联性的关系；农村地区和城市地区的关系。

2011年，教育部颁布义务教育语文等学科课程标准（2011年版）。

2017年，教育部颁布普通高中课程方案和语文等学科课程标准（2017年版），具体阐述了语文、数学等各学科的课程性质与基本理念、学科核心素养与课程目标、课程结构、课程内容、学业质量和实施建议。

为深入贯彻党的十九届四中全会精神和全国教育大会精神，落实立德树人根本任务，完善中小学课程体系，2020年，教育部印发普通高中课程方案和语文等学科课程标准（2017年版2020年修订）。普通高中课程方案以及思想政治、语文、历史和生物学课程标准的修订涉及前言和正文部分，其他学科课程标准的修订仅涉及前言部分。

2022年，教育部颁布新修订的义务教育课程方案和语文等16个课程标准。课程标准强化课程育人导向、优化课程内容结构、研制学业质量标准、增强指导性并加强学段衔接。

二、教学内容分析

一般情况下，教师在进行教学设计时，手里都有教材，即有一定的教材内容作为教学设计的基础。当然，也有一些课堂教学是没有教材的，这样的教学设计需要教师根据具体的教学目标自行选择和组织教学内容。如果已有一定的教材内容，教师应当首先对其进行分析。

其一，分析教材内容的前后联系。杜威说："比较聪明的教师注意系统地引导学生利用过去的功课来帮助理解目前的功课，并利用目前的功课加深理解已经获得的知识。"[1]分析教材内容的前后联系，即弄清所学内容与先前内容及后续内容的关系，把握本节课内容的独特地位和作用，做到"瞻前顾后""以旧引新"，实现课堂教学内容的有效衔接，进而体现课堂教学的针对性、连贯性与相通性。

如何将这一点分析透彻呢？以高中"探究做功与物体速度变化的关系"为例。初中教材的相关内容已经谈到，物体具有做功的本领，是因为它具有能量。做功实质上就是能量转化的过程，力对物体做多少功就有多少能量发生转化。物体由于运动而具有

---

① ［美］杜威：《民主主义与教育》，178页，王承绪译，北京，人民教育出版社，2001。

的能叫作动能。通过铁锤打击钉子钉入木块的实验以及大量事实表明了"运动物体的质量越大，速度越大，其动能就越大"。本节课与初中教材的联系之处是相关内容基本涉及，区别在于初中教材只是定性探究做功与能量变化的关系，定性得出动能的相关因素，而本节课则是定量探究做功与物体速度变化的关系，得出定量结论"做功与物体速度的平方成正比"，为今后的学习做好充分的准备。①

再以统编版教材课文《梅花魂》的分析为例。《梅花魂》是小学语文五年级下册第一单元的第四课。本单元以"童年往事"为主题，编排了四篇课文。《古诗三首》描写了古代乡村中的儿童生活，《祖父的园子》回忆了"我"在园子里无拘无束的童年生活。《月是故乡明》描写了作者在故乡生活时的童年乐事，抒发了作者在成年后，对童年和故乡的怀念之情。《梅花魂》由思乡情升华到了爱国心，在情感与表达方式上传承前篇。本文是归国华侨陈慧瑛的回忆录，描写了远在异国的外祖父通过梅花寄托款款思乡情、浓浓爱国意。课文高度的审美性和思想性，给学生以有益的熏陶。而且，梅花作为花中四君子之一，已经成为一种具有中国特色的、代表高风亮节的独特意象，围绕这样的意象，作者所写的几件事彼此之间构成一个统一的整体，为题目中的"魂"字服务。②

其二，分析教材内容的编写意图。教材为什么要这样编写，其背后蕴藏的意图是什么，需要教师进行深入的思考和把握。这也是教学设计成功的一个关键。

对具体教材的编写意图的理解应当非常清晰。比如，苏教版《化学 2》第四专题是"化学科学与人类文明"。通过仔细体会，可以明白其编写意图是让学生从化学学科在物质及其变化研究、新物质合成方面的贡献，化学科学对科学技术发展、环境保护事业的重要性，认识到化学与科学、技术、社会的关系，扩大视野，感受化学的魅力，进而激发学生深入学习、研究化学的兴趣，促使学生能选择更多的选修模块开展学习。因此，本专题的第一课时，任务在于简明揭示人类认识物质世界的过程，不要求学生接受大量新的化学具体知识，不能把这堂课上成科普知识讲座，而应重在知识的整合和学生情感态度与价值观的熏陶。本节课的核心问题是：能举例（如对酸碱的认识）说明人们对物质世界认识的发展；能举例说明化学理论的建立在帮助人们认识物质世界中的作用。③

又如，苏教版初中数学教材针对过去数学教学将数学知识的应用变为单纯的题型操作，而忽视解决问题中的数学思想与方法的倾向，在应用数学知识解决实际问题时，进行了以解决问题的策略为主线而不按题型分类的编写尝试。其中，关于"用一元一次方程解决问题"的内容，在七年级上册数学教材"4.3 用一元一次方程解决问题"中，问题 1 揭示了用方程解决问题的一般步骤；问题 2 用表格作为建模策略；问题 3 用线形示意图作为建模策略；问题 4 用线形示意图和表格共同作为建模策略，同时指出问题 4 也可以

① 黄惠珍：《"探究做功与物体速度变化的关系"教学设计》，载《中学物理教学参考》，2009(8)。

② 窦桂梅：《回到说课》，载《江苏教育（小学教学版）》，2009(4)。

③ 陈思静：《"化学是人类打开物质世界的钥匙"的教学设计》，载《化学教学》，2009(8)。

用环形图来解释相等关系；问题 5 可以用表格和圆形示意图揭示总量与部分之间的关系；问题 6 则可用柱状或线形示意图来分析。对这些设计思路，教师应当予以把握。

特别值得注意的是，对教材内容编写意图的分析，要站在宏观的立场，熟悉整套教材的编写意图。每套教材都有自身的内容编排体系，这是编写者在对课程的全面分析与考量基础上构建的教材特色之一。例如，苏教版数学教材对"空间与图形"中的主要关注点——推理与证明有以下三点考虑：合情推理与演绎推理是相辅相成的两种推理形式，应当将它们有机地结合起来；证明的本质是通过有条理、符合逻辑的推理确认一个命题的正确性，而不是它的表达形式（如形式化的三段论证）；几何中使用简化的三段论证，把"大前提、小前提、结论"的顺序改变为"小前提、结论、大前提"，初学者难以掌握其中的因果逻辑关系。基于这样的考虑，此套教材对"推理与证明"的整体性设计，是采用合情推理的方式探索课程标准中规定的所有图形性质，并在此过程中不断引导学生学习"有条理地思考，有条理地表达"，弄清说理中的因果关系。[①]

新课程改革以来，我国中小学教材建设进入了"一标多本"（即统一课程标准、多种版本教材）的时代，课程标准中的内容标准是按照学段制定的，并未规定学习内容的呈现顺序，因而不同版本教材在不违背知识体系的基础上，都力求根据学生的学习认知规律、知识背景和活动经验，合理地安排学习内容，形成自己的编排体系，体现自己的风格和特色。因此，教师超越孤零零地分析某一个具体教学内容的方式，整体性地理解整套教材的编排体系与主要特色，就能更好地体会教材的编写意图，进而合理、科学地使用教材，实现所教课程的教学目标。

三、学生情况分析

"学生的发展水平是教学的出发点。所以必须在开始教学以前就确定这个出发点。"[②]正所谓以学定教，这就需要教师深入分析、真正了解学生，从而增强教学设计的针对性和预见性，科学而客观地确定教学的起点、深度、广度和速度等。

许多十分优秀的课堂教学设计和实施，都充分关注了这一点。地理老师王能智所带的徒弟曹老师，2002 年 10 月参加了在安徽省举办的全国高中地理优质课教学评比，并获得了特等奖第一名的好成绩，这节录像课一经播放就引起了全场的轰动。当时，会议要求三位获奖选手要在当地上一节现场课。其他两位老师都选择了把录像课再重复讲一遍的做法。但是王老师和曹老师却向自己提出了挑战：绝不重上旧课，要根据当地教学的进度设计全新的现场课。为了上好这节课，王老师带着曹老师不顾旅途劳顿，一下飞机便直奔上课的学校——屯溪一中，了解进度，确定内容。白天，师徒二人

---

① 董林伟：《从"研标读本"来引领教师的专业发展》，载《中国数学教育（初中版）》，2009(7/8)。

② ［德］第斯多惠：《德国教师教育指南》，356 页，见张焕庭主编：《西方资产阶级教育论著选》，北京，人民教育出版社，1979。

走遍屯溪的大街小巷，测量每条街道的走向、屋檐长度和屯溪一中教学楼窗户的每个夹角，走访规划局、老店铺、售楼处；夜幕下，和屯溪一中的住宿生亲切攀谈，交流感情；回到宾馆，王老师还忍着腰痛与曹老师研究备课到凌晨。现场课上得非常成功，得到了与会者的高度赞扬，他们说："北京的地理教学绝对是全国一流的。"①

绝不重上旧课，意味着王老师和曹老师明白，针对一个班的学生而设计的教学目标、方法、内容和过程等，并不一定适合另一个班的学生，即使这两个班都处于同一年级、同一年龄阶段，即使原来的教学设计非常精妙，原来的课堂教学非常成功。因为每个班学生的知识储备、能力水平和情感态度都是各不相同的，一堂在这里取得成功的课照搬到那里并不一定能够取得同样的成功。直奔上课的学校以及与学生攀谈等，意味着两位老师运用各种方式尝试去了解学生的具体情况，进而有的放矢地进行教学设计和实施。

总的来说，学情分析包括了解学生原有的知识水平基础、学习习惯和学习方法以及学生的兴趣、爱好、思想情况、个性特点、身体状况等。其中，尤其需要留意以下三方面的分析。

其一，分析学生的已有基础。学生并不是带着空空的脑袋到课堂的，他们通过家庭生活、社会生活以及以往的学校生活，已经有了一定的知识与技能基础。教师在进行教学设计时，需要正确分析和把握学生的知识起点、技能水平和思维特点等。如"太阳与行星间的引力"这节课，学生均已知道物体之间存在引力，教师就可以根据这一起点设计教学方案。当然，还要针对学生的认知水平差异，设计不同的方案。这节课就可以设计成以下三个方案来探究太阳与行星间的引力规律。

对于一般程度的学生可设计为引导性工作单，给出思维步骤：(1)根据行星的运动情况求解它与太阳的引力情况。(2)将行星的运动近似看作匀速圆周运动。(3)应用匀速圆周运动规律求解其受力情况。

对于有一定基础的学生可设计为结构性工作单，提出问题并给出必要的提示：(1)求解力的途径中，可以直接测量，也可以根据物体的运动情况求解其受力情况。要研究太阳与行星间的引力，直接测量显然不可能，所以从行星绕太阳的运动情况来求解行星的受力情况。(2)根据行星的运动情况运用初等数学知识求解它的受力情况，无可避免地面临如下的困难。①行星沿椭圆轨道运动，速度的大小、方向不断发生变化，如何解决这种变化的曲线运动问题？②天体是一个庞然大物，如果认为物体间有引力，那么如何计算天体各部分对行星产生的力的总效果？③如果天体间是互相吸引的，那么在众多天体共存的太阳系中，如何解决"多力共存"这一复杂的问题？这三个困难横亘在我们面前，如何利用已掌握的知识和方法解决它呢？(3)将这一比较复杂的实际物理问题进行合理的简化，保留要研究的问题的本质特征和主要条件，解决这三大困难。(4)应用圆周运动规律求解其受力情况。

---

① 刘原、于书江：《从"小学科"里走出的"大教师"——记地理特级教师王能智》，载《北京教育》，2003(4)。

对于较高水平的学生可设计为开放性工作单，按照要求，由学生自行完成，必要时给出简单的提示：(1)求解力的途径。(2)应用已有知识求解力时，遇到的困难及解决办法等。[1]

钱梦龙老师对学情分析也是充分关注。他曾经谈过自己如何设计《论雷峰塔的倒掉》一课的教学，如以下案例。

这篇课文是学生进入中学以后学到的第一篇鲁迅的杂文，老师们普遍认为比较难教。学生由于初次接触鲁迅式"嬉笑怒骂"的杂文语言，加上时代的隔阂，学习也有一定的困难。因此，教这篇课文通常都采用讲授法：老师从时代背景讲起，然后把文章划分为几个部分，依次进行分析讲解，最后归纳中心思想和写作特点。这符合教学的常规，教学参考书也正是按这样的思路编写的。这样教当然也能把学生教"懂"，但教读的目的，不在于使学生"懂"，而在于培养学生自己读文章的能力，因此，教读必须立足于学生的阅读实践，"懂"只是学生阅读能力提高的结果而不是目的。我决定不按教学参考书提供的常规思路来教，倒不是刻意求新，而是在教读观念支配下的一种必然的选择。

我在备课时反复揣摩课文，又设身处地为学生着想，发现学生读这篇课文，既有难点，也有有利条件，即学生（尤其是苏浙沪一带的学生）都知道《白蛇传》的故事，对故事中有关雷峰塔倒掉的情节也不是一无所知，有的学生甚至还知道法海躲进蟹壳避难的民间传说。我相信，教学中如能利用学生已有的知识，就能化难为易，使学生通过自己的努力读好课文。这比单纯由教师讲授必能使学生获益更多。

我是这样处理教材、组织教学过程的：第一步要求学生回忆白蛇娘娘和许仙的故事，接着由学生自读课文第二自然段，从中筛选出能够概括故事情节的关键词语，如许仙救蛇—白蛇报恩—法海藏许—白蛇寻夫—白蛇中计—造塔镇压。学生通过概括故事情节，自然得出结论：白蛇娘娘是个一心报恩的"义妖"，雷峰塔则是一座"镇压之塔"，造塔者法海当然就是"镇压者"了。第二步就在此基础上引导学生了解鲁迅写作本文的意图，稍加点拨，便有水到渠成之效。

这堂课的课堂效果非常好。钱老师正是把握了学生都知道《白蛇传》故事这一基础，进而以引导学生回忆《白蛇传》故事和阅读课文第二自然段作为教学的切入口，取得了教学的成功，不仅激发了学生的学习兴趣，而且化难为易，他只稍稍点拨了一下，学生就准确地找到了课文的"文眼"。

其二，分析学生的现有理解能力。这样，教师才能设计出适宜于学生理解的教学。比如，在小学，分数应用题一直是难教难学的内容，目前仍然如此。尽管教材降低了学习难度，但是从一线教学的实际情况看，情况仍不容乐观。数学老师王凌就此现象进行过专门探讨。他说，出现这种情况的原因就在于教师将分数应用题人为地另起炉灶，"单位'1'、对应量、分率"等专用术语让学生晕头转向。事实上，分数应用题就是

---

[1]　霍晓宏、高杰：《为学生的课堂行为进行教学设计》，载《物理通报》，2009(1)。

将倍数关系以分数形式呈现的倍数问题，其数量关系、分析方法与过去所学的倍数问题完全一样，打通这两类问题的联系，完全可以收到事半功倍的效果。有一次，朋友的女儿向他抱怨："不懂老师讲的分率是什么意思。"他请她做三道题：

①男生有 20 人，女生人数是男生的 2 倍，女生有多少人？

解答后请她指出一倍数、倍数等基本概念与数量关系。

②男生有 20 人，女生人数是男生的 1.5 倍，女生有多少人？

与第 1 题比较，本题只存在倍数由整数变为小数这种变化。

③请她将第 2 题中的 1.5 改成分数。

将一倍数与单位"1"、倍数与分率进行比较，建立联系，她立即就明白了分率和倍数只是意义相同的两种不同说法而已。①

可见，作为教师，应当在准确把握学生现有理解能力的基础上，不断锤炼和不同理解能力的学生进行对话的能力。

其三，分析学生掌握的日常概念。学生在日常生活中，已经对某些事物和现象等形成了自己的理解和认识，这些理解和认识，通常被称为日常概念。例如，很多学生认为，物质的燃烧一定要在空气中才能进行；催化剂一定能加快反应速率；"糖类"一定是甜的；商品就是摆放在商店里卖的东西；等等。日常概念是所有学科教学都不可回避的现实，也是进行教学设计必须分析的前提条件，它们影响着学生对知识的掌握、观点的接受、能力的建构、态度的转变和思想的形成。

日常概念与学校教学中要求学生掌握的科学概念并不完全一致，日常概念对科学概念的形成可能具有积极作用，也可能产生负面影响。在洞察学生的"略有所知"或"略有错知"的基础上，教师的教学设计就能因势利导，一语中的地帮助学生建立起科学概念。

比如，为了帮助学生纠正相应的日常概念，教师不仅要通过适当的质疑或反例的设计来引出概念冲突，还必须提供正面的范例，使学生对正确的观念和错误的观念进行比较，从而促使其做出自觉的"选择"。例如，在"生态平衡"的学习中，学生往往有这样的日常概念，即狼和狐狸是"不好"的动物，应该消灭掉。为了树立正确的生态观念，教师在教学中可以举加拿大的商人为了取得更多的鹿茸，在苔原带滥杀狼，最终导致生态系统的崩溃，以及美国黄石国家公园引狼入园以维护生态平衡等范例。

在实际教学中，如果教师做一个有心人，在日常观察中了解学情，在平时交谈中考察学情，在作业批改中发现学情，在专门研究中体悟学情，那么教师对学情的定位就会精准。

---

① 王凌、余慧娟：《关于数学教育若干重要问题的探讨——对话特级教师王凌的读书笔记》，载《人民教育》，2008(7)。

拓展阅读

假如让我把全部教育心理学仅仅归结为一条原理的话，那么，我将一言以蔽之：影响学生学习新知的唯一重要的因素，就是学习者已经知道了什么。要探明这一点，并应据此进行教学。[①]

——奥苏伯尔(Ausubel D. P.)

当然，除了"研标—读本—析生"之外，分析教学背景还需考虑大量其他要素。比如，教学环境如何，是否要采用合作学习，有没有适宜的桌椅条件。又如，教师自身的特点是什么，如果要采用讨论法，自己能不能较好地组织和引导学生讨论。总之，较为详尽而深入地进行教学背景分析，有助于教学设计顺利而有效地展开。

[①]　转引自曹军：《且思且记》，合肥，安徽师范大学出版社，2019。

第八章　确定教学目标

教学目标，指"教学中师生预期达到的学习结果和标准"①。按照教学活动的需要，可把教学目标依次分为学年教学目标、单元教学目标和课时教学目标。其中，课时教学目标是对前两种目标的具体化，它的确定需要教师具有宏观意识、整体思维，在通观前两种目标的基础上，在分析课程标准、教材内容和学生情况等前提下慎重进行。

人们常说，假如你不清楚自己的目的地，那么，你很可能会抵达另一个地点，而且还不清楚已经走错了地方……除非你知道自己的目的地，否则你就无法选择通向目的地的有效途径。就课时教学目标而言，它决定着教与学的根本方向，对课堂教学设计起着指导作用，直接制约着教学资源、教学方法和教学过程等的选用和处理，具有导向、激励、调控和评价的功能。在一定意义上，课堂教学就是一个建立目标、导向目标和评价目标的过程，就是把学生的"现状"转化成"预期"，把学生的"初始水平"转化成"终点水平"的过程。

一、教学目标的分类

为了给教学目标设计提供参考框架，研究者从不同角度出发，提出了多种教学目标的分类形态。此处重点介绍美国教育心理学家布卢姆的分类。

布卢姆从 1948 年起，就和一些同事一道对教育目标分类体系进行了大规模的研究，并于 1956 年出版专著《教育目标分类学》。布卢姆等人的教育目标分类主要是教学目标分类。他们结合行为主义和认知心理学的相关理论，将教育目标分为认知、情感和动作技能三个领域。每一领域内，又细分为若干目标层次，这些层次具有阶梯关系，即较高层次目标包含且源自较低层次目标。在布卢姆的推动下，教学目标分类研究成了教学理论研究的一个专门领域。

(一)认知领域的目标分类

布卢姆在《教育目标分类学》中，把认知领域的目标从低级到高级分为识记、领会、运用、分析、综合和评价六个层次。

---

① 顾明远：《教育大辞典(增订合编本)(上卷)》，717 页，上海，上海教育出版社，1998。

1. 识记

识记（knowledge）指对先前学习过的材料的记忆。一般有三类：一是具体的知识，包括术语和具体事实的知识等；二是处理具体事物的方式方法，包括惯例的知识、趋势和顺序的知识、分类及类别的知识、准则的知识等；三是学科领域中的普遍原理和抽象概念，包括原理和概括的知识、理论和结构的知识。这是基本的认知学习结果，其心理过程是记忆。例如，学生能正确数 100 以内的数；学生能讲出昆虫变态的过程；学生能说出亚洲最高山脉的名称等。

2. 领会

领会（comprehension）指把握知识材料意义的能力。可以借助三种形式来表明对知识材料的领会：一是转换，即用自己的话语或用与原先表达方式不同的方式来表达所学的内容；二是解释，即对一项信息（如图表、数据等）加以说明或概述；三是推断，即预测发展的趋势。领会是最基本的理解，它超越了单纯的记忆。

3. 运用

运用（application）指把学到的知识应用于新的情境，包括概念、原理、方法和理论的运用。它与领会的区别在于是否涉及这一项知识以外的事物。领会只限于对所学知识本身条件、结论的理解。运用则是在问题情境中正确地运算、操作和使用等。运用这一层次以识记和理解为基础，是较高水平的理解。

4. 分析

分析（analysis）指把复杂的整体知识材料分解为组成部分并理解各部分之间的联系的能力。它包括部分的鉴别、分析部分之间的关系和认识其中的组织原理。分析代表了比运用更高的智能水平，因为它既要理解材料的内容，又要理解其结构。例如，划分段落大意及找出中心思想；分析一个实验中哪些部分为事实，哪些部分属于假说。

5. 综合

综合（synthesis）指把各种要素和组成部分组合成一个整体。它包括进行独特的交流、制订计划或操作步骤、推导出一套抽象关系，强调创造能力和形成新的知识结构的能力；能突破常规思维模式，提出一种新的想法或解决问题的方法；能按自己的想法整理学过的知识；对条件不完整的问题，能创设条件，构成完整的问题，设计一个解决问题的方案等。例如，面对一份污染报告，学生能提出检验各种假设的方法。

6. 评价

评价（evaluation）指对材料（如论文、小说、诗歌、研究报告等）做出价值判断的能力，是最高水平的认知学习结果。例如，阅读一篇文艺作品后，能从取材、构思、表现、创作态度等方面指出该作品的优点和不足。

（二）情感领域的目标分类

克拉斯沃尔（Krathwohl D. R.）和布卢姆等人将情感领域的目标依据价值内化的程

度，由低到高分为接受、反应、价值化、价值观组织和品格形成五个层次。

1. 接受

接受(receiving)是情感的起点，指学生愿意注意某一特定事件或活动。例如，意识到某事的重要性等。

2. 反应

反应(responding)指学生不仅注意到某种现象，而且主动参与，做出反应。例如，以愉快的心情阅读；积极参加一个研究项目并表现出对会谈主题的兴趣。

3. 价值化

价值化(valuing)指学生将特殊的对象、现象或行为与一定的价值标准相联系。它包括接受、偏好某种价值标准，为某种价值标准做出奉献，进而追求某些对象、现象或行为，并表现出一定的坚定性。例如，刻苦学习电脑等。

4. 价值观组织

价值观组织(organization)指学生遇到许多价值观念出现的复杂情境时，化解价值观之间的矛盾、冲突，对各种价值观加以比较，接受重要的价值观和价值标准，形成个人的价值观体系。学习的结果可能涉及某一价值系统的组织。例如，先完成教师布置的作业，再去找小朋友玩耍等。

5. 品格形成

品格形成(characterization)也就是价值或价值体系的性格化，指学生通过对价值观体系的组织，逐渐形成个人的品格。即各种价值被置于一个内在和谐构架之中，它们的层级(高低)关系已确定，个人言行受其所确定的价值观体系的支配。观念、信仰和态度等融为一体，最终表现是个人世界观和人生哲学的形成。例如，工作一贯勤勤恳恳、在团体中表现合作精神等。

(三)动作技能领域的目标分类

布卢姆本人并没有编写出动作技能领域的目标分类，这个领域出现了好几种分类法，此处介绍辛普森(Simpson E. J.)的分类。辛普森把动作技能领域的目标，由低到高分为知觉、准备、有指导的反应、机械动作、复杂的外显反应、适应和创作七个层次。

1. 知觉

知觉(perception)指运用感官获得信息，了解与某动作技能有关的知识，并以此来指导动作。例如，背诵仪器的操作方法等。

2. 准备

准备(set)指对稳定的活动的准备，包括心理定向、生理定向和情绪准备(即愿意活动)。例如，了解动作的难度、要领及动作进程，使身体到位以便开始练习等。

3. 有指导的反应

有指导的反应（guided response）指能在教师的指导下表现有关的动作行为，包括模仿和尝试错误。例如，能模仿教师的动作进行学习，在教师的引导下进行试误练习，直到形成正确的动作等。

4. 机械动作

机械动作（mechanism）指经过一定程度的练习，学生能以某种熟练和自信的水平完成动作。例如，能正确、迅速地制作切片标本；能迅速准确地打字等。

5. 复杂的外显反应

复杂的外显反应（complex overt response）指包含复杂动作模式的熟练动作操作。操作的熟练性以准确、迅速、连贯协调和轻松稳定为指标，通常表现为能用最少的时间和精力完成全套动作技能，一气呵成，连贯娴熟，得心应手。

6. 适应

适应（adaptation）指学生已练就的动作技能具有应变能力，能适应环境条件及要求的变化，即能修正自己的动作模式以适应特殊的装置或满足具体情境的需要。

7. 创作

创作（origination）指学生在学习某些动作技能的过程中形成了一种创造新的动作技能的能力。在这里，重要的是以高度发展的技能为基础进行创造。例如，能改进实验操作方法；创造新的艺术表演方式等。

拓展阅读

教育目标，是教育界使用最广的术语之一，出现了定位不同的各种变体，各有自己的特殊指称。不过，教育目标始终是一个概括性最强的用法。与教育目标密切相关的概念很多，如教育目的、培养目标、课程目标和教学目标等。所有这些概念，实际上是教育目标在不同层次上的具体表述。厘清这些基本概念的关系，有利于深化对教学目标的认识。

其中，教育目的，是依据一定社会需要和对人的认识而形成的关于教育对象的总体发展规格的预期设想或规定，它以观念或思想的形式存在并发挥作用。概括来说，就是"培养什么样的人"。

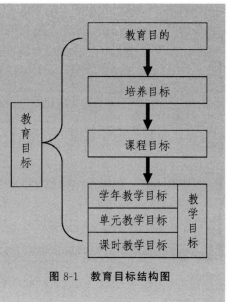

图 8-1　教育目标结构图

培养目标，是不同级别、不同类型、不同层次和不同专业教育的具体目标。如教育部 2022 年印发的《义务教育课程方案》规定了我国现阶段义务教育的培养目标，2020 年印发的《普通高中课程方案(2017 年版 2020 年修订)》规定了我国现阶段普通高中教育的培养目标。教育目的决定着培养目标。

课程目标，是每一门课程的具体目标。目前教育部颁布的各门课程标准中，详细规定了本门课程的总目标和学段目标。

可见，教育目的需要具体化为培养目标，培养目标需要具体化为课程目标，课程目标又需要依次具体化为学年教学目标、单元教学目标和课时教学目标，才能有可操作性和真正落实。课时教学目标的确定和实现，直接影响着单元教学目标、学年教学目标、课程目标乃至培养目标和教育目的的实现。这几者的具体关系可见图 8-1 教育目标结构图。

二、新课程的素养目标

《普通高中课程标准》(2017 年版 2020 年修订)和《义务教育课程标准(2022 年版)》在描述基于核心素养的课程目标时采用了一些具有统摄性的大概念。这些目标是核心素养在课程中的具体转化与落实，是对学生在学习课程后应达到的价值观、必备品格和关键能力的综合表述，其整合了知识与技能、过程与方法、情感态度与价值观三个维度，体现了对 2011 年版课程标准三维目标的传承和超越。由此，课程目标落实到具体的问题解决和实践过程中，不再是彼此割裂的三个维度。[1]

以统编版初中《语文》七年级上册第一单元为例，该单元包含三篇现当代散文和四首古诗词。三篇散文分别为朱自清的《春》、老舍的《济南的冬天》和刘湛秋的《雨的四季》，这三篇都是写景抒情的名篇佳作。四首古诗词借景抒情，以景达意。写作部分与阅读部分前后呼应，旨在引导学生关注、热爱和表达自然与生活。从语文学科核心素养进行考察，可将单元教学目标拟定为：[2] (1)积累朗润、酝酿、竦峙、呼朋引伴、花枝招展等 45 个古今词语。(2)学习朗读，注重重音和停连。(3)感受文本中比喻和拟人等修辞手法的表达效果。(4)品读景物描写中的字、词、句，把握景物的特点。(5)在品味与运用语言中，体会自然之美、表达生活之美。(6)理解"立志""怀乡""重友"的诗歌主题，感悟中国传统文化精神。

---

① 韩震：《道德与法治课程标准的新特点》，载《全球教育展望》，2022(4)。
② 冯旭洋：《统编初中语文教材单元教学目标设计——基于单元整体教学的视角》，载《课程·教材·教法》，2021(12)。

拓展阅读

改革开放40年来,我国基础教育的目标方向与价值追求呈现出由"双基"到"三维目标"再到"核心素养"的演进逻辑。改革开放初期,教学内容主要围绕各学科的基础知识和基本技能进行组织,但"双基"本位的教学在发展中逐渐背离"人的全面发展"的方向。由此,新课程改革应运而生。2001年,教育部颁布的《基础教育课程改革纲要(试行)》明确提出了"三维目标",尝试突破"双基"带来的困境,教学走向知识、能力与态度共同发展的新方向。[1] 但是,三维目标对人的关键素质缺乏清晰描述与科学界定。[2] 2014年,《教育部关于全面深化课程改革落实立德树人根本任务的意见》中

图8-2 中国学生发展核心素养框架图

首次提出"核心素养"。2016年,中国学生发展核心素养框架正式颁布。该框架以培养"全面发展的人"为核心,分为文化基础、自主发展和社会参与三个方面,涵括人文底蕴、科学精神、学会学习、健康生活、责任担当和实践创新六大素养,具体细化为十八个基本要点。[3] 2017年,教育部颁布的普通高中课程方案中明确指出要着力发展学生核心素养。

如何让核心素养真正落地仍是当前教育面临的重点与难点问题,对此,教师可以从改进课堂教学、优化学习评价和提升自身素养等方面入手探索有效举措。

1. 改进课堂教学

课堂是核心素养落实到课程中最为微观、具体的层面,是核心素养能否真正落地,培养出所需人才的重要环节。[4] 因此,首先,要优化课堂教学方式。项目式学习与问题解决式学习在培养学生跨学科素养与能力方面发挥着显著的作用,可以作为核心素养培育的重要途径。[5] 其次,课堂教学要创设真实情境。教师应顺应核心素养的形成需要,基于教学内容创设相应的真实情境,引导学生在真实生活情境中学习并运用相关知识。[6] 最后,设计大概念教学。契合普通高中课程标准"重视以学科大概念为核心,使课程内容结构化"的明确要求。

---

[1] 余文森:《从"双基"到三维目标再到核心素养——改革开放40年我国课程教学改革的三个阶段》,载《课程·教材·教法》,2019(9)。

[2] 余文森:《从三维目标走向核心素养》,载《华东师范大学学报(教育科学版)》,2016(1)。

[3] 核心素养研究课题组:《中国学生发展核心素养》,载《中国教育学刊》,2016(10)。

[4] 王烨晖、辛涛:《基于核心素养的课程改革之关键问题》,载《人民教育》,2017(3)。

[5] 辛涛、贾瑜:《核心素养落地的几个关键问题》,载《教育科学研究》,2019(7)。

[6] 刘晟等:《核心素养如何落地——来自全球的教育实践案例及启示》,载《人民教育》,2016(20)。

2. 优化学习评价

评价对核心素养的落地起引导、激励与改进的作用。为此，教师首先要转变评价观念。评价不只是为了鉴别与筛选，更重要的目的是鼓励与促进学生学习。其次，转变评价的聚焦点。评价要从关注学生学科知识的获得转变为素养的整体提升。最后，丰富评价形式。除了传统的纸笔测验，教师还可以通过观察学生在真实情境中的行为表现，直观地了解学生核心素养发展情况。

3. 提升自身素养

教师自身的素养，会影响学生核心素养的培养成效。教师要提升对核心素养的理解水平与认同程度，明确在教学过程中"为什么教""教什么"与"怎么教"，将核心素养的培育落实到具体的教学实践中。同时，加强教师专业成长共同体的建设，共同研讨如何通过教学规划、教学实施与教学评价落实核心素养的培育。

三、教学重点和难点

在确定教学目标的过程中，需要明确教学重点和难点，进而在接下来的教学设计和实施中突出教学重点，突破教学难点，提高教学成效。

教学重点，是教学内容中最重要、最基本的内容，是知识网络中的联结点，是教师设计教学活动的主要线索，具有贯穿全局、带动整体的作用。比如，中学课文《狼》通过一个屠夫智取两只狼的故事，揭露狼的凶残、狡诈而又愚蠢的本性，告诫人们对待像狼这样的恶人，既要敢于斗争，又要善于斗争。作者在写双方的正面交锋时，着力于对屠夫的正面描写。所以教学重点应当放在分析屠夫"智"与"勇"两方面的心理和行为上，展示屠夫遇狼、避狼、劈狼的全过程，从而点明本篇课文的主题。① 教学重点的确定，需要对课程标准和教学内容有较深刻的认识。

教学难点，是学生感到难以理解或接受的内容。一般来说，重点不一定是难点，难点也不一定是重点，但有时两者是统一的。任何教学内容都有重点，但不一定有难点。确定教学难点时，教师需要考虑以下几方面的因素。(1)教学内容的抽象性与学生思维的形象性的矛盾产生的难点。例如，《实数》的教学，无理数的概念十分抽象，无理数概念的建立需要具有一定的抽象思维能力和初步的极限思想。而八年级学生的抽象思维发展还是经验型的，在思维过程中具体形象成分仍然起主要作用，他们对和无理数有关的具体的、直观的、形象的感性经验又十分缺乏，这就会造成学生对实数概念的理解困难。所以，本节课的教学难点应确定为实数概念的建立。(2)教学内容深化与学生思维定式的矛盾产生的难点。例如，《一元一次方程的应用》这节课，教学内容

---

① 林运来：《初中课文重难点确定与突破》，载《语文教学通讯》，1998(2)。

是列一元一次方程解简单的应用题。由于学生在小学数学学习中熟悉了算术解法，有思维定式，遇到应用题，首先的想法是列出算式，通过计算来解，而不善于分析问题中的等量关系。这种教学内容的深化就会与学生的思维定式产生矛盾，所以本节课的教学难点是找出等量关系列方程。又如，《不等式的基本性质》一课，在运用不等式基本性质 3 时，学生容易由方程解法迁移而忽略不等号方向的改变，因此，这节课的教学难点是不等式基本性质 3 的理解和运用。[①]

四、确定教学目标的技巧

确定教学目标，看似容易实则困难。如果能够掌握以下几种技巧，那么在一定程度上能够做到事半功倍。

（一）紧扣课程标准

很多老师都有这样的经历：因事请其他老师代上几节课，事后总是感觉不踏实。为什么会有这种不踏实的感觉呢？是不是不信任其他老师的教学？答案可能不会这么简单。

虽然学科教学在时间上分割为一节节课时，但每一课时的教学并不是孤立、脱节的，它们之间存在一些内在的联系。比如，今天所教的内容既是昨天的延续，又是明天的铺垫；今天所采用的方法可能是为了弥补昨天的不足，也可能是为了明天更好地理解；甚至今天准备点名发言的同学也是精心设计好了的，既有针对性，又体现了机会均等、面向全体的原则。可以这样说，老师平时所上的每一节课，表面看起来是相互独立的，实际在内容上是相连的，在策略上是一致的，在方法上是互助的。请其他老师代上的几节课，在内容上可能相连，但在方法、策略、重点、对学生的关注等诸多方面很难融入自己的教学体系中，或许正因为如此，老师才感觉到不踏实。[②]

同样，在确定课堂教学目标时，不能孤立、静止地看待某个课时，而要用联系的、发展的、全面的眼光来思考每节课的教学目标。具体来说，教师需要熟悉自己所教学科的课程标准，既要了解课程的总目标，又要熟悉各个阶段的具体目标，进而做到每一节课的教学目标都指向阶段目标和课程总目标。这如同拔河，同一个队伍的所有成员都朝着同一个方向用力，同时用力，一气呵成。如此，每一节课的教学目标轨迹都朝着课程总目标的方向"前进"，每一节课达成的目标积累起来，最终促成课程总目标的实现。可见，紧扣课程标准，可以让教学目标的确定既见树木又见森林，既有微观考量又有宏观观照。

---

①　王为峰：《初中数学教学难点的确定及处理》，载《中学数学杂志》，2002(6)。
②　王跃：《高效课堂的 101 个细节》，19～20 页，广州，广东高等教育出版社，2009。

（二）立足教材

在学科教学中，课堂教学主要立足于教材而展开。顺理成章地，确定教学目标也须立足于教材。

以物理《摩擦力》为例，一位老师将其教学目标确定为：[①]

1. 知识与技能目标

（1）了解静摩擦力、滑动摩擦力的概念和产生条件。

（2）会判断静摩擦力和滑动摩擦力的方向。

（3）会用二力平衡判断静摩擦力的大小。

（4）会应用公式 $f=\mu F_N$ 计算滑动摩擦力的大小。

2. 过程与方法目标

在探究影响摩擦力因素的过程中，学习应用归纳法和控制变量法。

3. 情感态度与价值观目标

知道生产生活中增大摩擦和减小摩擦的实例，有将物理知识应用到生产生活的意识。

以上目标设计中，三维目标整体具有较强的指向性和实践性，注重学生的生活经历，但"知识与技能目标"缺乏整合性，显得较为繁杂，"过程与方法目标"缺乏具体的实施途径介绍，三维目标总体上缺乏科学探究精神。

在设计教学目标时，教师可以从物理教材内容出发，概括教材中所包含的物理基础知识，发展学生的物理观念、科学思维；开发教材中的活动，培养学生科学探究能力；利用教材中的内容，培养学生的科学探究精神。[②]

（1）通过实验和实例分析，知道摩擦力的概念和产生条件，升华物理观念。

（2）通过实例分析和实验演示，理解摩擦力的方向并学会判断，提升科学思维，巩固科学态度与责任。

（3）通过实验定量探究静摩擦力的大小和影响滑动摩擦力大小的因素，体会科学探究的态度。

（三）难度适中

确定教学目标时，在考虑课程标准和教材的同时，还需要考虑学生实际。有一个故事，说的是一位母亲带着自己 5 岁的小女儿逛商场，她自己每次都逛得津津有味，而她的小女儿却总撅起小嘴，很不高兴。她不理解。后来有一次她蹲下身子帮助女儿系鞋带，猛然发现了问题所在。原来女儿逛商场时所见到的"世界"与她所见到的"世

---

① 高岱亮：《基于课程标准要求的〈摩擦力〉教学设计》，载《中学物理》，2017(9)。

② 张双弟、余娟：《基于学科核心素养的教学目标设计》，载《甘肃教育研究》，2021(8)。

界"完全不同。她看到的是琳琅满目的、诱人的商品，而5岁的女儿所看到的是"毫无表情"的大人屁股！她不禁感叹，原来商场仅仅是为大人设计的啊！其实，老师每天都面临着类似这位母亲的"处境"：老师总免不了站在自己的高度来理解、要求学生，依据自己的能力设计教学目标。然而，老师看起来似乎很简单的内容，学生做起来却可能困难重重。

教学目标难度适中，就是目标不能过高，也不能过低，而是让学生"跳一跳"，能"摘到桃"。也就是说，难度适中的教学目标，是大多数学生通过努力都能达到的，是符合维果茨基的最近发展区理论的。具体而言，如果教学目标难度太高，就会使学生受挫而退缩不前、望而生畏；相反，难度太低，则会缺乏刺激力，引不起学生强烈的动机和兴趣。

(四) 多维分层

多维，是指确定教学目标时，要从多维度入手，着眼于教学促进学生全面成长与发展的整体价值，而不是仅仅考虑教学的知识价值。教师习惯于从知识与技能、过程与方法以及情感态度与价值观三个维度确定教学目标。三维目标并不是相互割裂的，而是融为一体的。三维目标只有协作整合、相互转化才能达成教学的优质与高效。其一，过程与方法可以作为知识与技能生成的导控保障系统；情感态度与价值观可以作为知识与技能学习的动力支持系统。其二，知识与技能以及过程与方法可以作为实现情感态度与价值观培育的凭借与途径，作为情感态度与价值观养成的方法与手段。其三，知识与技能以及情感态度与价值观可以作为一种教学资源服务于过程的体验与反思、方法的习得与训练。值得一提的是，"过程"体现了学习融入生命成长的内在价值，对"过程"的体验与反思，是学生在学习之中体认自我价值感、幸福感、成长感的确证与保障，不单单具有服务于知识与能力掌握的工具性价值，而具有学习的终极性和本体论意义。[1]

因此，在表述教学目标时，可将三维目标融为一体追求融合式分述。比如，"同底数幂的乘法"的教学目标可表述如下：[2]

(1)经历探索同底数幂乘法法则的过程，进一步体会幂的意义，学会应用同底数幂乘法的运算法则，同时体验从具体到一般的归纳推理过程和方法，感受数学推理的逻辑性。

(2)通过应用同底数幂乘法的运算法则于生活实际，感受数学应用的广泛性，增强学习数学的兴趣和信心。

分层，是指确定教学目标时，要考虑班级中不同层次的学生，让发展水平处于同

---

[1]　黄伟：《教学三维目标的落实》，载《教育研究》，2007(10)。
[2]　潘永庆：《关于新课程教学设计的几点反思》，载《当代教育科学》，2004(20)。

一层次的学生得到"面"上的照顾，做到"上不封顶，下要保底"，使学生在原有基础上都得到较好的发展。

教学目标可以确定为基本教学目标和较高教学目标。要求水平较低的学生达到基本教学目标；要求水平较高的学生达到较高教学目标；要求水平中等的学生完成基本教学目标，并鼓励他们积极参与较高教学目标的教学活动。

除此之外，教师还可以设计层次更为多样的教学目标。比如，一位教师在教学老舍的《在烈日和暴雨下》时，为了让不同层次的学生能理解景物描写的作用，设计了三个层次的目标让学生自己选择。

目标 1：找出文中描写"烈日"和"暴雨"的语句，并理解描写方法的运用；

目标 2：体会文中景物描写对人物的烘托作用；

目标 3：模仿课文，试以"在雨中走路的感觉"为题尝试口头作文。

学生选择适合自己的学习目标后，可以围绕所选目标开始学习活动，然后教师检查学生是否达到了目标。

（五）表述明确

表述明确，首先要做到教学目标的主体定位为学生。在进行教学设计时，许多教师习惯采用"使学生……""提高学生……"和"培养学生……"等方式叙写教学目标。比如，使学生理解多项式乘法法则及其推导；使学生能运用法则进行简单的整式乘法运算；结合教学内容，渗透"转化"思想，培养学生的语言表达能力，等等。这些表述的主体定位是教师。

但是，从根本上说，教学目标最终体现为学生的变化。因此，教学目标的行为主体不应是教师，而应是学生。上述目标若去掉"使学生"和"培养学生"，将目标定位为"理解多项式乘法法则及其推导"，"能运用法则进行简单的整式乘法运算"等，其行为主体即成为学生。

还有一些教师习惯采用"讲述"和"讲解"等词语来表述教学目标。比如，讲述中共党八大的主要内容并分析其积极意义；讲解社会主义建设总路线的提出、"大跃进"和人民公社化运动给我国社会主义建设带来的危害，等等。这些表述，都是单纯站在教师立场上进行的。教师讲述了、讲解了，那么学生学到了吗？学生学到什么程度呢？这样的目标表述并没有予以体现。因此，教学目标的确定，应当站在学生的立场，明确学生要学到什么程度，达到什么要求。

将教学目标的行为主体明确为学生，绝不是简单的叙写方式的表面改变，它体现出教师教学观和评价观的更新和提高，体现出"以学生发展为本"由理念到实践的逐渐落实，体现出教师角色由控制者到帮助者、引导者的真正转变。

表述明确，其次要做到教学目标的阐释清晰。比如，一位教师将小学五年级《梅花魂》一课的教学目标确定为：

(1)体悟华侨老人眷恋祖国的情感，领会这种感情是怎样表达出来的。

(2)激发学生的爱国情和顽强不屈的精神。

(3)有感情地朗读课文。

其中第一条"领会这种感情是怎样表达出来的"，就需要清楚地点明表达方式是托物喻志还是以物自况，是正面表现还是侧面烘托，是借景抒情还是直抒胸臆。第三条"有感情地朗读课文"也是需要明确地阐释五年级的"有感情"是什么梯度，这里的"感情"究竟是什么，应当明确"如何有感情地朗读，重点训练哪种方法技巧"。①

① 窦桂梅：《回到说课》，载《江苏教育（小学教学版）》，2009(4)。

第九章　开发教学资源

教学资源，是指有利于实现教学目标的一切因素。确定教学目标之后，接下来便是进行教学资源的开发。教学目标的实现，有赖于一系列教学资源的支持。

一、教学资源的类型

教学资源十分庞杂，为了便于分析与研究，人们总要对其进行归类。但由于角度的不同，教学资源类型的划分也不相同。而每类教学资源，都有自身的价值。

（一）校内教学资源和校外教学资源

根据空间分布的不同，教学资源可以分为校内教学资源和校外教学资源。前者指学校范围之内的教学资源，主要包括校内教职工、学生、图书馆（室）、实验室、专用教室、教学设备、音像资料和教材教辅等。后者指超出学校范围的教学资源，主要包括家长、社区专家、公共图书馆、博物馆、展览馆、科技馆、科研院所和自然环境等。

校内外教学资源对于教学活动都非常重要，但它们在性质上有所区别。就开发与利用的经常性和便捷性而言，校内教学资源应该占据主要地位，校外教学资源则更多地起辅助和补充作用。然而，由于校外教学资源的开发与利用通常被忽视，所以应该对其予以足够的重视。当前，随着网络技术的发展，校内外教学资源的界限正逐渐被打破，二者间的相互转化和交流共享已成为可能。

（二）文字性教学资源和非文字性教学资源

根据载体形式的不同，教学资源可以分为文字性教学资源和非文字性教学资源。文字性教学资源以文字为载体。教科书上的文字，就是常见的文字性教学资源。各种图书、期刊和报纸上的文字，也可以成为文字性教学资源。非文字性教学资源以图片、实物、音频、视频和活动等为载体。如历史题材的影视作品和录音，就是非常重要而且容易获得的历史教学资源。

长期以来，人们较为看重文字性教学资源，甚至在一定程度上视教材为唯一的教学资源。因此，确立一种更为广泛的教学资源观，积极开发并合理利用各种非文字性教学资源，就显得尤为重要。

拓展阅读

教学资源有多种类型，只要教师有了教学资源开发的意识，随处可发现资源，随时可研制资源。

实例1：学校聘请了几位外籍教师，这些教师上外语课极少进现代化的语音室，而喜欢利用或设计一些特殊的情境，与孩子在十分开心的氛围中实施教学。有一次下大雨，一位"老外"跑到校长室，要校长给他买"雨鞋"，然后穿起"雨披"，冒雨直接冲进教室，带着学生和他一起在"下雨"的情境中完成口语教学……现在，许多学校装配的语音室在外语教学中有着非常重要的作用，但外籍教师的教学思想也确实是有可鉴之处的。[①]

实例2：教师为"故都的秋"一课延伸创建专题网站。该网站共有"诗""词""曲""赋"和"文"五个标签，每个标签下都有以"秋"为主题的拓展类文章供学生对比学习。以"诗"为例，这个标签下又细分为秋诗经典、秋诗名句、秋诗意向和也谈秋诗。"秋诗经典"中有多首古诗，并配有动画、图片和诗歌赏析。"秋诗名句"中按年代顺序列出几十条关于"秋"的诗句，并标明作者和出处。"秋诗意象"中记录对秋雨、秋风和秋月等常见意象的分析，帮助学生理解以"秋"为主题的古诗。"也谈秋诗"对"秋诗"常寄托的情感进行分类，如伤别、惜时和思乡等。[②] 以专题的形式呈现文章，学生能更好地对文章进行关联，从而形成上下位关系，开展深度学习。

二、教学资源开发的基本原则

提高教学资源开发水平，应遵循以下基本原则，破除常见的误解。

(一)教材是最基本的教学资源

前文教材观中已经谈道：受应试教育观念的影响，在很长一段时期里，我国中小学形成了一种教师"教死书，死教书"，学生"死读书，读死书"的局面，正确的教材观是，在"尊重教材，研读教材"的基础上"调整教材，拓展教材"。可以说，教材是最基本的教学资源，但不是唯一的教学资源。

比如，特级教师顾青山在执教"分数的初步认识"一课时，就充分运用了教材中的情境图，①小明过生日，与红红一起到公园玩，且带了些食物，请你把这些食物分一下。怎么分？两人一样多，叫作平均分。由学生熟悉的生活情境引入，在分食物中

---

① 李琴：《教师如何让课堂更加生动有趣》，250页，长春，吉林大学出版社，2008。

② 孙永强等：《应用信息技术创新语文阅读教学的思路与策略研究》，载《电化教育研究》，2013(10)。

自然地理解"平均分"。②"平均分"包含许多数学问题，你能列出算式来表示"平均分"吗？矿泉水：$2÷2＝1$（瓶）；苹果：$4÷2＝2$（个）。把一个蛋糕平均分成两份，一份是多少？学生遇到了知识障碍，产生了强烈的探究欲望。在这种情况下，以学生熟悉的"分蛋糕"为例，创设情境引导学生学习"平均分"中的数学问题，自然地引出了分数，教学效果十分明显。① 这样的例题和习题，教师完全可以直接拿来使用。在教学设计时如果没有找到比教材中更好的例题和习题时，就需注意用好、用足教材。

在一些情况下，则需要教师精心加工教材，使教材更贴近于学生的生活，更有利于他们进行探索性学习。

比如，初中数学课本在介绍了代数式概念之后，这样引入："根据问题的要求，用具体数值代替代数式中的字母，就可以求出代数式的值。例如，在第一节中用 200 代替 $4＋3(x－1)$ 中的 x，就得到 200 个正方形所需的火柴棒数量。"这个引例对学生没有太大的吸引力，于是教师可以将教材做如下处理："同学们，你想知道你将来能长多高吗？"学生们一下子来了兴趣，"请同学们看身高的预测公式：男孩成人时的身高为：$(x＋y)÷2×1.08$；女孩成人时的身高为：$(0.923x＋y)÷2$，其中 x 表示父亲的身高，y 表示母亲的身高。"学生一看到公式，便产生了极大的兴趣，急速地计算起来，很快，每个学生的身高预测都出来了，而且他们还互相交流着自己的结果。这时教师不失时机地导出："同学们，你们刚才求出的这个数值就叫作代数式的值，刚才大家用自己父母的身高代替 x，y 计算的过程就是求代数式的值。"学生露出了轻松的微笑，他们在自己积极的计算中不知不觉地掌握了新知识。②

(二)教师是最重要的教学资源

在传统的课程与教学体系中，中小学的教学资源（如教学挂图、录音带等）大多是国家和地方规定好的，是现成的、固定不变的。因此，教师进行教学设计时，开发教学资源的意识不够明确，更谈不上去整合和利用周围的教学资源，这一方面造成了教学资源的开发与利用不足；另一方面又导致大量的教学资源被闲置。

在新一轮基础教育课程改革的背景下，教师被赋予了课程开发者的角色。在一定程度上可以说，无论是各类校内外教学资源，还是各种文字性、非文字性教学资源，都有赖于教师进行全面整合和优化，才能最终由潜在的教学资源转变为现实的教学资源。从这个意义上讲，教师是最重要的教学资源，带动着其他教学资源的优化发展，教师的教学资源开发意识和能力，决定着教学资源的识别范围、开发与利用的程度以及发挥效益的水平。

吴正宪老师曾经生动地描述了自己的一段经历，如以下案例：

求比一个数少几的数的应用题：学校有 8 朵红花，黄花比红花少 3 朵，黄花有多少朵？

---

① 李雪峰：《警惕教材开发过度现象》，载《教学与管理》，2009(10)。
② 易良斌：《例谈数学教材处理的"六个注意"》，载《教育研究与实验(新课程研究)》，2006(6)。

学生很快列出了算式：8-3=5（朵）。

求比 8 少 3 的数对于孩子们来讲并不是一件十分困难的事，我们的教师却对学生提出了明确要求，请同学们看图列式后说清 8-3=5（朵）算式的意义。课堂上孩子们皱着眉头毫无表情地机械重复着："把 8 朵红花看作一个整体，分成两部分，一部分是与黄花同样多的部分，另一部分是比黄花多出的部分。从 8 朵红花中减去比黄花多出的 3 朵，就是和黄花同样的 5 朵，也就是黄花的朵数。"原本一道很简单的算式，却让七八岁的孩子说出一大堆令成年人都费解的道理。儿童本来对这种板着面孔的文字应用题就有几分畏惧，再加上教师过分的要求，使孩子心理上产生了厌烦情绪。这样的数学课怎么会令孩子们喜欢呢？这样的数学教学怎么去培养学生的创造思维呢？

在两步应用题的教学中，我尝试不让学生模仿成年人的语言千篇一律地叙述解题思路，而是用孩子们喜欢的"捉迷藏"方式突破教学难点。例如，"饲养小组有 10 只白兔，黑兔比白兔多 6 只，白兔和黑兔一共有多少只？"我让孩子们展开了想象的翅膀，尽情地体验学习的乐趣。当例题出现后，我在第二个已知条件的后面顺手贴了一幅智慧人的图片，他正眨着智慧的双眼向小朋友们喊话。请大家猜一猜他可能会喊什么。一个男孩子跑到讲台前双手叉开，学着小智慧人的样子喊开了："喂，小朋友们，你们先要把黑兔的只数求出来呀，不然后面就麻烦啦。"我追问了一句："为什么先要把黑兔的只数求出来呢？""不先求黑兔的只数怎么能求黑兔和白兔一共有几只呢？"一句话，道出了本题的解题关键。同学们顺利地完成了此题。我又把"黑兔比白兔多 6 只"改为"黑兔比白兔少 6 只"。一个梳着两条牛角辫的小姑娘勇敢地跑到讲台上，也学着小智慧人的样子喊开了："喂——小朋友们，题目中的'多'字已经变成'少'字啦，可要当心呀，千万别上当！"银铃般的喊声传遍教室的每一个角落，同学们审题可认真了，不一会儿的工夫，又完成了第二道题的解答。

吴老师精心开发的"智慧人"教学资源，为学生创设了生动活泼的学习情境。

（三）多样化地开发教学资源

多样化地开发教学资源，一方面体现为全方位的开发对象观，避免开发对象的狭窄化。教师不能只教教材，只把教学参考书上的东西讲给学生听，而应当做有心人，让校内教学资源和校外教学资源、文字性教学资源和非文字性教学资源等大量鲜活的资源都进入开发的视野，成为教学活动的有机组成部分，为课堂教学活动服务，增强教学的生动性、创造性和吸引力，提升教学的效果。

比如，教学《赠汪伦》一课，教科书上的课文和练习题是最基本的教学资源，除此之外，教师还可以考虑开发如下一些资源：①

①《送别》歌词和乐曲。教学伊始，以曲引情，唤醒学生已有的情感记忆，为整堂课的教学奠定情感基础，引出这节课要学习的正是一首千古流传的送别诗——《赠汪伦》。

---

① 朱艳娥：《〈赠汪伦〉教学设计》，载《东坡赤壁诗词》，2007（1）。

②一则李白和汪伦的逸事，可作为启发学生思考和吸引学生兴趣的资源。具体内容是：安徽泾县汪伦十分钦佩李白的才华，想和他结交为朋友，便写信邀请李白说："先生好游乎？此地有十里桃花；先生好饮乎？此地有万家酒店。"李白早就听说汪伦是位性格豪放的人，便欣然前往。见面后，李白说："我是来观十里桃花，访万家酒店的。"汪伦却笑着说："'桃花'者，一潭之名也，并无桃花十里；'万家'者，店主人姓万也，并无酒店万家。"此时，李白方知自己"受骗上当"，他不但不介意，反而哈哈大笑说："临桃花潭，饮万家酒，会汪豪士，此亦人生快事！"此后，汪伦每日用美酒盛情款待李白，两人一起游览当地的名山胜景，一起饮酒作诗，二人情趣相投，成了好朋友。

③一些感人肺腑的离别诗，有利于拓展延伸。比如，《送元二使安西》《晓出净慈寺送林子方》《黄鹤楼送孟浩然之广陵》《送杜少府之任蜀州》《别董大》和《白雪歌送武判官归京》等。

④《友谊天长地久》歌曲，用以结束新课，升华学生的情感。教师可总结：在我们共同的学习生活中，将有缘结识很多的朋友，无论是新朋，还是旧友，愿我们的友谊天长地久。

当然，以上列出的只是可以考虑开发的资源，这些资源并不一定要全部开发出来，全部用于课堂教学。也就是说，教学资源需要教师根据实际情况，进行合理地开发、选择和使用。

多样化地开发教学资源，另一方面体现为多元化的开发主体观，避免开发对象的单一化。比如，除教科书、教学参考书、练习册、活动册、挂图、卡片、音像带和多媒体光盘等教材编写专家提供的现成资源外，教师自己可以积极开发广播电视节目、报刊、书籍和网络平台中的教学资源，而且还可以鼓励学生参与教学资源的开发，倡导学生交流资源等。

有一位英语老师，在教学"right"和"fault"两个单词后，鼓励学生搜集相关典故，然后在学习小组中交流并加以遴选，由小组代表在全班分享。学生搜集的一个典故是：据说，很久以前，英国老师在给学生批改作业时，用"right"和"fault"两个词判断答案的对与错。但这种批改方法显得费事、麻烦。以后有人渐渐开始以它们的首字母"r"和"f"分别替代"对"与"错"。随着时间的推移，写的人数和次数不断增多，最后就产生了现在我们常见的"√"和"×"，这种方式显得既简洁，又方便书写。

学生参与教学资源的开发，既提升了学生收集资料、遴选资料的能力，也巩固了他们课堂学习的知识，还提高了他们的学习兴趣。

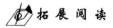 拓展阅读

> 教育的艺术是使学生喜欢你所教的东西。①
>
> ——卢梭

---

① ［法］卢梭：《爱弥儿论教育》，349 页，李平沤译，北京，商务印书馆，1978。

教学的艺术不在于传授的本领，而在于关于激励、唤醒、鼓舞。①

——第斯多惠

应该用一切可能的方式把孩子们的求知与求学的欲望激发起来。②

——夸美纽斯

教儿童五个他所不认识的字，他将会长久地、徒劳地受这几个字的折磨；但是，如果你把二十个这一类的字和图画联系起来，儿童就会飞快地掌握他们。③

——乌申斯基

三、教学资源开发的主要策略

教学资源开发是一项颇具挑战性的任务，需要掌握勤于积累、敏于发现和善于捕捉等主要策略。

(一)勤于积累

苏霍姆林斯基曾谈到，每一位教师都有自己的创造性的实验室，这个实验室一年比一年丰富起来——这是教育素养的一个非常重要的方面。④ 换言之，每一位教师都需要拥有与自己所教学科内容相关的、能促进每堂课教学目标达成的"百宝箱"，而且"百宝箱"中的"宝贝"要不断积累、逐渐增多，才方便因时因地因人灵活取用。

比如，讲元素"铍"时，如果化学老师读过《从"女儿村"谈铍》这篇文章，那么就能加以利用，以此导课。同学们都知道《西游记》中唐僧一行去西天取经路过女儿国的故事吧，这个传说的真假我们姑且不管，然而在我们身边却真真切切有着一个类似的故事。广东某一山区的村寨里，曾连续多年出生的全是女孩，人们急了，照这样下去，这个地区岂不变成女儿村了？当地村民求神拜佛，就是无济于事。经过调查，才发现原来是地质队来探矿的时候，钻机把地下含铍的泉水引了出来，造成了铍的扩散污染，使饮用水的铍含量大为提高，长时间饮用这种含铍量过高的水，会导致生女而不生男。后来经过科学治理，"女儿村"终于又生男孩了。看来铍这种化学元素还确确实实与生男生女有关呢！当然，关于铍的知识很多，下面就让我们一起来探讨铍这种元素究竟

---

① ［德］第斯多惠：《德国教师教育指南》，见张焕庭主编：《西方资产阶级教育论著选》，387页，北京，人民教育出版社，1979。

② ［捷］夸美纽斯：《大教学论》，107页，傅任敢译，北京，人民教育出版社，1984。

③ ［苏］乌申斯基：《〈祖国语言〉教学指南》，见张焕庭主编：《西方资产阶级教育论著选》，497页，北京，人民教育出版社，1979。

④ ［苏］苏霍姆林斯基：《给教师的建议》(修订版　全一册)，416页，杜殿坤编译，北京，教育科学出版社，1984。

还有哪些"神通"……在引人入胜的故事中，师生开始学习铍的基本性质。[①]

又如，教学"他律与自律"，老师平时积累的"今日说法——醉与罚"视频片段就能派上用场。通过播放展示"酒后驾车"这种无视规则的行为所造成的惨痛后果，老师可以引导同学们讨论：有了交通规则就能不出交通事故吗？还需要人们怎么做？进而引出本节课的内容：他律与自律。这样的视频案例贴近社会和学生生活，容易引起学生关注，激发其探究的积极性和主动性。

再如，讲"人的价值"时，老师可以选取《感动中国》中"十三农民兄弟"的视频片段。观看这样的视频，许多学生泪盈于睫，他们对"人的价值在于奉献"有了更真切的体验，这是单凭口头讲解不可比拟的。

在一定程度上，语文、数学、物理、化学等各种学科，都可以开发出生动丰富的教学资源。将这些资源巧妙运用于教学设计中，学生与课本的距离就一步步地拉进，课堂教学活动就能够有声有色地展开。从这个意义上可以说，如果一个人选择了献身教学，那么就需要静下心来一点一点积累，一次一次践行，功夫不负有心人，有心方能挖甘泉。

（二）敏于发现

美到处都有，生活中不是缺少美，而是缺少发现美的眼睛。教学资源同样如此。教学资源到处都有，缺少的往往是发现资源的意识和能力。

2003 年，教育部课程专家评估组来到一所中学考察课程改革情况。专家对一位教师执教的《人的高贵在于灵魂》一课给予充分肯定。这堂课使每一个听课者都受到强烈的感染，使人从内心深处体验到了"人的高贵在于灵魂"。为什么这堂课会产生撼人心魄的效果？关键的一点就是教师在开发教学资源方面颇具创意。在组织学生讨论时，教师展示了一组拍摄于师生身边商店门口的照片：一个爆玉米花的青年，在生意间隙，从带着油渍的纸箱里拿出英语书和复读机学习。在一般人眼里，这个青年的工作可能是低贱的，然而，我们不能不由衷地发出这样的赞叹：他的灵魂是高贵的！面对着教师出示的这组真实的图片，听课的师生包括专家们无不瞪大了惊奇的眼睛。然而，令人惊奇的还在后头——这组图片是怎么来的呢？那是教育技术中心的常老师帮助拍摄的。几天前，常老师接孩子路过该商店时，无意中发现了这个在喧嚣闹市里专心学习的青年，当听说同事要讲《人的高贵在于灵魂》这篇课文时，他认为这位爆玉米花的青年有着纯正的追求，他的身上"闪放出一种很动人的光彩"，这个事例恰恰能证明"人的高贵在于灵魂"。并且该青年的做法让自己这个成年人都"肃然起敬"，也一定会感染我们的学生、教育我们的学生。于是，利用午休时间，费尽周折，常老师终于拍下了这组真实感人的镜头。[②] 这正是，教学资源珍贵，而"敏于发现"教学资源的眼睛

---

① 仇国发：《从"女儿村"谈铍》，载《科学大众》，2003(6)。

② 李天金：《靠制度给教师提供课改动力》，载《中国教师报》，2003(14)。

更珍贵。

在经济条件相对落后的农村，如果敏于发现，也能开发大量的教学资源。以一个经济落后的山区小镇为例，这里教育经费十分紧张，有限的教育经费基本上都用于教师工资，根本无法投入大量经费去购买教学所需要的器材设备。于是，教师便开发并利用免费的资源来支持教学活动。镇里的一所中心小学利用丰富的农家五谷杂粮，开设工艺美术课——谷物粘贴画。后来，学校发动学生从家里带来红豆、绿豆、黄豆、芝麻、油菜籽、小米、大米等十多种粮食作物，学校准备了纸张、铅笔、乳胶等材料，教师指导学生画稿、粘贴、装裱。活泼可爱的小兔、山羊、熊猫就成了孩子们的杰作。如今，该校学生共创作优秀粘贴画 2000 余幅。2001 年"五一"期间，该校学生创作的粮食粘贴画在景区被抢购一空。2001 年春天，他们创作的"十二生肖"图在全国第二届"世纪之星美术书法摄影大赛"中获银奖 1 项、铜奖 3 项。粘贴画所用的原料除了粮食作物是学生自带以外，纸张、装裱、乳胶等费用都来自学校的勤工俭学。全体师生利用课余时间、节假日集体到山坡上采集橡壳、橡籽，采荆条编筐，挖草药，开荒栽树、种菜。[①]

就化学教学而言，实验仪器、药品的短缺问题，在农村也时常可见。教师可以指导学生利用生活中的常见用品和废弃物制成简易的实验仪器，或替代实验用的化学药品。比如，用贝壳或鸡蛋壳代替碳酸钙；用食用碱代替碳酸钠；用废铁刨花或铁屑与硫酸反应制取硫酸亚铁；用植物的花、叶等制取酸碱指示剂；用铁质瓶盖制作燃烧匙等。[②] 师生想方设法克服困难，努力开发化学教学资源，这既有助于解决实验仪器、药品的短缺问题，又可以培养学生的实践能力以及节约和环保意识。

物理教学也可如此。比如，滑动变阻器的教学一般都利用实验室的滑动变阻器，除此之外，教师可以让学生用常见的生活器材做变阻器：用铅笔芯代替变阻器，将导线的一端与铅笔芯接好，另一端在铅笔芯上滑动。改变铅笔芯连入电路的长短，灯泡的亮度会发生改变，这也可以说明滑动变阻器的原理。[③]

(三)善于捕捉

勤于积累和敏于发现，都立足于教师在课前预先设计好的教学资源上。然而，教学是预设与生成的统一。教师与学生、学生与学生、学生与文本等的互动均可形成生成性的教学资源。善于捕捉生成性教学资源，也是开发教学资源不可或缺的题中之义，例如以下案例。

①在《草船借箭》的教学中，一名学生说："我认为，诸葛亮是用欺骗的手段拿到箭的，题目中的'借'应改用'骗'。"这时，老师敏锐地捕捉到这一生成的教学资源，随即

① 徐玉斌：《略论农村小学艺术课程资源的若干问题》，载《教育研究》，2002(7)。
② 徐秋云、李远蓉：《农村中学化学课程资源开发与利用的调查研究》，载《中学化学教与学》，2006(18)。
③ 朱铁成、张晶：《中学物理"生活化"教学的策略》，载《中学物理教与学》，2010(16)。

让学生带着问题边读课文边思考:"草船借箭"与"草船骗箭"哪个题目好,为什么?学生认真读书后纷纷发言。学生甲说:"我读课文时,特别注意了这几句话:'太阳出来了,雾还没有散。这时候,船两边的草把子上都插满了箭。诸葛亮吩咐军士们齐声高喊:谢谢曹丞相的箭!……'骗箭不用谢,借箭要谢。所以题目应该是'草船借箭'。"学生乙说:"我想到,诸葛亮借了箭,到'火烧赤壁'时不是把箭还给曹操了吗?这叫有借有还。所以题目应该是'草船借箭'。"老师说:"你们说得真好。再想想,要是题目改成'草船骗箭',和原来的题目有什么不一样?"一名学生说:"课文的中心是赞扬诸葛亮足智多谋,要是题目改成'草船骗箭',作者就站在曹营一边去了。"最后,老师总结说:"'借'箭还是'骗'箭,虽然一字之差,但是感情和立场不一样。可见,用词不能离开课文的中心,要注意感情色彩。"①

②一位老师在讲《逢雪宿芙蓉山主人》一诗的"柴门闻犬吠,风雪夜归人"两句时说,诗人听到柴门外汪汪的狗叫,知道在这风雪之夜,主人回来了。

老师的话音刚落,一个男同学便举手发言:"我在预习时看了《唐宋诗选讲》,那上面讲的跟老师刚才讲的不一样。"

"怎么不一样呢?"

他打开《唐宋诗选讲》,把这两句诗的解释读了出来:"这时候,他不禁回味起刚才的情景:独自奔波于荒山之中,寒风刺骨,大雪纷飞,哪里是归宿?最后,好容易走到投宿人家的篱笆旁边,听到汪汪的狗叫,算是得到了歇脚的地方了。"读到这里,他放下书本说:"从这段叙述看来,'夜归人'应是指的诗人。"

究竟哪种说法对呢?老师没有忙着下结论,而是请同学们沉下心,把这首诗再读上几遍,然后各抒己见。

一个男同学说:"我认为那本书上的说法不对。暮色来临,诗人在山路上行走,应该在天黑之前,趁风雪还没有下的时候,赶紧找人家借宿。而'天寒白屋贫'这句,也明明告诉我们诗人已经在这户很贫困的人家住了下来。他怎么会一直到大雪纷飞的黑夜才到处摸索着找投宿的地方?"

一个女同学补充说:"我同意他的意见。这首诗将时间顺序交代得很清楚。'日暮苍山远',日暮的时候,诗人在山路上行走;'天寒白屋贫',说明已经借宿;到了夜里,风雪交加,听到柴门外边有狗叫,知道是主人回来了……"

又一个男同学发言:"出门在外的人回到家才叫'归',诗人只是途中借宿,怎么能说是'夜归'呢?可见'夜归人'不是指诗人。"

这时,一个同学却不以为然:"我觉得那本书上说得也有道理。因为狗只对生人叫,不会对主人叫。'夜归人'如果是主人,怎么会'柴门闻犬吠'呢?"

"这也不见得!"一个同学马上反驳,"在一般情况下,狗是不对主人叫的,然而夜深人静,有人敲门,狗是可能'汪汪'叫几声的。我家养过狗,我有过这样的体验。"

---

① 李娜:《答疑的基本方法及应注意的问题》,载《黑龙江教育》,1994(7/8)。

"丁零零……"下课的铃声响了，同学们还在争论不休。老师说："大家课后还可以继续讨论。下课!"①

或许就是这样不经意的插曲，打乱了老师的教学步骤，但老师并没有加以忽略，或者推到课外再讨论，而是主动改变原来的安排，因势利导。在这样的课堂上，在争辩的过程中，学生的思维激活了，主体意识增强了，心态开放了，个性张扬了，创造意识萌发了。可见，教师善于捕捉师生互动中出现的即兴创造的"火星"，并予以"引燃"，能够为学生不同的体验创造交流和碰撞的机会，在很大程度上可以提升教学效果。当然，并不是所有在课堂上随机生成的资源，都值得捕捉，教师需要做好捕捉前的鉴别和捕捉后的引导。

---

① 张庆：《何必如此看重"收口"》，载《小学语文教师》，2003(7)。

第十章 选用教学方法

在西方，原普遍重视教法（teaching methods），随着学习心理学的兴起，转为重视学法（learning methods）。后来，人们力图沟通这两种极端偏颇的看法，主张提教与学的方法（methods of teaching and learning）。到了 20 世纪中期，人们超越"教学是传授知识经验"的观念，确立"教学是引导过程"的立场，开始强调教学中教与学的统一，逐渐提倡和使用教学方法（methods of instruction）。这样的转变，不仅是理论层面的，而且是实践层面的。

我国一直以来重视教授方法。到 20 世纪，随着欧美进步教育思想在我国的传播，人们开始关注教学方法。20 世纪 20 年代，陶行知主张把"教授法"改为"教学法"，为此还在南京高等师范学校校务会议上辩论了两小时，终不能通过，他因此愤而辞去该校教育专修科主任职务。后来，苏州师范学校带头采用"教学法"一词，此词逐渐通行起来。

教学方法，是为实现教学目标，在教学过程中师生共同活动时所采用的一系列办法和措施。选用教学方法，是教学设计的一个重要环节。目前，在教学实践中运用的教学方法多不胜数。

一、常用的教学方法

根据不同的标准，可将教学方法分为不同的种类。目前我国课堂教学中常用的教学方法主要有：讲授法、问答法、演示法、练习法、讨论法、探究法、角色扮演法和合作学习法。

（一）讲授法

讲授法是教师运用口头语言向学生传授知识和技能等的教学方法。它是使用最为普遍的教学方法。教师在使用其他教学方法的时候离不开讲授法，从这个意义上说，它是教学中最为重要的一种方法。下面通过案例来分析讲授法在课堂的应用。

①"矛盾存在于一切事物之中"的原理较为抽象，一位老师就结合具体事物，运用生动活泼的语言进行描述。例如，"0"的本意是"无"。其实，"0"充满了矛盾，是"有"和"无"的矛盾统一体。在算术运算中，"0"并非是可有可无的数。十进位记数时，将"0"放在一个自然数之后，就使该数扩大了 10 倍。"0"变化无穷，犹如一个充满生命力的小精灵。在代数运算中，"0"是正数与负数的出发点和临界线，它既不是正数又不是

负数，而是唯一的中性数。在温度计上，"0℃"并不是没有温度，而是在标准状态下，水凝结成冰的关节点。"0"没有质量，没有体积，但它是事物质变的关节点。在时间运动中，零点不是没有时间，它是一个最神秘的时辰，是旧日与新日的交合。在社会生活中，"0"是最富有的。"0"是新的起点，一切从零开始，"0"是无中生有，"0"是我们最大的希望，"0"是有待开垦的处女地。教师具体的描述激活了学生的思维，使学生对教学内容有了具体形象的认识，体会到矛盾存在的普遍性，懂得要用矛盾的观点来观察和分析一切事物。学生听得津津有味，学到的知识也就印象深刻，经久不忘。[1]

②有位老师在讲授《周总理，你在哪里》这首诗时，将背景画面(总理的遗像、有关的照片)与背景音乐等巧妙地融合在一起，创设了悼念周总理的特定环境。老师用庄重而深情的语调讲述道："伟人长睡，哀乐低回，灵车队，百里众相随。泪淹纪念碑，哭声震长安，若能换回总理在，愿把肠哭断！难忘的1976年1月8日，敬爱的周总理与世长辞了。敬爱的周总理，他一生对党、对人民忠心耿耿，兢兢业业，鞠躬尽瘁，死而后已。他没有遗产，没有子女，没有坟墓，也没有留下骨灰……他把毕生的精力都献给了他的祖国和人民。敬爱的周总理，去了……人民的心啊，怎能装得下这巨大的痛苦，他们发出痛彻肺腑的呼喊，'周总理，我们的好总理，你在哪里呵，你在哪里？你可知道，我们想念你，——你的人民想念你！'全国人民用各种不同的方式来沉痛悼念敬爱的周总理，用以寄托自己的哀思。1977年1月，在周总理逝世一周年的日子里，诗人柯岩怀着诚挚而深切的感情，写下了这首优秀抒情诗《周总理，你在哪里》，表达了亿万人民的心声。下面我们就一起来学习这首诗。"学生在教师舒缓、哀婉的讲述中，静静地观察着总理的遗像及有关的照片，产生了强烈的心理共鸣。许多学生都感动得潸然泪下。[2]

讲授法的优点主要表现为：操作简单方便；可以在较短的时间内传递较多的知识，省时省力；可以使学生系统掌握所学知识；有利于教学活动有目的、有计划地进行。

其局限主要有：容易养成学生被动听讲的学习习惯，不利于培养学生的问题解决能力和创新思维能力；对教师个人的语言素养要求较高；较难考虑和照顾学生之间的个体差异。

为了提升讲授法的效果，在选用时可注意如下几点：(1)讲授内容少而精。善于抓住关键、重点、难点内容进行讲授，不要面面俱到，"胡子眉毛一把抓"。(2)讲授语言讲求准确、清晰、流畅、生动、优美。讲授时避免枯燥乏味，杜绝流利的废话，力求讲授能够打动人心的语言，并在适宜情况下具有一定的幽默感。(3)与其他教学方法配合使用。连续讲授的时间不要太长，一般每8～10分钟就需要间歇，其间可以通过设疑布障、边讲边问、相互讨论等方式，激发学生积极思考，消除学生听讲疲劳和注意力涣散等现象。(4)注意板书。好的板书设计是讲授法的重要辅助手段，它可以增强讲授的效果。除板书外，教师也可以用课件提示重要信息。板书或课件提示，要做到清晰、

---

① 黄桂平、徐建平：《回归讲授法真谛 焕发政治课活力》，载《教学与管理》，2008(6)。
② 李冲锋：《教学技能应用指导》，21～22页，上海，华东师范大学出版社，2007。

规范、美观，起到提纲挈领和画龙点睛等作用。(5)注意指导学生有效地听课和记笔记。

(二)问答法

问答法也称谈话法，是师生采用提问和回答的方式，使学生获得知识、形成体验等的教学方法。这是一种在中小学运用得非常普遍的教学方法。比如，在教学"生物"和"非生物"这两个概念时，一位教师就选用了问答法。

教师问：我们讨论一下什么是生物，什么是非生物。

学生甲答：河里的鱼、鹅是生物；堤岸上的石子、用水泥浇成的凳子不是生物。

教师问：这个说法对吗？为什么鱼、鹅是生物？为什么石子、凳子是非生物？

学生乙答：鱼、鹅是生物，因为它们会动；堤岸上的石子和凳子不是生物，因为它们不会动。

教师问：那么，你们昨天看到会动的拖拉机也是生物了？其实，拖拉机会动却不是生物，这是为什么？旧房顶老瓦上面的青苔不会动却也是生物，这又是为什么呢？

学生甲答：鱼、鹅会不断生长，青苔也会不断生长，所以它们是生物。石子和凳子不会生长，所以它们不是生物，而是非生物。

教师总结：对了，在自然界里凡具有生长、发育、繁殖等能力的物体是生物。凡不具有生长、发育、繁殖等能力的物体就是非生物。[①]

问答法的优点主要表现为：有助于教师了解学生的思维过程，便于培养和优化学生的思维能力；有助于教师了解学生的学习情况，便于教师对教学进行调控，做到因材施教；有助于锻炼学生的问题解决能力和语言表达能力；有助于促进师生之间的情感交流，建立积极互动、共同提高的师生关系。

其局限主要有：与讲授法相比，完成同样的教学任务，采用问答法需花费更多的时间；当学生人数较多时，教师很难照顾到每一个学生；教学中不确定性较强，需要教师具备较灵活的教学技巧。

选用问答法时，需要注意以下几点：(1)抓住重点、关键点设问，忌随意提问。教师要认真拟定谈话提纲，精选谈话题目，有的放矢，特别要善于发现"课眼"，据此来设计问题，以达到"牵一发而动全身"的效果。(2)设计的问题要层层递进，把学生的思维一步步引向新的台阶。(3)教师要注意培养学生的问题意识，逐渐将提问权交给学生。(4)问答之后，教师要做好总结，对不完整的回答给予补充，对零散的意见给予综合，对表面的认识给予深化。

(三)演示法

演示法是通过教师的示范、展示直观教具或实验等，促使学生掌握某种技能、操

---

① 秦豪：《论问题逻辑在教学中的作用》，载《课程·教材·教法》，1986(8)。

作程序或深化对某一问题的认识的教学方法。下面以案例的方式分析演示法在课堂的应用。

一位物理教师在教学"大气压强"时，先拿一个杯口朝下的空玻璃杯，杯口下放置一块厚纸片，用手挡住不让其落下，然后问学生："我的手放开后会出现什么现象？"同学们回答："纸片会落下。"教师又问道："如果杯里装满水用纸片盖上，然后倒置过来，放开手，纸片会落下来吗？如果再把杯子转90度变成平放后放手，纸片会落下来吗？"同学们回答："纸片也会落下。"结果通过教师的演示，只有第一种情况纸片会落下，后两种情况纸片都不会落下。同学们感到很惊奇，教师于是导入新课。①

物理、化学、美术、音乐、政治等各科教学，都可以根据实际情况灵活选用演示法。比如，在政治教学中，有些原理非常抽象，学生不易理解。如果死记硬背，学生较难消化，也不利于对知识的运用。对于这些问题，教师可以利用演示实验，变抽象为具体，引导学生观察现象，启发学生思考问题。学生的观察与思考是通向理解的桥梁。在理解"实践是检验真理的唯一标准"时，一位老师做了小实验"鸡蛋进小瓶"：拿出一个去壳的鸡蛋和一个小口瓶子，问学生有没有可能让这个鸡蛋完整地从这个小瓶口进入到瓶子里。很多学生表示不可能，也有一些学生觉得有可能。于是，老师请一名学生来试试，学生摆弄了一会儿，表示不太可能。这时，老师点燃一张纸，放进瓶子里，等火快熄灭的时候把鸡蛋放在瓶口上，鸡蛋完整地掉进了瓶子里。学生惊讶不已，同时也明确了要用实践的结果来检验认识是否正确。一个演示实验开启了学生思维的大门，教学难点也就迎刃而解了。②

演示法的优点主要表现为：增强教学的直观性，有助于学生获得感性认识，理解课本上的概念、原理和规律；为学生提供观察学习的机会，有助于培养学生的观察力；随着现代科学技术的发展，演示手段和方法的多样化，有助于激发学生的学习兴趣。

其局限主要有：演示需要较多时间准备相应资源，费时费力；现有教室布置较难满足演示要求，有时学生人数较多，不能靠近观察，一些学生不易看清演示过程；某些情况下，可能出现演示失败的情形，这会影响学生的学习状态和情绪；学生观看演示时，可能容易激动，教师较难控制课堂气氛。

为了提升演示法的效果，在选用时可注意如下几点：(1)做好演示准备。根据教学要求，选好演示的工具和材料。最好先课下尝试演示几遍，以有效避免课上演示失败的情况。(2)做好演示指导。教师应使学生知道要看什么、怎样看，需要考虑什么问题，进而使学生主动、积极、自觉地投入观察与思考。(3)讲求演示时机。过早把演示教具拿出来，会分散学生的注意力，削弱新鲜感，降低学生对演示的兴趣。(4)与讲授法和问答法等方法配合使用。

---

① 王升：《教学策略与教学艺术》，79页，北京，高等教育出版社，2007。
② 王小雪：《巧用实验打造魅力课堂——实验演示法在政治教学中的运用》，载《考试周刊》，2009(7)。

(四)练习法

练习法是学生在教师的指导下，通过作业的方式，掌握知识与技能、获得体验等的教学方法。在中小学，练习法的运用范围十分广泛，不同年级和不同科目的学习都离不开练习法。

例如，在初中统计教学中，老师可以设计这样的练习，如"对经过校门口马路的车辆的装饰品做一个调查，并完成调查报告"。

学生要完成这个练习，必须要对下列问题做出决策：

(1)各个单位的休息日不同，车流量在一周的七天里是有区别的。所以要选择一周的某几天调查。

(2)要选择一天的某一时间段做统计。

(3)计划重复多少次来减少统计的偏态。

(4)选择统计时站的位置。

(5)确定统计单向的车辆，还是统计双向的车辆。

(6)划分车辆的类型。

(7)确定编制统计表格的形式。[①]

练习法的优点主要表现为：有助于学生形成、巩固和提高各种技能技巧；有助于学生增进对知识的理解；有助于学生训练和发展顽强的意志和认真负责的品质。

其局限主要有：较为费时；如果全体学生的练习题目一样，则较难关注每个学生的具体学习需要；如果练习机械重复，则难以维持学生的学习动机。

为了提升练习法的效果，在选用时可注意如下几点：(1)控制练习数量，忌题海战术。如果学生做的练习缺乏针对性，量大质低，势必造成学生课业负担过重，甚至导致厌学情绪。所以，教师精心选择和设计练习题目，做到新知识及时练，易混知识对比练，相关知识结合练，主要知识加强练，就尤为重要。(2)注意练习层次，忌整齐划一。如果练习题不符合学生实际能力和需要，或太难、或太深，学生的兴趣和情绪就会受到影响。为了面向全体，大面积提高教学质量，在教学中可设计层次性练习，使之适合不同学习水平的学生。如练习分 A、B、C 三组。A 组题以模仿为主，题目与教材中的示范相似；B 组题以熟练掌握为主，题目稍复杂；C 组题以灵活运用为主，题目综合性较强，涉及的知识面较宽，解题方法具有一定的技巧。(3)提升练习乐趣，忌单调乏味。富有趣味性的练习题，具有一定吸引力，能使学生情绪高昂，乐于思考，从而感受到练习的乐趣。带着好的心情练习，思维更活跃，反应更灵敏。趣味性体现在题型多样、方式新颖、内容创新上。(4)做好练习反馈，忌只练不结。教师要及时掌握学生的练习情况，深入分析学生出现问题的原因，并以适当的方法予以指导。

---

① 谢明初等：《数学学困生的转化》，40～41 页，上海，华东师范大学出版社，2009。

(五)讨论法

讨论法是在教师的组织和引导下，学生围绕某些问题各抒己见，展开辩论，辨明是非真伪，以此提高认识或弄清问题等的教学方法。

例如，学生学习了牛顿定律之后，在结合运动学知识的复习课中，一位老师根据曾经发生过的真实事件设计了如下题目请同学们讨论。

据报道，某航空公司的一架客机，在正常航线上做水平飞行时，由于突然受到强大垂直气流作用，使飞机在 10 s 内下降高度 1700 m，造成众多乘客和机组人员的伤害事故。如果只研究飞机在竖直方向上的运动，且假设这一运动是匀变速直线运动，则：

(1)飞机在竖直方向产生的加速度多大？方向如何？

(2)乘客所系安全带必须提供相当于乘客体重几倍的拉力，才能使乘客不脱离座椅？(g 取 10 m/s^2)

(3)未系安全带的乘客，相对于机舱将向什么方向运动？最可能受到伤害的是人体的什么部位？

尽管多数学生对第(2)小题的分析发生了错误(正确答案是体重的 2.4 倍)，但他们对问题情境仍表现出极大的兴趣，因为这是一起真实事件，他们为自己能运用知识分析解决实际问题而感到高兴。[①]

讨论法的优点主要表现为：学生借助讨论掌握的知识较为牢固；在讨论中学生处于主动地位，能够很好地发挥主动性和积极性；发言内容可不受教材的限制(但要围绕讨论中心)，有利于发挥学生的独立思考和创造精神；讨论过程中学生可以听取不同的发言，相互取长补短，共同提高，形成灵活运用知识来分析问题、解决问题的能力；学生能逐渐掌握讨论技巧，形成相互合作的团队意识；讨论有利于提高学生的口头表达能力。

其局限主要有：讨论容易流于形式，有时会出现偏离主题的情况；对教师的教学技巧要求较高；花费的时间较长；学生人数较多时，较难保证讨论的效果。

为了提升讨论法的效果，在选用时可注意如下几点：(1)选好讨论的内容。不讨论简单易懂、无须讨论的内容，避免讨论的"泛滥成灾"；不讨论无从下手、高不可攀的内容，避免讨论"无功而返"。要把讨论放在学习的重点和难点处，放在学生思维的敏感区。(2)重视讨论的引导。教师不要急于当"裁判"，匆匆指出各种意见的正确或错误，而让学生畅所欲言，充分辩论。同时，教师要善于将偏题的讨论引回正题，善于将表面的讨论引向深入。(3)做好讨论的小结。教师要通过简要地概括各类不同的观点，明确指出应得的结论及其依据。对于讨论中出现的错误、片面和模糊的认识，教师要予以澄清，使学生能够获得正确的观点和系统的知识。对有争议的问题，教师在表明自己观点的同时，允许学生保留自己的观点。

---

① 陈娟：《浅论物理课堂教学设计》，载《物理通报》，2008(12)。

（六）探究法

探究法又称研究法，是指教师不把现成的结论告诉学生，而让学生在教师的指导下发现问题、探究问题、获得结论的教学方法。

比如，在教小学生学习圆周率 $\pi = c \div d$ 时，教师不直接告诉学生结论，而是引导学生自行测量若干圆形物体的直径与周长，进而发现不同圆的周长与直径之比是一个常数。最后，老师再提示学生，这个常数就是"π"。

探究法的优点主要表现为：有助于激发学生的学习兴趣，培养学生的问题解决能力和创造思维能力；有助于促进学生对相关知识的记忆；有助于学生在探究中受到科学方法和科学精神的教育，并发展自己的个性。

其局限主要有：运用这种方法花费的时间相对较多；对教师的课堂管理能力要求较高。

为了提升探究法的效果，在选用时可注意如下几点：（1）选好探究课题。课题要有一定的难度和研究价值，需要学生经过多次尝试才能解决。（2）提供必要的资源。探究并不是让学生凭空想象，而是借助于一定的资源进行思考探索。（3）进行一定的指导。学生在课堂上的探究不同于科学家的发现，学生的探究需要教师适时的启发、点拨和总结。

（七）角色扮演法

角色扮演法是学生在教师的指导下，通过扮演相应角色，加强对学习内容的理解等的教学方法。

比如，在"长江的开发"教学中，教师在展示一些长江开发利用中出现问题的文字图片资料后，请各小组成员分别自主选择"水利部长""船长""商人""游客"等角色，然后进行换位思考，思考怎样使长江更好地发挥"水能宝库"和"黄金水道"的作用，并选派代表进行表演。

角色扮演法的优点主要表现为：有效地激发学生学习的主动性，营造活跃的课堂氛围；为学生提供参与和体验的机会。

其局限主要有：角色扮演有时需要教师亲身示范，如果教师不具有一定的表演才能，示范会不恰当；学生如果表演失当，常容易被其他同学嘲笑与批评；角色扮演要求教师在各方面都做好充分准备，从而应对各种突发场景。

为了提升角色扮演法的效果，在选用时可注意如下几点：（1）平时注意培养学生进行角色扮演的能力，教给学生一些扮演技巧。（2）在角色扮演完毕后，教师一定要进行适当的评价和总结，使学生的知识、技能和体验得到升华。

（八）合作学习法

合作学习法是以学生之间、师生之间的互动合作为基本特征，以同伴互助为主要手段的教学方法。合作的常见形式，包括小组合作和1+1对子合作。

如《望月》一课，教师请学生自由地轻声读课文，用心体会自己最喜欢谁眼里的月亮，然后，按喜欢的对象分组，小组合作分享交流他们望月的感受，并试着把他们的感受读出来。最后，各小组派代表在全班进行汇报。

合作学习法的优点主要表现为：能够培养学生的合作意识；活跃并拓展学生的思维；锻炼学生的语言表达能力。

其局限主要有：组织实施有一定难度，容易陷入形式化的误区。诸如，合作小组成为"避风港"，有的同学并不参与，而是等着别人的现成答案；合作学习成为教师的"课间休息"，教师没有提供必要的指导；小组的"树"上结不出合作的"果"，合作只有表面的热闹，没有实质上的思维碰撞等。

为了提升合作学习法的效果，在选用时可注意如下几点：(1)注重养成教育。合作学习并不是学生坐在一起就实现了。真正要发挥合作学习的效能，需要教师坚持对学生的合作意识与技能进行培养。(2)注重合作指导。教师在学生合作学习的过程中，要善于观察、留心细节，适时进行引导、点拨、总结、反馈。

二、教学方法的革新

为了提升教学效果，我国关于教学方法革新的研究此起彼伏，并涌现出一大批创新型的教学方法。

概括来说，我国教学改革中出现的新方法主要有：卢仲衡初中数学自学辅导法、黎世法六课型单元教学法、李吉林情境教学法、上海育才中学"读读、议议、练练、讲讲"八字教学法、魏书生六步教学法、邱学华尝试教学法、马芯兰四性教学法、学导式教学法、知识结构单元教学法、三环节单元教学法、三点三路教学法、"五让"教学法、三疑教学法、整分合教学法、引导发现法、发展性教学法、引探教学法、探索性实验教学法、程序性实验教学法、四环节智能定型单元教学法、综合程序教学法、动态教学法、点拨教学法、三环节教学法、四分教学法、小学六因素单元教学法、钱梦龙教学法、阅读教学法、三算结合教学法、政治课四段式单元教学法、历史图示教学法、地理比较法、自然课情境激励法、音乐四种练习法、物理电化教学法、体育念动练习教学法、化学"七环节"教学法、化学"单元实验程序"教学法、化学"分段式"教学法等。

国外教学改革中出现的新方法主要有：发现法、暗示教学法、程序教学法、微格教学法、案例教学法、布鲁纳掌握学习法、纲要信号法、"探究—研讨"教学法等。[1]

教学方法的革新表明：中小学教学方法的改革与实验突破了传统的、单一的传授知识与技能的教学方法模式，发展了学生智力，培养了学生能力，增加了学生体验，

---

[1] 李定仁、徐继存：《教学论研究二十年(1979—1999)》，210～212页，北京，人民教育出版社，2001。

发挥了人的主体性，成为时下教学方法发展的主流。

拓展阅读

　　长期以来我国基础教育领域的学生主要采取接受方式进行学习，对此，课程改革十分关注教学方法改革，倡导教师和学生采用多样化的方式进行教与学。一时间，探究学习、合作学习等开始进入人们的视野，逐渐成为大家耳熟能详的教学方法。但一些学校和教师由于理解的偏差，出现了不少令人啼笑皆非的教学案例。

　　曾经有这样一件事情：某学校一位数学教师在讲"二项式定理"的内容时，认为如果再像过去一样采用讲授法来教学的话，就过时了。于是他把二项式定理的结论写在黑板上，在没有给学生提供任何辅助材料的情况下，让学生自主探究二项式定理的发现过程。结果，全班学生不知所措，过了半小时，这项内容的学习仍毫无进展。这位教师的新教学方法，也让前来观摩听课的其他教师大惑不解，大家一致认定这是一堂失败的"课改课"。这种做法，很快成了笑谈。

　　应该说，这位数学教师在改进教学方法上可谓用心良苦，但实际效果却令人啼笑皆非。这是为什么呢？究竟是新方法不好，还是他用得不好呢？如果说是用得不好的话，那怎样运用教学方法才合适呢？看了上面这个例子，也许你会产生诸如此类的疑惑。的确，这些问题都是值得认真思考的。

　　其实，世界上万事万物，都离不开一定的具体条件。关于教学方法的认识，也是这个道理。课程改革提倡的那些新方法，自然是有价值的，但是，把这些新方法推到极端，用它们来解决所有的教学问题，就难免出现各种尴尬局面。其实，教学方法本身无所谓新旧之分，更不是新的总比老的好，每种教学方法都有其价值、功能和适用范围，用得恰到好处，就会事半功倍，用非所需，则会捉襟见肘。这大概就是上面例子给我们的启发吧！[①]

三、选用教学方法的技巧

　　古今中外积累的教学方法十分丰富，各种方法都有其优点和局限性。这就要求教师综合考虑各种因素，适当地选择和运用教学方法，以收到优良的教学效果。

(一)考虑教学目标

　　教学方法的选用，首先要指向教学目标的有效达成。不同的教学目标和教学任务，需要不同的教学方法去实现。为使学生获得感性认识，常用演示法；为培养学生形成

---

　　① 王本陆：《课程与教学论》，214 页，北京，高等教育出版社，2004。

技能技巧，多用练习法；为培养学生的探究精神，多用探究法。

不过，任何一种方法的功能都具有多重性，关键看教师如何运用。比如，讲授法既以传授间接知识为主，又可以调动学生的内部心理行为，促进学生心智技能的形成和逻辑思维能力的发展，当讲授的语言和内容在学生的大脑里描绘出一幅美好画卷时，还能陶冶学生的个性。

（二）考虑教学内容

不同的教学内容，适合采用不同的教学方法。在选用教学方法时，要考虑方法与内容的适宜性。比如，某些容易出现意见分歧的内容，就适合选用讨论法。意见的分歧往往容易引起争论，在争论过程中，学生能活跃思维，逐渐领悟个中道理。而答案一目了然的内容，就不适合选用讨论法。又如，有些个人无法完成的复杂内容，操作性强、需要同伴的帮助才能完成，就不宜选用问答法，宜选用合作学习法。

（三）考虑学生特点

教学方法的应用一方面要适应学生的年龄特征和个性差异；另一方面要有利于促进学生掌握学习方法。

比如，低年级学生注意力易分散，理解力不高，方法宜多样化且具有新颖性；高年级可适当采用讨论法。如果学生缺乏对所学内容的感性认识，可采用演示法；已有相应的感性认识就不必再使用演示法。对独立思考能力差的依赖型学生，则要适当选用探究法，引导学生学会独立思考，避免直接告诉学生怎样想、怎样做，以便逐步提高他们的学习能力。

（四）考虑教师素养

任何教学方法都是"死"的。只有教师正确、准确和创造性地组织和运用教学方法，其才能成为"活"的教学方法。但是，并不是每一位教师都有能力用好任何一种教学方法。有的方法很好，但教师缺乏必要的素养条件，自己驾驭不了，就不能在教学实践中产生良好效果。教师的某些特长、某些不足和运用某种方法的实际可能性，都是选用教学方法必须考虑的因素。总之，要扬长避短。教师的口头语言能力强，可选择讲授法；口头语言能力弱，可选择演示法、讨论法等。

（五）考虑综合运用

无论是教学目标、教学内容，还是教师的素养、学生的身心发展特点，都是多样的，这决定了任何一个教学活动都应综合使用各种方法。这就要求教师在教学方法的设计选用中，应坚持综合化，形成具有内在有机联系的教学方法组合。许多成功的教学设计和实施，都是综合运用了讲授法、问答法、探究法、合作学习法等多种多样的教学方法。当下，教学方法多样化的趋势正在进一步扩展，一些新的教学方法正在随着教学改革的推进而涌现出来,原有的一些教学方法也正在被赋予新的含义和光彩。

教学有法,但无定法。万能的方法是没有的,只依赖于一两种方法进行教学无疑是有缺陷的。

(六)考虑尝试创新

魏书生在自己的教学生涯中有所感悟,他谈到,课堂教学是艺术园地,这一园地应该百花齐放,甚至千花万花齐放。作为一线的教师,要紧的不是忙着用这种教学方法去否定那种教学方法;也不是去证明许多种教学方法没有道理;更不是糊里糊涂地照搬一种教学方法到自己的课堂上,不加任何改变就用。而应当像蜜蜂一样,在教学的百花园中,到处采集于自己有用的花粉,回来以后,酿自己课堂教学之蜜。集各家教学方法之长,结合自己的素质、性格特点以及学校和学生的实际,探索有自己特色的教学方法。[①] 国内外的大量教学方法革新已经证实了这一点,并提供了一定的参考。的确,每一位教师都应当在恰当选择和运用已有教学方法的基础上,尝试创新出独特的教学方法,进而表现自己的教学艺术和形成自己的教学风格。

---

① 魏书生:《教学工作漫谈》,2页,桂林,漓江出版社,2008。

第十一章　组织教学过程

教学过程实质上是教师引导学生学习的教与学相统一活动的时间进程。它是一条主要线索，将教师开发的教学资源、选用的教学方法等串联起来，最终达成教学目标。如果没有教学过程的设计，教学的目标、资源和方法等，就无法起作用。

一、异彩纷呈的教学过程

由于历史传统、文化背景、哲学与心理学基础和实践状况存在各种差异，关于教学过程的主要环节，无论在理论上还是在实践中，均有不同的观点。孔子、荀子、赫尔巴特（Herbart J. F.）、杜威和凯洛夫（Каиров И. А.）等都曾论述过有关教学过程的原理。这些理论，是深化认识教学过程的重要基础，是设计组织教学过程的宝贵资源。此处主要介绍赫尔巴特和凯洛夫的观点。

赫尔巴特提出教学过程四阶段说。第一阶段，明了（或清晰）。当一个表象由自身的力量突出在感官前，兴趣活动对它产生注意；这时，学生处于静止的专心活动；教师通过运用直观教具和讲解的方法，进行明确的提示，使学生获得清晰的表象，以做好观念联合，即学习新知识的准备。第二阶段，联合（或联想）。由于新表象的产生并进入意识，激起原有观念的活动，因而产生新旧观念的联合，但又尚未出现最后的结果；这时，兴趣活动处于获得新观念前的期待阶段；教师的主要任务是与学生进行无拘束的谈话，运用分析的教学方法。第三阶段，系统。新旧观念最初形成的联系并不是十分有序的，因而需要对前一阶段由专心活动得到的结果进行审思；兴趣活动正处于要求阶段；这时，需要采用综合的教学方法，使新旧观念间的联合系统化，从而获得新的概念。第四阶段，方法。新旧观念间的联合形成后需要进一步巩固和强化，这就要求学生自己进行活动，通过练习巩固新习得的知识。[①]

后来，莱因（Rein W.）将其发展为五阶段，其顺序是准备（preparation）、呈现（presentation）、联想（association）、概括（generalization）和应用（application）。这就是教学过程的五阶段说，这些步骤为 19 世纪末 20 世纪初欧美的教师们所接受，成为一套固定的格式，西方世界绝大多数教学都是依此进行的。[②]

凯洛夫划分的综合课的环节是：第一，组织教学（2 分钟）。第二，检查家庭作

---

① 吴式颖：《外国教育史教程》，329～330 页，北京，人民教育出版社，1999。
② 李定仁：《教学思想发展史略》，94 页，兰州，甘肃教育出版社，2004。

业(3～8分钟)。第三,把本课新课业的题目和目的告诉学生(5～10分钟)。第四,阐述新教材(10～20分钟)。第五,巩固新教材(10分钟)。第六,布置家庭作业(5～8分钟)。[1] 凯洛夫的这一观点,在我国产生了较深远的影响。

二、教学过程的基本环节

随着理论研究和实践探索的深入,在综合已有认识的基础上,可以将教学过程划分为明确教学目标、激发学习动机、感知教学材料、理解教学材料、巩固知识经验、运用知识经验和测评教学效果七个基本环节。教学过程的每一环节,既相对独立,各自发挥着独特作用,又彼此关联,产生着相互作用。[2]

(一)明确教学目标

在分析教学背景的基础上,教师确定出一堂课的教学目标。除自己明确目标之外,教师还可以通过创设问题情境等途径,使学生感到有需要他们去掌握的新概念、新法则等,进而产生强烈的求知愿望和学习动机。如以下"最小公倍数"的教学案例。

师:请大家报数,并记住自己所报的数是多少。

(生报数1,2,3…)

师:请所报数是2的倍数的同学站起来,再请所报数是3的倍数的同学站起来(学生按要求起立后坐下)。你们发现了什么?

生:我发现有同学两次都站起来了。

师:报哪些数的同学两次都站起来了?

生:报6,12,18…的同学。

师:报6的同学,你能说说你为什么两次都要站起来吗?

生:我报的数6既是2的倍数,又是3的倍数,所以两次都要站起来。

师:说得好,6既是2的倍数,又是3的倍数,可以说6是2和3公有的倍数。报12的同学,你能说说吗?

生:我报的数12也是2和3公有的倍数,所以也要两次都站起来。

师:有道理。这样的数还有吗?

生:18,24,30…

师:像6,12,18等这些数都是2和3公有的倍数,可以简称为是2和3的公倍数(板书:公倍数)。想一想2和3的公倍数有哪些?

生:6,12,18,24,30…

师:请找出最大的是几,最小的是几。

---

① 李定仁:《教学思想发展史略》,95～96页,兰州,甘肃教育出版社,2004。

② 黄甫全:《现代课程与教学论学程(下册)》,666～669页,北京,人民教育出版社,2006。

生：找不出最大的，不可能有一个最大的，最小的是 6。

师：说得真好。2 和 3 的公倍数中 6 最小，我们称它是 2 和 3 的最小公倍数。（在上面板书前填写"最小"）2 和 3 的公倍数很多，而且不可能有一个最大的公倍数，所以研究两个数的公倍数的问题一般只研究最小公倍数。今天，我们就学习有关两个数的最小公倍数的知识。[①]

(二)激发学习动机

教学活动主要是学生的学习活动，而这种学习活动，总是在一定的思想、情感和愿望的影响下，在学习动机的支配下进行的。学习动机是引发和维持学生学习行为的重要力量。在教学过程中，特别需要注意激发学生的学习动机。这一环节也可以不与上一环节做鲜明区分，而是通过设计一个活动，既明确教学目标又激发学习动机，两全其美。

例如，在"等比数列的前 n 项和"的教学伊始，一位教师通过动漫演示了这样的情境：话说猪八戒西天取经后回到了高老庄，从高员外手里接下了高老庄集团。可好景不长，高老庄集团因资金周转不灵而陷入窘境，急需大量资金投入，于是八戒就找孙悟空帮忙。悟空一口答应："行！我每天投资 100 万元，连续一个月（30 天），但是有一个条件是：作为回报，从投资的第一天起你必须返还给我 1 元，第二天返还给我 2 元，第三天返还给我 4 元……即后一天返还为前一天的 2 倍。"八戒听了心里打起了小算盘："第一天：支出 1 元，收入 100 万元；第二天：支出 2 元，收入 100 万元；第三天：支出 4 元，收入 100 万元；……哇，发财了……"再看看悟空的表情，心里又嘀咕了："这猴子老欺负我，会不会又在耍我?"教师提问：假如你是高老庄集团企划部的高参，请你帮八戒分析一下，按照悟空的投资方式，30 天后，八戒能吸纳多少投资，又该返还给悟空多少钱?[②] 等学生思考一会儿后，教师顺势引出本节课的学习主题"等比数列的前 n 项和"。

拓展阅读

教员的巨大技巧在于集中学生的注意，并且保持他的注意；一旦办到了这一点，他就可以在学生力所能及的范围以内，尽速前进了；否则他的一切纷扰忙碌，结果就会很少，甚至没有结果。[③]

——洛克

① 施勤、柴林喜：《小学数学课堂教学的 55 个细节》，49~50 页，成都，四川教育出版社，2006。

② 何江：《数学课堂教学设计的有效性探究》，载《数学通报》，2008(9)。

③ ［英］洛克：《教育漫话》，166 页，傅任敢译，北京，人民教育出版社，1985。

(三)感知教学材料

在教学过程中,学生主要以学习书本知识来认识客观世界和发展身心。书本知识一般以抽象的理性知识为主,具体表现为概念、定理、公式和原理等。学生要理解和掌握它们,必须以一定的感性材料为支撑。否则,学生对所学知识难免感到抽象、疑惑,甚至一知半解、囫囵吞枣。感知教学材料,就是对教学材料进行初步的把握,将教学材料承载的抽象的知识与直观、生动的形象结合起来,形成关于客观事物的正确表象,从而有利于对抽象知识的理解。

学生获得感性知识的途径和形式,可以分为直接感知和间接感知两类。通过参观见习、实验实习等直接感知有关对象,学生可获得大量的感性认识和直接经验,为理解抽象的书本知识创造条件。通过直观教具的使用,生动形象的语言描述,引导学生回忆等间接感知办法,可帮助学生用所获得的感性知识来理解抽象知识。

例如,小学教学"万以内数的认识",老师可以给学生播放一个录像,上面有:世界最高峰珠穆朗玛峰的海拔高度是8848米;世界第一大洋——太平洋的平均深度大约是4028米;世界第一斜拉索桥——上海杨浦大桥全长8354米……学生通过观看这些壮丽的图景,形象地感知了图中的每一个数字,体验了数的运用,认识了自然界与数的关系,加强了数感。

(四)理解教学材料

在教学过程中,教师不能让学生的认识仅仅停留在感性层面,而要引导他们把所感知的材料同书本知识联系起来,进行思维加工,实现由感性认识上升到理性认识的飞跃。理解教学材料这一环节的重要任务,就是启发学生、引导学生开展积极的思维活动。

为此,教师工作的重心通常放在给学生提示思路、引导自主探索、教给思维方法、培养思维能力等方面。在学生的认识活动中,除了思维这一核心要素之外,还有观察、记忆和想象等要素的参与,所以,在教学过程中对学生观察力、记忆力、想象力等的培养也是不可忽视的。

以下案例的这位美术老师,就是在激发学生学习动机的前提下,在促使学生充分感知材料的基础上,触发学生的思考,进而使学生理解本节课的绘画要领,形成"画动物的关键不是五官,而是要抓住它们的外形特征"这样的理性认识。

下节美术课要画动物了,孩子们都很高兴,我让每个人回家后先试着自己画一画喜欢的动物并带来。

课堂上我问他们:"昨天的作业有困难吗?"

"有,画了半天总是画得不像。"孩子们直率地说。

"那是你们没掌握方法,干什么事,都要动脑筋、找窍门,画画也一样,让我们一起来研究一种既省事又快捷的画法吧!"

我让孩子们将画好的动物外形沿边线小心地剪下，收上来后，都反贴在黑板上（只留有外轮廓的白纸）。孩子们觉得好奇，老师到底要干什么呢？

"下面我们来猜猜黑板上有哪些小动物？"话音刚落，孩子们已瞪大眼睛，仔细观察起来，不一会儿就高高举起了小手。

"那是长颈鹿，脖子那么长，我一下子就能认出来。"周献坤果然答对了，兴奋的小脸像绽开的花朵。

"我看到了长耳朵的外形，所以我猜一定是小兔。"我将画正过来，伊歌也猜对啦！孩子们高兴地拍起手来。

"我觉得这像鼻子的轮廓，又长又弯很明显，可能是大象？"小强边指边分析，他敏锐的观察、正确的判断，赢得了同学们又一阵欢呼声……

转眼，乌龟、兔子、大象、长颈鹿、骆驼这些外形有特点的都"正"了过来，可是，黑板上还有一些反贴画就不那么容易看出来了，孩子们开始焦急起来。

刘睿也要试一试，他跑到黑板前，又认真地辨认了一遍，然后指着一张较有把握的画说："这像脑袋，圆圆的，上面还长着半圆形的耳朵，下面可能是肚子部分，鼓鼓的，是……是小熊。"

"你确定吗？"我像综艺节目的主持人一样再次询问，现场气氛紧张起来，刘睿点点头，我将画正过来一看，啊！原来是只大青蛙，圆圆的脑袋大肚皮，那半圆形的也根本不是什么耳朵，那是青蛙的两只大眼睛，还有青蛙的大嘴巴，美丽的花纹，可爱极了，可是从反面看是不会感受到的，大家都哈哈大笑起来。

我不失时机地问道："反贴画为什么有的能猜出是什么动物，有的却猜不出来呢？你们想一想，相互讨论一下吧！"

孩子们个个兴趣十足，激烈地议论起来……很快，他们便自悟出了答案：画动物的关键不是五官，而是要抓住它们的外形特征，更要突出、夸张，大的更大，长的更长，才能使动物的形象栩栩如生……不需要老师再归纳和提醒，他们一下子就理解了本节课的绘画要领，接着我引入了基本形。运用概括法，孩子们又快又好地画出了动物外形，抓住了动物的特征，比起原来画的要生动多啦！[1]

(五)巩固知识经验

巩固知识经验，是指学生把所学的知识经验牢固地保存在记忆中。学生以学习书本知识、接受间接经验为主，如果不及时地巩固强化，就会产生遗忘，不利于对后续知识经验的学习理解，也难以做到学以致用。

在教学过程中，教师不仅要向学生提出记忆要求，而且要教给学生有效的记忆方法。教师尤其要注意将巩固知识经验与死记硬背区分开来，帮助学生认识和掌握记忆的基本规律，分清机械记忆和理解记忆的特点和作用，着重培养学生理解记忆的能

---

① 孙双金：《孙双金与情智教育》，28～29页，北京，北京师范大学出版社，2006。

力，使他们掌握或形成适合自己的记忆方法。

可以说，学生感知教材、理解教材、运用知识等各个教学环节的掌握情况都深刻影响着学生知识经验的巩固，因而巩固知识经验要从各个方面入手进行。但为了使学生牢牢掌握基本的知识经验、防止遗忘，还需要做一些专门的巩固工作，这就是进行各种形式的复习。比如，一位政治老师编了好多顺口溜来加深学生的记忆。甲说："劈柴不照纹，累死劈柴人。"乙马上答道："按照规律向前奔。"甲说："人有多大胆，地有多大产。不怕做不到，就怕想不到。"乙立即对上："主观主义是祸根，唯心主义害死人。"甲说："对症下药量体裁衣，一把钥匙开一把锁。"乙对上："具体问题具体分析是马克思主义活的灵魂。"利用这种顺口溜进行复习，化抽象为形象，学生听得津津有味，理解得清清楚楚，记得牢牢实实。[①]

（六）运用知识经验

将所学知识经验运用于实践，是帮助学生加深对书本知识的理解、形成分析问题和解决问题能力的关键环节，尤其对培养学生的独立性和创造性有着重要的作用。在教学中，教师引导学生运用知识经验的形式有练习作业、实验实习等，还可以与社会实践、生产劳动等活动联系起来，相互配合、相互促进。其中，练习作业是常见的一种运用知识经验的形式，但一定要注意练习作业的内容、类型与方式，努力避免一味地简单重复和机械模仿，力求灵活多样和变革创新。

特别需要一提的是，多年来许多教师都视"运用知识经验"为"教师布置作业—学生完成作业"，教师往往没有"设计"作业的意识，自然投入到作业"设计"上的精力和智慧就微乎其微。于是，很多教师布置的作业，都是"机械重复多，实践应用少""现成内容多，创意研制少"以及"统一任务多，自主选择少"。这样缺乏趣味的作业，令学生望"业"生畏，苦不堪言。可以说，广大教师注意从作业"布置"转向作业"设计"，在作业内容与形式上进行改革和创新，进而逐步实现作业方式的多样化，让更多有趣味的、创造性的作业成为学习的主要形式，使学生从单一、枯燥的机械练习中解脱出来，已成为目前教学设计的一项重要任务。

例如，面对单调的传统作业题型，学生容易感到疲劳，产生消极应付的心情。为此，在实践中，教师可以变换一些题型，如设计诗体数学题，从形式到内容都能使学生耳目一新。诸如以下题目。

在学了"最小公倍数"后，可以设计这样的诗体数学题：

三个女儿来看娘，
三五七天各一趟，
今日都往娘家走，
何日一齐再看娘。

---

① 李琴：《教师如何让课堂更加生动有趣》，201～202页，长春，吉林大学出版社，2008。

这道题若用普通叙述法，需增加文字才能表达出来：一个老婆婆有 3 个女儿，大女儿 3 天来一次，二女儿 5 天来一次，三女儿 7 天来一次，她们某日恰好在娘家聚齐，请问姐妹三人再次聚齐，至少需要多少天？比较而言，数学诗只有 28 个字，一句"三五七天各一趟"省略了许多烦琐的叙述，叙述简洁明了，却更有韵律，而且能让学生眼前一亮。

还有，学习"百分数"时，可以让学生在优美诗文中，计算百分数问题。这样语、数结合，趣味融融。如题：

> 春水春池满，
>
> 春时春草生，
>
> 春人饮春酒，
>
> 春鸟弄春色。

(1)请朗读这首诗，看看哪个字出现得最多。

(2)"春"字出现的次数占全诗总字数的百分之几？

(3)课后找一首诗，其中某一个字出现的次数至少占 10%，然后有感情地朗读。

课后，学生既要找诗，又要读诗，还要计算，无论是找到了或找不到符合条件的诗，只要学生经历了找、读、算的过程，学生的感受应是丰富的，会有较大的收获。[1]

同时，教师可以考虑设计内容丰富、形式新颖、具有发散性的开放题。如一位教师曾经设计过如下一道数学作业题：[2]

手机通常的话费标准是：每月基本月租费 25 元，每分钟接听或打出的通话费都是 0.40 元。计算方式是：每月话费总额＝基本月租费＋通话费。

A. 4 月份，王阿姨手机接听 80 分钟，打出 120 分钟，这个月王阿姨要付出多少元的话费？写出你的计算过程。

B. 5 月份，王阿姨一共付出手机话费 93 元，这个月王阿姨通话多少分钟？请写出你的计算过程。

C. 现在电信公司推出几项优惠方式，让大家选用。

①按照通常的话费标准计算，总话费给予优惠 20%。

②基本月租费 36 元，打出每分钟 0.30 元，接听每分钟 0.06 元。

③免收基本月租费，打出或接听每分钟都是 0.45 元。

如果王阿姨的手机每月接听和打出电话各在 100 分钟左右，请你为王阿姨选择一项最省钱的优惠方式，并写出必要的计算过程。

这类开放性作业，形式与内容新颖，问题解决具有发散性，为学生提供了广阔的思维空间，学生可以运用所学的知识与方法，从自己对问题的理解和处理问题的方法着眼，得到自己认为满意的答案。另外，开放性作业起点低、层次多、答案不唯一，

---

① 林良富、叶杰军：《让学生喜欢数学作业的三服"药剂"》，见肖川：《名师作业设计经验（数学卷）》，3 页，北京，教育科学出版社，2007。

② 李兰瑛：《让学生上瘾的可持续发展作业》，见肖川：《名师作业设计经验（数学卷）》，95～96 页，北京，教育科学出版社，2007。

学生容易上手，能使所有的学生选择适合自己的切入点，进行思考，体验成功。

概括来说，作业设计可注意以下几点：

第一，作业不等于书后练习。教师应结合教学，设计贴近生活、富于思考和灵活多样的作业形式，使作业不再是单一枯燥的文本，而是富有色彩、充满情趣的多元复合体。

第二，作业的设计应分层次水平，为不同学习水平的学生布置不同的作业。

第三，不能忽视学生基础知识的掌握和基本技能的训练。作业题的选编，既不能因循守旧，抱着传统题型不放，也不能全盘抛弃，一味选择与学生生活实际相联系的题或是实践探究题，而应从辩证的视角去选编练习题。作业改革不是对传统作业的否定，而是对作业观念的更新。

第四，完成作业是教学活动的一环。这种活动是课堂教学的有机组成或补充延伸，因而，应强调做作业的"做"，体现一种活动的过程，这种活动可以一人独立完成，也可以通过互动的形式分组完成。[①]

(七)测评教学效果

测评教学效果是保证教学过程良性循环，争取理想教学效果的重要环节。在教学中，教师可以通过观察、提问、检查作业等方式，了解学生掌握知识、形成技能和学习态度等方面的状况，获得有关的反馈信息，进而及时改善教学过程，优化教学活动。

尤其需要指出的是，许多教师在检查学生作业时，仅仅是打钩、打叉，再给一个分数，概括来说就是"生硬批改多，人文评价少"。实质上，在测评教学效果时，"分数也应有人情味"。以下实例中的教师正是做到了这一点。

①陶行知先生当年任育才学校校长时，一次，一名学生数学考试时在一道题中少写了一个小数点，陶先生扣了她的分。试卷发下来后，她偷偷添上这一点，来找先生要分。陶先生虽然从墨迹上看出了问题，但并没有挑明，他满足了孩子补分的愿望。不过，他在那小数点上重重地画了一个红圈。女生领会了陶先生的意图，惭愧不已。

多少年过去了，那学生已经成人成才。她找到陶行知先生，说："那件事以后，我才真正下决心用功学习，下决心做个诚实的人。"

看来，陶先生"点到为止"不仅没有妨碍孩子改错，反而促进了孩子更好地做人。试想，假如陶先生当面指出真相，结果会怎样？不是这个学生被迫认错，就是她一时抹不过情面，死活不认。但无论哪种结局，学生的自尊心都将受到伤害，师生关系难以愈合，更谈不上对那个学生有什么教育作用了。

②一位小学校长对童年一次考试分数有着难忘的记忆：

由于中途转学，我的功课落下了不少。一次数学考试后发卷子，我提心吊胆地接过来一看，非常意外，老师没有打分，只写了两个字："哎呀!"顷刻间，我领会了老师的心

---

① 李兰瑛：《让学生上瘾的可持续发展作业》，见肖川：《名师作业设计经验（数学卷）》，96页，北京，教育科学出版社，2007。

意，老师不相信我会这样，老师在用这样一个善意玩笑似的方式等着我的努力。我决心把落下的功课补上。不久，在又一次考试中我得了满分。

许多年过去了，我又经历了无数次考试，见到过成百上千张试卷，但只有那份没有分数，写着"哎呀！"的试卷，成了我心中永远的珍藏。

这位教师不教而教的高明艺术令人佩服！一个"哎呀！"，千言万语尽在其中，它是一种遗憾和关爱——怎么啦？这点分！又是一种宽容和理解——没关系，还有下次！更是一种鼓励和信任——加把劲，你能行！它促人猛醒，催人奋进，给人信心，它对学生心灵的震撼，岂是一个简单的分数能够达到的教育效果？

魏书生老师有一次"借分"的经历。一次语文期中考试，班上有一个学生得了 57 分，他不敢拿试卷回家，于是来到老师的办公室，嗫嚅着说："魏老师，能不能少扣几分？"魏老师先是很惊奇地看着他，后来笑了起来，说："少扣不行，这样吧，就算老师借你 5 分。这下你敢回家了吧？"

这个学生捧着改过的试卷喜出望外。后来，他像换了个人似的，学习非常认真，期末考试时，得了 87 分。这时，他又去找魏老师，天真地说："魏老师，我还您 10 分。"

现在的孩子，聪明活泼，天真可爱，教师通过恰当的引导，会激发起他们学习的兴趣和信心。魏老师"借出"的这 5 分，不但立竿见影地调动了学生学习的积极性，而且对他的心理也会产生长久而深刻的影响，使学生在学习时更有目标。通过还分，还培养了学生诚信、进取的个性品质。

另外一位老师，则做着"分数中的减法"。教师布置学生写作文，班上一名学生只写了 200 来个字，而且字迹潦草，错别字连篇，但是文章的构思较为新颖。按惯例，这样的作文打个 60 分也就差不多了，但这对学生肯定不会有什么触动。于是，老师给他打了这样一个分数："95－20－15"，并在每一个分数下面分别做了解释：95 分——构思新颖，有创新精神；减 20——字数未达到规定数；减 15——书写太潦草，还有错别字。

同是一个 60 分，但两者不可同日而语。这个带着减号的 60 分，不仅明确肯定了学生的创新精神，而且较为具体地指出了作文中存在的问题，形象而生动，比单一的 60 分更具针对性、激励性。学生从这个分数中，不仅看到了老师对他的信任，而且看到了自己的希望和努力的方向。这是一个简单的 60 分能做到的吗？[①]

可以说，测评教学效果这个看似平常的教学环节，道是无情却有情，因为在它背后的是一个个鲜活的、充满着憧憬的生命。教师的测评，既可以使一个意气风发的学生变得心灰意冷，也可以使一颗颓废的心重新燃起希望之火。具有人性关怀的测评，既能帮助教师了解教学的反馈信息，又能激发学生的学习动机，触发学生健康、向上、积极的心态，进而促使学生不断进步。

教师还应注意引导学生进行同伴互评，特别是培养学生学会自我测评，促使学生自觉调控学习过程，强化学习动机，增强学习能力，从而保证教学取得更好的效果。另外，

---

① 李本华：《分数也有人情味》，载《天津教育》，2002(12)。

正所谓"一个教师写 30 年教案不一定能成为优秀教师，但坚持写 3 年教学反思很可能成为优秀教师"，测评教学效果还包括教师对整个教学活动的长处与不足进行系统反思。

拓展阅读

一位教师曾经系统地总结了自己在教学测评方面的一些经验，对我们组织教学过程有一定的参考价值。具体如下：①

新课改实施以来，关于作业的批改方式，人们做了很多有益的探索。比如，请家长和学生参与的主体多元化评价、内容多维度的评价、延缓评价、无差错评价和激励性评价，等等。这些评价方式的改革，无疑都极大地调动了广大学生的学习热情，但如果把作业提高到学生生命需要的高度来审视，仅有这些外在的刺激还略显不够。作业批改虽属于教师的分内工作，但我们也不能让学生感觉与他们自己毫不相干，应该引导学生有自主评价、自我管理的意识。具体来说，可以按以下"三部曲"来操作。

1. 自我评价——第一部曲

很多家长反映，孩子作业写完了，一天的功课就算结束了，让他再算一遍或检查检查简直比登天还难。现在的学生普遍缺少甚至根本没有检查的意识和习惯。针对这样的问题，每次写完作业后，我总是要求学生先做自我评价，并根据自己的认真程度和自我满意度给自己定星级，从一颗星到五颗星不等，用笔画在每次作业的后面。教师批改时根据学生的作业情况再给予相应的等级。凡是自我评价与教师评价大致相当的则给予肯定或表扬，如果差距太大，则要个别谈话，找出原因。这样做的好处有两个：一个是有意识地引导学生参与自我评价；二是让学生在评价的过程中不断地学会把握自我，认识自我。

2. 自我查找——第二部曲

即使学生在上交作业前做了充分的检查，也难免有错误出现。学生出现了错误怎么办？批改作业时我通常这样处理：打开学生的作业后，先整体审阅一遍；如果全对，批上对勾、等级和日期；如果发现错误，则仅批上日期。学生拿到后，如果看到自己的作业上仅有日期，就说明此次作业中有错，但哪里错了，教师并没有标明，需要自己去仔细对照、查找。

3. 自我反思——第三部曲

学生查也查了，找也找了，可就是没发现错误，况且个别学生还会有部分不会做的题目，怎么办？让所有学生的作业本上全是对勾，显然更不是解决的办法。所以，一学期下来，一些学生的作业本上可能是全对，一些学生的作业本上则可能遗留着错误的痕迹，这都是正常的现象。但不管是哪一种结果，每一个学期结束前，

---

① 刘松：《作业布置与批改三部曲》，见肖川：《名师作业设计经验（数学卷）》，88~89 页，北京，教育科学出版社，2007。

我都要求学生写一个"错题回忆录",以引导学生反思,并逐渐让反思成为学生的一种自觉行为。全对学生的回忆录重在总结成功经验并在全班推广,有错学生的回忆录则首先要对错题进行整理,然后再逐一分析错误原因并写出反思和感悟。

事实证明,长期坚持对学生如此要求,学生对作业的自主监督、自我管理意识会不断增强。总之,把作业变成学生的一种自觉需求和生活方式应该是新课程作业观追求的最高境界,它不仅仅需要作业设计的理念变革和作业批改的手段更新,还需要教师从发展习得的角度做出一些更理性的思考。

教学过程的七个基本环节,反映了教学过程的时间连续性,是各个学段、各门课程的教学一般都要经历的共同环节,被称为基本范式。由于教学情况的复杂多样,教学过程的基本环节也不可能一成不变,会因时因地因人因课因条件不同而衍生出无数变化范式。这就需要人们根据实际情况深入开展具体研究,以创用更多有效的教学过程结构变式。

三、教学设计方案的形成

在分析教学背景、确定教学目标、开发教学资源、选用教学方法以及组织教学过程的基础上,教师就可以按照规范的结构撰写出教学设计方案。

根据篇幅大小,教学设计方案可分为详细方案和简要方案。详案的篇幅比较大,一个方案常常数千字甚至上万字,对教学过程的每一个细节,均进行详细思考、研究和撰写。就教学经验不够丰富的新教师和年轻教师而言,最好撰写和使用详案。简案的篇幅比较小,一个方案常常只有几百字甚至几十字,一般只需规划出教学活动中的关键内容,不再将教学过程的所有细节描述出来。它一般为经验丰富的老教师所使用。

根据形式不同,教学设计方案可分为条目式方案和表格式方案。条目式方案,以顺序排列的条目为结构形式。其主要特点是,有大致固定的条目及其结构顺序,在每一个条目之下设计和安排相关内容,每一个条目的容量具有伸缩性,可因人因材因校制宜。表格式方案,以特制的有专门栏目的表格为结构形式。其主要特点是,有特定的栏目及其结构,在每一个栏目之中设计和安排相关内容。它具有鲜明的提示性,比较适合新教师使用。

具体而言,一份教学设计方案主要包括以下项目:课题名称、教学目标、重点难点、教学方法、教学用具、教学时间、教学过程和板书设计等。除以上常规项目之外,教师也可以根据需要,增添一些项目,如本节课的教学内容、教学理念、背景分析以及教学过程的设计意图等。同时,教学设计方案还可以根据具体使用情况,记录学校、班级、科目、课本、教师和日期等信息。

设计好方案并付诸实施之后,应当及时对其进行评价修改。评价应以实施检验为基础，总结成功所在，反思不足之处。在进行评价时，最好能够写成教学后记或教学反思，以便总结出经验与教训。在评价的基础上，可以有针对性地对已有方案进行修改，撰写修改稿，为下一次上课做好准备。所以，当下有人提出：一份完整的教学设计方案，在课后反思的基础上才能完成，方案的最后一个项目应该是教学后记或教学反思。

拓展阅读

素养导向的课堂变革应时而生，"大概念"是将素养落实到课堂教学中的锚点。"大概念"可以被界定为反映专家思维方式的概念、观念或论题，它通常具有生活价值。近年来，大概念视角下的单元整体教学设计逐渐兴起。区别于"宽而浅"的学习，大概念教学追求"少而精"。传统的单课相对简单，时间过短，以至于无法考虑大概念的深入发展，难以支持探究基本问题和实际应用。[①] 为了解决这一问题，学者们给出了大概念视角下的单元整体教学设计框架与步骤。[②]

国外较有代表性的是马歇尔（Marschall, C.）等人提出的12个教学设计步骤：（1）创建单元主题。吸引和激发学生对单元兴趣的同时，让学生明确学习方向。（2）确定概念棱镜。概念棱镜是比较宏观的概念，有助于聚焦学习内容，展开具体与抽象的协同思维。（3）编织单元网络。编织单元网络不再按照知识的逻辑，而是按照大概念的逻辑，考虑概念之间的关系形成单元链。（4）确定驱动概念。驱动概念是单元中的关键概念，常常是学科性质的，一个单元通常有4～7个驱动概念。（5）确定单元链。步骤3的概念网络已经包含了单元链，但通过明晰驱动概念，可以再次修正和确定单元链。（6）归纳概括。概括是指关于概念间关系的论述或观念。每个单元可以包括5～9个概括。（7）开发引导问题。引导问题促进学生对大概念，包括概念和概括的思考。（8）确认关键内容。关键内容是和大概念相关的本单元要学习的知识。（9）确认关键技能。关键技能是大概念引导下本单元要学习的技能。（10）确定最终的评估方式和相应的评估标准。设计能反映学生对大概念理解的表现性任务，给出具体的标准和量规。（11）设计学习经验。根据目标和评估设计学生各阶段的学习体验。（12）撰写单元概述。将单元目标与评估方式等以综述的方式呈现，引发学生兴趣，为学生学习指明方向。

国内较有代表性的观点有盛群力提出的单元设计"6+1"模型，即"明类型、划水平、定任务、写目标、编量规、优结构和配评估"。李刚和吕立杰提出的单元开发七步框架，包括"选择单元主题、筛选大概念群、确定关键概念、识别主要问题、编写单元目标、开发学习活动和设计评价工具"。刘徽构建的单元整体设计模型包含"目标设计、过程设计和评价设计"。

---

① 刘徽：《"大概念"视角下的单元整体教学构型——兼论素养导向的课堂变革》，载《教育研究》，2020(6)。
② 刘徽：《大概念教学：素养导向的单元整体设计》，119～121页，北京，教育科学出版社，2022。

第三篇

　　教学样式，是人们在一定教育教学理念指导下，系统地组合教学过程的诸多要素，整体地操作教学活动的相对稳定的形式。其突出特点，是超越了对教学活动中各个要素的孤立研究，进而以整体和动态的视角来观察教学活动。因此，教学样式有助于人们认识教学活动各个要素的普遍联系和动态转化，有助于人们在领会有关教学设计的理念与要素的同时落实教学设计。

　　特别是对于新教师，为了尽快适应并熟悉教学设计，需要有意识地关注和学习一些有代表性的教学样式，进而逐渐感受到教学设计虽然内蕴的理念复杂，涉及的要素众多，但它并不是虚幻渺茫的，而是有一定的范式可学的。这样，教师就可以根据一定的教学目标和内容等，灵活地选用教学样式来进行教学设计。

　　在历史上，众多的学者都曾研究过教学样式，无数教师也曾总结过教学样式，当下国内外已经形成和正在形成的教学样式更是令人眼花缭乱。本篇主要结合实际案例，介绍系统讲授、引导探究、合作讨论和指导自学四种教学样式。当然，任何教学样式都不是僵死的教条，而是既有相对稳定的一面，又有发展变化的一面，因此，需要人们对教学样式不断地展开创新探索。

第十二章　系统讲授的教学样式

　　"讲"在教学活动中必不可少。在课堂教学中，教师主要运用讲授法，向学生系统描绘情境，叙述事实，解释概念，论证原理和阐明规律等，即是系统讲授的教学样式。

一、概　述

　　在中小学课堂中运用的系统讲授教学样式，以教师的讲授和点拨为主线展开教学，学生通过聆听、思考、回答和讨论等多种类、多层次的活动参与其中。

　　在历史上，这一教学样式曾被广泛使用。然而，系统讲授的必要性不断遭到质疑。就此，有学者以心理学家奥苏伯尔和维果茨基的研究为基础，剖析了讲授法以学生复杂、积极的心理活动为基础，它是教学方法中比较高级的一种，与人类的高级心理机能相关，进而彰显了讲授法的合理和合法，并提出讲授法不是万能的，但没有讲授法是万万不能的，至少迄今为止是如此。[1] 另有学者以具体学科教学为例，阐明了讲授的必要。比如，从历史课的性质来讲，它是典型的知识性课程，因此，教师在课堂上讲授历史知识是完成历史课任务的主要方式。从历史知识的传递方式来说，由于历史知识所反映的内容是过去的人类活动，不可能通过实验加以重演，很多也不能进行直接观察，大多是以间接的方式进行传递的。人们获得历史知识的途径，主要是听（听他人讲述历史）、读（阅读有关历史的书刊）、看（考察历史的遗迹）等，而学生获得历史知识的途径，也不外如此。其中，听课又是获取历史知识最主要的渠道之一。如果历史教师放弃讲授历史，就可能阻断了学生对历史知识的系统学习。从历史教学中教师的作用来说，教师在教学中的主导作用尤其重要。历史课的思想性、导向性、科学性、教育性等，要在历史教师充分发挥作用的前提下才有保证。无论是知识传授、能力培养、学法指导，还是情感态度与价值观的教育，都与历史教师的指导有直接的关系，也都离不开历史教师的正面讲授。另外，在实际生活中，好几位颇有成就的历史学家，在回答当初为什么选择研究历史时，都说是在中学时代遇到了好的历史教师，他们的历史课讲得非常棒，所以被吸引到这个专业来了。因此，历史教师应该理直气壮地讲授历史，讲好历史课。课堂讲授是学校历史教学的主要方式，是历史教师的重要教学基本功，是上好历史课的根本保证。[2]

---

[1]　丛立新：《讲授法的合理与合法》，载《教育研究》，2008(7)。
[2]　叶小兵：《讲授的必要》，载《历史教学》，2006(4)。

正确理解系统讲授的地位与价值，仅仅是运用好这一教学样式的前提。在此基础上，教师还需要潜心研究讲授的艺术，不断提高讲授水平，灵活选择讲授的时机，才能真正将讲授的意义与功能释放出来，使学生如沐春风，享受春风化雨般的润泽和点化。就系统讲授的技巧，有教师总结为以下四条：①

第一，要拓展生发地讲。比如，鲁迅的小说《祝福》，对今天的中学生来说，其背景可谓深远和陌生，仅靠学生去收集一些背景资料，还是不足以使他们真正读懂封建礼教"吃人"的本质，也就不可能很好地读懂小说中鲁镇人的生活和祥林嫂的悲惨命运。为此，老师讲述了小说创作的历史背景、作者的创作主张。不限于此，老师还拓展开来，不仅满腔激情地讲述了几千年来女人被压迫的悲惨历史，更饱含真情地控诉了纲常礼教的罪恶。老师从甲骨文的"女"字讲起，讲到"奴婢"，讲到"宴乐"，讲到"妃嫔媵嫱"，讲到"三寸金莲"，讲到"烈女不嫁二夫"，讲到"女子无才便是德"，再讲到今天的"女弃婴"和"偷卖男孩"，等等。

就教材中背景较深、学生不大好理解的主题，教师需要在写作背景、作者生平等方面下些讲授的功夫。

第二，要趁热打铁地讲。比如，教学《落日》时，围绕原文第三段内容，老师设置了一个问题：有人说，这段文字是本通讯的败笔，是多余的笔墨。你同意这样的看法吗？为什么？学生不同意，原因有三点。一是这段文字交代了日本投降书签字的地点是"密苏里"号战舰，后面的事件都是从这里开始的；二是通过描写早上"密苏里"号战舰上的景象，渲染了签字前的喜庆气氛，烘托了胜利者的喜悦心情；三是通过这样的描写，字里行间也流露出了作者的喜悦之情。

学生陈述完这些理由后，老师没有马上领着他们进入下一个环节，而是趁热打铁地讲了几句："同学们，中国人民的抗日战争经历了14年之久，为此也付出了沉痛代价，早就盼望着这胜利的一天！朱启平，作为战胜国中国的一名记者，他的心情也一定是非常激动和喜悦的。那一天早上，他一定是神清气爽、激情澎湃的，打心眼儿里感到扬眉吐气！请看，作者笔下，那一排排陆战队士兵持枪肃立，多么威武，多么整洁；那一门门舰炮斜指天空，多么雄壮、多么气派；那一艘艘小艇往来疾驶，驰如奔马，多么迅疾多么自豪！这一行行描写的文字，个个都是跳跃着的，欢呼着的，飞洒着喜悦的泪水的，洋溢着胜利的自豪的！同学们，我们就是要深入这一行行文字中，去倾听作者那急促的呼吸、怦怦的心跳，去品味作者内心深处那喜悦泪水的涩和甜，就是要用全部情感乃至生命去体验一个中国人此时此刻的喜悦和幸福！"

老师的这段话深深地打动了在场的每一个学生，重重地拨响了他们心灵深处的那根民族尊严的琴弦，同时也对这个问题的回答画了一个完美的休止符！

第三，要启智拨慧地讲。比如，教学李清照的《声声慢》，老师先简单、通俗地介

① 董旭午：《归去来兮，教师讲授之精魂》，载《语文教学通讯》，2010(3A)。

绍了一下意象，然后让学生到词里去找意象。学生找到了"雁""黄花""细雨"等，但当老师让他们解释理由时，他们就犯难了，说不清道不明的。这时，老师引导学生走进文本的情境，走进词人李清照的内心世界，进一步搞清楚这首词是写给谁的，是要表达什么情感，词人李清照此时的情感世界是怎样的。在此基础上，老师让学生解释这几个意象，他们就不再那么抓耳挠腮了。那"雁"勾起了词人对丈夫赵明诚的思念，蕴含着词人深深的思念之情；那"黄花"象征着孤苦憔悴的词人自己，词人甚至比"黄花"还憔悴、可怜，蕴含着词人的孤苦之心；那"细雨"整夜地连绵不断，滴滴凉透了词人的凄苦之心，蕴含着词人无尽的相思和愁苦。

老师见火候已到，就及时讲了下面这段话：同学们，鸿雁象征着情爱，明月象征着团圆，细雨象征着愁苦，梅花象征着高洁，寒蝉象征着凄苦，等等，这是中华民族千百年来审美心理的积淀，已经成为中华民族的审美文化符号，只要是中国人就能够听得懂、读得懂。其实，意象并不神秘，都是人们借某种物象的特性赋予它们的，是人们把自己的情感或心志寄托到它们的身上了。文学作品中具有这些象征意义的具体物象就叫作意象，其根源还是某种具体事物具有与这个意象的含意相似的特性，从根本上讲还是生活赋予了作家们这些智慧！所谓意境，就是文学作品里由多维的意象联合构造成的情境。比如，词人李清照笔下的"鸿雁""晚来急刮的西风""三杯两盏淡酒""满地堆积的黄花""落叶的梧桐"以及"连绵的细雨"等，就共同创造了冷清、悲凉、孤寂、凄惨的意境，渲染了凄冷的气氛，烘托着词人悲寂的内心世界。现实生活中的我们，也会有词人这样的体验和感受，那就让我们都拥有一颗多情、敏感、艺术的心，做生活的有心人和审美者吧！

由此，学生就不再对意象、意境之类昏昏然了，并且还会恰到好处地运用在自己的作文中。在教学过程中，有不少概念或问题，学生都是不大容易理解和消化的，老师不妨引导学生回归文本生活和现实生活，启智拨慧地讲一讲，肯定比不讲要强得多。

第四，要深化升华地讲。再以《落日》的教学为例，在教学即将结束时，老师借用文章的结尾讲了这段结课语：同学们，作者在文章的结尾说，我们将来也要讲给子孙听，代代相传。可是，我们别忘了百万将士流血成仁，千万民众流血牺牲，胜利虽最后到来，代价却十分沉重。我们的国势犹弱，问题仍多，需要真正的民主团结，才能保持和发扬这个胜利成果。否则，我们将无面目对子孙后辈讲述这一段光荣历史了。旧耻已湔雪，中国应新生。

这样的结课语，无疑是高质量地收束了这节课的教学，深化了作品的主题，使之更具时代感和使命感，同时也升华了师生的情感，强化了民族自尊心和自豪感，可谓一举多得。

以下"古诗两首"和"繁盛一时的隋朝"的教学设计，均选用了系统讲授的教学样式，可供学习、借鉴和评析。

二、"古诗两首"教学设计

长期以来，不少教师把古诗教学看成一个难题，认为学习古诗就是在多读多背的基础上，理解清楚词句的含义。以下"古诗两首"的教学设计，体现了整体的大气和局部的精致巧妙结合，诗歌意义的理解与重点词句意蕴的开掘和谐统一。其具体设计如下：[①]

(一)教学内容

小学语文古诗两首：《题临安邸》《秋夜将晓出篱门迎凉有感》。

题临安邸

［宋］林　升

山外青山楼外楼，
西湖歌舞几时休？
暖风熏得游人醉，
直把杭州作汴州。

秋夜将晓出篱门迎凉有感

［宋］陆　游

三万里河东入海，
五千仞岳上摩天。
遗民泪尽胡尘里，
南望王师又一年。

(二)教学理念

(1)语文课程具有综合性的特点。遵循这一特点，语文课堂教学应该努力在整合上做文章。教学资源要整合，教学方式要整合，在整合中提高课堂教学效率、提升语文综合素养。

(2)语文课程具有审美性的特点。遵循这一特点，语文课堂教学应该努力在情感上下功夫。让学生在形象感知中融情，在切己体察中悟情，在展开想象中融情，在参读互训中升情。

(3)语文课程具有人文性的特点。遵循这一特点，语文课堂教学应该努力在价值上指明航向。古诗是民族精神文化的重要载体，古诗本身又是一种独特的民族文化，古诗教学应该引领学生融入这种文化，从中洗涤心灵、铺垫精神底子。

---

① 王自文、王崧舟：《〈古诗两首〉教学设计及点评》，载《小学教学参考（语文）》，2004(12)。

点评：理念是课堂教学的灵魂与精髓，理念贯通在课堂教学的全部结构和全部过程中。理念正，则课堂正；理念新，则课堂新；理念亮，则课堂亮。理念设计贵在精专，"整合"对应主要策略，"情感"对应主体内容，"价值"对应主导目的，大处泼墨、高屋建瓴，真有"推窗观天地，挥毫凌云烟"的气派。

(三)教学目标

(1)借助教材注释，结合课外资料，通过独立自主的学习，正确理解两首古诗的大概意思。

(2)咀嚼和体悟重点诗句的意味，在反复诵读与融情想象中，感受诗歌的情绪和意象，得到心灵的熏陶和滋养。

(3)在两首古诗的对比参读中，初步感受借景抒情的表达方式，明了诗与诗之间的内在意蕴，体悟诗人忧国忧民的情怀。

点评：三大目标，层层设置，步步晋阶。目标一，旨在疏通古诗之意思，此为表层解读；目标二，旨在体悟古诗之意味，此为中层解读；目标三，旨在挖掘古诗之意蕴，此为深层解读。由"意思"而"意味"而"意蕴"，方得古诗学习之"三味"。又值得一提的是，三大目标，个个融合三维之要诀。每一目标之表述，亦知能，亦方法，亦情感，总是水乳交融、浑然一体。

(四)重点难点

体悟两首古诗"忧国忧民"的意味和意蕴。

(五)教学方法

讲授法、问答法、情境创设法。

(六)教学用具

战马啾啾嘶鸣、嗒嗒践踏的音频，《清明上河图》课件，《满江红》MTV。

(七)教学时间

一课时。

(八)教学过程

1. 整体通读，把握诗境

(1)自由读两首古诗，要求读正确、读通顺。读后借助课文注释，试着说说两首古诗的大概意思。

(2)指名朗读古诗，一人读一首。听听是否读得既正确又通顺。

(3)全班齐读两首古诗，然后思考两首古诗有哪些相同的地方。读后交流：

①作者都是南宋的诗人。随机让学生说说对南宋的了解,教师适时补充南宋王朝贪图安逸、屈膝求和、不思收复失地的史实。

②都有景物描写。随机设疑:写景只为写景吗?对此我们需要认真体会。

③都写到了人。随机追问:此处的"游人"指哪些人?(南宋权贵)此处的"遗民"又指哪些人?(北宋遗民)"遗民"的"遗"在这里当什么讲?(遗留)

点评:知人论诗、整体观照,实为古诗学习之重要门径。本案设计,巧在开课伊始,即将两首古诗合盘托出,此为整合策略之小试牛刀。借助注释、初知大意是整合的基础,聚焦同质、求同存异则是整合的关键。此处整合,意在铺垫史实背景,把握情绪基调,营造解读期待。从整合入手解读古诗,实乃教学模式之一大突破也,妙!

2. 分步解读,品悟诗情

(1)学习《秋夜将晓出篱门迎凉有感》。

①过渡:一边是南宋的权贵,一边是北宋的遗民。当他们如此鲜明地摆在一起的时候,我们会有何种感受呢?我们该做何种感想呢?

②指名朗读《秋夜将晓出篱门迎凉有感》,读后说说题目的意思。

③指名说说诗的大意,疏通诗义后追问:

这里的"胡尘",写出的仅仅是金兵战马所扬起的尘土吗?

(听音效展开想象)在金兵战马啾啾的嘶鸣声中,在金兵战马嗒嗒的践踏声中,你能想象到怎样的场景?(学生想象后言说)

哀声遍野,生灵涂炭。老人在流泪,小孩在流泪,妇女在流泪,北宋的遗民在流泪啊!这滴滴流淌的是怎样的泪啊?(痛失亲人的泪、家破人亡的泪、流离失所的泪、充满仇恨的泪、苦苦期盼的泪……)

金兵横行,遗民泪尽,国破家亡,生灵涂炭,这是何等凄凉、何等悲惨的生活呀!当你面对这一切的时候,你的心情怎样?

请你怀着这样的心情读读这首诗吧!

国家破碎,山河依旧,不同的是,奔腾咆哮的黄河已经成了金兵的饮马之槽,巍峨高耸的华山已经成了金兵的牧马之地。黄河向大海悲泣,华山向苍天哭诉。引导学生反复诵读古诗,读出凄凉,读出悲愤。

④参读陆游的《示儿》,深化感悟。

"南望王师又一年",你可知道,这"又一年"是多少年吗?诗人陆游写这首诗的时候,中原已经沦陷整整 65 年了。同学们,65 年啊,780 个月啊!

1 年过去了——引读"遗民泪尽胡尘里,南望王师又一年。"

10 年过去了——引读"遗民泪尽胡尘里,南望王师又一年。"

65 年过去了——引读"遗民泪尽胡尘里,南望王师又一年。"

又一个十年过去了,遗民们苦苦盼望的南宋王师来了没有呢?补充陆游《示儿》,齐读。南宋王师盼到没有,你是从哪儿体会到的?(但悲不见九州同)此时此刻,你还体会到了什么?

古诗读到这里,你觉得"遗民"的"遗"仅仅是"遗留"的意思吗?(遗忘、遗弃)

是谁早早地遗忘了他们？是谁无情地遗弃了他们？

点评：该诗的解读，紧扣一个"泪"字。遗民之泪，如瑟瑟秋雨，裹挟着满腔的凄凉、悲惨和绝望，洒向了三万里河、五千仞岳，洒向了满目疮痍、遍地废墟的中原大地，冷冷地滴落在诗人的心头。一个"泪"字，上承金兵践踏百姓之残暴，下启遗民苦盼王师之悲凉，可谓牵一发而动全身是也。此例即为一典型，高！

(2)学习《题临安邸》。

①过渡：那些令人心凉的南宋王师干什么去了？（男生齐读《题临安邸》）

那些令人心凉的南宋权贵干什么去了？（女生齐读《题临安邸》）

那个令人心凉的南宋皇帝又干什么去了？（全班齐读《题临安邸》）

②讨论：王师、权贵、皇帝，他们干什么去了？你是从哪儿读出来的？在对话交流中相机做以下引导和点拨：

"暖风熏得游人醉"，这是一副怎样的醉态呀？读着这个"醉"字，你的眼前仿佛出现了怎样的画面？学生想象说话，教师相机点拨：这是烂醉如泥的"醉"，这是纸醉金迷的"醉"，这是醉生梦死的"醉"。那一杯杯琼浆玉液，灌入一个个酒囊饭袋之中，倾倒在一具具行尸走肉的体内。引导学生有感情地诵读古诗的后两句。

在这帮酒囊饭袋的眼中，杭州还是杭州吗？（课件播放《清明上河图》，教师解说：汴州又称汴梁、汴京，是北宋的都城。据史书记载，汴州当时的人口超过百万，是当时世界上最发达、最繁荣的城市。北宋画家张择端的这幅《清明上河图》，生动地再现了一个王朝的兴盛和一座都城的繁华。大家看——街道纵横，店铺林立，人来车往，川流不息。好一派繁荣昌盛、国泰民安的气象啊！但是，这一切的一切，从城门被金兵攻破的那一刻起，从两个皇帝沦为金人阶下囚的那一刻起，就不复存在了。山河破碎，城市萧条，金兵肆虐，遗民泪尽。锦绣河山就这样无情地断送在这批酒囊饭袋的手中。是啊，无论是昔日的汴州还是今天的杭州，那些权贵们还不都是朝朝寻欢、夜夜作乐吗？他们已经断送了一个繁华如织的汴州，难道就不会再断送一个锦绣如画的杭州吗？）

想到这些，我们怎能不焦急？我们和诗人一起问问他们——指名朗读"西湖歌舞几时休？"

想到这些，我们怎能不担忧？我们和诗人一起再问问他们——指名朗读"西湖歌舞几时休？"

想到这些，我们又怎能不愤慨？我们和诗人一起，指着他们的鼻子问问他们——指名朗读"西湖歌舞几时休？"

点评：解读该诗之难，难在一个"情"字。感悟诗人之情，要在一个"愤"字。这其中，有面对中原破碎萧条之悲愤，有面对权贵醉生梦死之激愤，有面对故土无人收拾之义愤。此情此愤，宜让学生感同身受、切己体察。然诗人彼时之情与学生当下之情，实为落差过大、间距过远。因此，缩小情感落差、拉近情感间距就成了该诗教学的全部枢纽。对此，本案共设三招：第一招，抓住"醉"字，融情想象，让学生身临其境；第二招，抓住"作"字，含情解说，让学生触目惊心；第三招，抓住"问"字，激情诵读，让学生感同身受。难点破，则解读成矣，神！

3. 整体参读，体察诗蕴

（1）当这两首诗同时摆在我们面前，当权贵寻欢和遗民泪尽两幅截然不同的画面同时出现在你的眼前，你有何感受？做何感想？（自由畅谈）

（2）交替互读两首古诗。

①北方的壮丽河山沦陷了，西湖边还是一派歌舞升平、纸醉金迷——学生齐读《题临安邸》。在"西湖歌舞几时休"的质问声中，在"直把杭州作汴州"的痛恨声中，你感受到了作者那一颗怎样的心？

②杭州的权贵们在歌与酒的沉醉中昏昏度日，中原的百姓们却在金兵的铁蹄下苦苦期盼、度日如年——学生齐读《秋夜将晓出篱门迎凉有感》。迎凉有感的背后，是诗人一颗怎样的心在跳动？

③这是两首各不相同的古诗，场景不同、人物不同、情绪不同，但现在，我们却再次发现了它们的相同之处——那颗忧国忧民的心是完全相同的。

（3）面对醉生梦死的南宋权贵，面对水深火热的北宋遗民，面对忧国忧民的爱国诗人，你想对谁说些什么？（自由选择，自由练笔。畅谈体会，随机点评）

（4）沉沦的是无道昏君，堕落的是无耻佞臣。（课件播放《满江红》MTV，随着悲壮的歌曲响起，老师动情言说）面对破碎的河山，面对苦盼的人民，抗金名将岳飞喊出了"精忠报国，还我河山"的豪言壮语。他的抗金事迹连同他的千古绝唱《满江红》，如同黑夜中一道犀利的闪电，划破长空、光照千秋。

点评：整合之精髓，在索解两首古诗内在精神之一致也。林升诗，以愤起首；陆游诗，以悲作结。表面视之，情感各异，但深层探之，则诗心昭昭，可谓"满纸忧愤言，一把辛酸泪"。此处整合，用对比参读的策略。对比之意，非为求异，实为探求内在精神之一致也。"忧国忧民"四个血字，当让学生铭记在心。纵观两首古诗的解读过程，总有"长夜难明赤县天"之感，让人喘不过气儿来。然史实终归是史实，本案教学压台于岳飞的《满江红》，课堂氛围顿时豪气冲天、壮怀激烈，此举用时虽短，用意颇深，大有"一唱雄鸡天下白"的痛快，爽！

（九）板书设计

```
    题临安邸        秋夜将晓出篱门迎凉有感
      醉                    泪
    权贵寻欢              遗民苦盼
       └        忧国忧民        ┘
```

（十）教学后记

（略）

王崧舟老师不仅对教学目标和教学过程设计等进行了具体点评，而且对本教学设计进行了总体点评。具体如下：

　　古诗教学历来是阅读教学的一大难点，其难有三：第一，由于古诗内容的时空跨度太大，加之学生的阅历背景又太浅，他们很难与诗人心同此情、意同此理；第二，由于古诗的话语风格离学生的现有语感相去甚远，多数古诗教学仅仅满足于诗义的疏通和诗句的积累，至于诗的文化底蕴则往往无暇顾及；第三，因上述两难，古诗教学的模式还相对比较陈旧和保守，尽管时下有新课程理念的引领，但古诗教学却是涛声依旧，难有突破。

　　"古诗两首"的教学，在新课程理念的自觉引领下，知难而上，勇于求索，实现了古诗教学的三大突破：

　　1. 主题凝聚、资源整合，实现古诗教学模式的突破

　　综观全案教程，一去传统的"逐首教学"（即一首一首的教学）和"逐环教学"（即从解题开始、正音跟上、疏通为主、背诵断后）模式，大胆采用"合—分—合"的教学思路，让人耳目为之一新、精神为之一振。自文老师以其深厚的文化底蕴和敏锐的审美嗅觉，洞悉了两首古诗的内在联系和同构本质。于是，以诗人"忧国忧民"之情怀为主题，将三维目标、三首古诗有机地整合为一体。首次整合，同中求异，奠定了两首古诗不同的情感基调；二度整合，异中求同，索解出两首古诗一致的精神实质。分步解读，则是在两次整合之间的跨度上，架起一道绚丽的彩虹。悟遗民之"泪"，解权贵之"醉"，为二度整合铺垫情感和意象的基础。

　　2. 比照参读、因果索解，实现古诗解读模式的突破

　　本案精读古诗两首、略读古诗一首。精读的两首古诗，从内容上比照，不难发现其中的因果关系，权贵寻欢实为遗民苦盼之因；反之，遗民苦盼必为权贵寻欢之果。用遗民之泪浇权贵之醉，何其让人心酸；以权贵之醉衬遗民之泪，何其让人悲愤。这种形象、情景、氛围的强烈反差，形成了一种震撼人心的情绪场。自文老师以其不凡的身手，引领学生切己体察、感同身受，师生在情绪场中共同受到了一次刻骨铭心的精神洗礼。陆游的两首古诗，则从时空的比照上，产生了另一种发人深省的艺术效果。一年又一年、苦盼再苦盼，一次次希望化为一次次失望，一次次失望又燃起一次次希望，然而一直到死，诗人盼来的依然是山河破碎、遗民泪尽。这种时间上的纵向对照和空间上的横向比较，大大拓展了古诗解读的文化背景，丰厚了古诗解读的文化底蕴。

　　3. 举象显情、借象悟情，实现古诗感悟模式的突破

　　感悟古诗，不在诗句的字面意思，而在诗句背后的情味和意蕴。如何引领学生读出诗句背后的那份情、那段爱、那颗心、那种味，自文老师独辟蹊径、别开生面地紧紧抓住"诗象"这一中介，成功实现了古诗感悟模式的突破。"胡尘"两字化为这样的画面：战马嘶鸣、铁蹄肆虐，白发苍苍的老人惨死在金兵的铁蹄下，青青的禾苗在金兵的马队飞驰中被连根踢起，秋风中瑟瑟的茅屋在狼烟中化为灰烬……试想，此景此境，怎不让人顿生悲切凄凉之情？情来自何方？靠咀嚼字面意思是很难生成的。"情"要靠"象"去显，当平面的诗句通过学生的想象生成一幅幅鲜活的画面、一段段感人的旋律、

一幕幕立体的场景时，学生才能投身其中，感诗人所感、想诗人所想、悲诗人所悲、恨诗人所恨，于是，诗句背后的情味和意蕴，就在"象"的召唤和引领下，喷涌而起、一泻千里。

三、"繁盛一时的隋朝"教学设计

袁腾飞老师的"繁盛一时的隋朝"，在 2002 年 8 月扬州举行的全国初中历史教学竞赛中获一等奖。本课的重点是大运河的开通及隋朝灭亡的原因，因此，教师在这两处设计的学生活动比较多，其他地方还是以教师讲解为主，兼用问答法和角色扮演法等，启发学生思考。其中，就大运河开通的教学，除了要让学生掌握大运河的基本情况之外，必须让其明白大运河在中国历史上所起的巨大作用并对大运河做出全面客观的评价。教师准备了活动式电子地图，有利于学生直观掌握。就隋朝灭亡的原因，教师补充相关史料，学生阅读、体会，感触那段历史，进而得出隋朝亡于暴政、急政的结论。另外，关于隋朝建立和统一南北的过程，因为不是教学重点，对学生而言又完全是新知识，所以教师讲述，简单交代即可。隋朝开创的科举制和三省六部制对后世影响深远，教师必须讲清这两项制度的开创性及对后世的深远影响。对于隋朝的经济成就，教材内容比较空泛，教师要补充讲解一些史料，使学生自己得出隋朝经济繁荣的结论。具体教学过程为：[①]

师：扬州是我心仪已久的历史文化名城。到这里之后，一放下行李，我就抓紧时间游览名胜古迹，而且还做了一些记录。其中有一首诗给我留下很深的印象，我给大家朗诵一下。（课件显示：入郭登桥出郭船，红楼日日柳年年。君王忍把平陈业，只换雷塘半亩田。）诗中提到的"雷塘"就在咱们扬州。我想请同学们告诉我，"君王"指的是谁，这是讲的哪一朝的史事呢？

生：隋朝，隋炀帝。

师：对，是隋炀帝。图中的荒冢就是整修前的隋炀帝陵。"荒垄穷泉骨，一代帝王陵。"为什么隋炀帝死后只有雷塘半亩田作为葬身之地？隋朝的治乱兴衰给后人留下了哪些经验与教训？这就是我们这节课要一起学习、探讨的问题。

（展示动态电子地图）公元 581 年，北周的外戚杨坚代周自立，建立了隋朝，定都长安，杨坚就是隋文帝。（展示图像）这时在江南还有偏安一隅的陈朝与隋南北对峙。但北方的民族融合和江南经济的开发已为统一创造了条件。公元 589 年，隋文帝派次子杨广率大军渡江，一举消灭陈朝。华夏神州重归一统，黎民百姓共享太平。隋完成统一，结束了自西晋末年以来近 300 年的分裂割据。那么，统一对国家的发展有什么作用呢？

---

① 袁腾飞：《历史课的体验和探究——〈繁盛一时的隋朝〉教学设计》，载《中小学教材教学》，2003(23)。

生：（回答略）

师：对，有利于社会的安定和南北经济的交流。隋朝结束了近300年的分裂局面，江山来之不易，守之更难。摆在隋文帝面前最迫切的一项任务，或者说他最关心的是什么呢？

生：（回答略）

师：隋文帝最关心的显然是怎么维护自己的统治，如何使隋王朝千秋万世，国祚绵长。隋文帝为此创立了一些重要的政治制度，其中一项就是三省六部制。（出示示意图）这项制度的推行，使秦汉时期的独相制发展到群相制，最终削弱了宰相的权力，巩固了中央集权，有利于在一个版图辽阔的国家巩固统一的局面，对后世影响深远，并为唐宋所沿用。六部制一直沿用到清末，今天的北京还有个地名叫六部口。

隋朝开创了一套新的中央与地方官制体系。这时，还有一个问题要解决：什么样的人可以当官，就是选拔官吏的标准和手段是什么。哪位同学可以告诉大家，魏晋南北朝时期选拔官吏的依据是什么？

生：看门第。

师：对。魏晋南北朝时期选官只看门第，不问才华，带有明显的弊端。而隋朝创立科举制，用分科考试的方法选拔官吏，到隋炀帝时增设进士科，科举制进一步完善。请同学们想一想，这种选择官吏的办法最受哪些人欢迎？有什么积极意义？

生：（回答略）

师：科举制最受门第不高的读书人欢迎，有利于更大范围内的中下层地主阶级知识分子参与政权，扩大了统治阶级的基础，也为国家选拔到真正的人才，所以一直沿用到清末，长达1300多年。

通过前面的学习，我们了解到隋统一南北有利于经济的发展。隋朝经济发展的程度到底如何呢？我们一起来看几段材料。（电脑显示隋朝人口、耕地增加的数目及粮仓的数目）大家对隋朝的社会经济发展有什么印象？

生：繁荣。

师：我们一起来看古人是怎么评价的。（电脑显示：古今称国计之富者莫如隋。——引自《文献通考》）这时隋文帝的年号是"开皇"，后世称他统治时的这种治世局面为"开皇之治"。

在南北统一、经济繁荣的基础上，为加强南北经济交流，巩固统治，隋朝开通了举世闻名的大运河。（电脑显示图片）同学们可以说是生在运河边，长在运河边，大运河在扬州这块美丽富饶的土地上流淌了1400多年。那么，关于大运河，你们都了解些什么呢？

生：（回答略）

师：（展示动态电子地图，介绍大运河的中心、起止点、分段、沟通的水系）大运河是世界最长的人工运河，为苏伊士运河的20倍，巴拿马运河的38倍。1400多年前，我们的祖先依靠智慧和双手创下如此皇皇伟业，这是中华民族永远的骄傲。

前两天参观时，听咱们扬州的导游对运河有这样一个评价："罪在当代，功在千秋。"这个评价是否恰当呢？（学生们没有反对意见）既然大家都同意，那么我请你们说一说，运河的开通，"功"在何处呢？

生讨论、回答。

师：（总结、评价学生的发言）中国的地形被形象地概括为"七山二水一分田"。平原狭小，山地、丘陵面积广大，河湖众多。从图上看，大江大河基本都是东西流向，造成南北交通不便。古人没有现代化的运输工具，跨越江河的能力不能与今天相比。所以，大运河的开通起到沟通南北，加强交流，巩固统一的积极作用。悠悠岁月中，大运河作为一条闪光的纽带，连接了黄河、长江两大文明摇篮。她千里波涛澎湃激荡，为推动祖国的发展做出了不懈不倦的贡献。我这次一路南下，发现毗邻运河的村镇屋宇整齐，街市繁荣，发展水平很高，我们扬州就是一个典型的例子。在 20 世纪，津浦铁路通车前，运河对中国南北经济、文化往来，起着不可替代的作用。另外，我看到一则材料讲，运河是中国历史上最早的南水北调工程。这使我想起，今年我国南水北调工程的东线已经正式启动。她的起点，或者说水源就在扬州。所以说运河功在千秋。

那么，罪在当代又是怎么回事呢？这就回到咱们的课题上来了 ——繁盛一时的隋朝。如此强大的一个王朝却极其短命，只有38年，如果从统一算起则只有29年。享国日短，二世而亡。这是为什么？（学生回答因为隋炀帝的暴政）隋炀帝是中国历史上有名的暴君，他的暴政表现在哪些方面呢？

生：（回答略）

师：我概括一下这位同学讲的，隋炀帝的暴政主要表现为：建东都、下江都、征高丽。下面让我们一起穿越时空，回到隋朝末年，去感受那段历史。（把学生分成三组，让其模拟修东都的民工、隋炀帝下江都时拉龙舟的纤夫和征高丽的士兵。发给学生材料，看完后，每组派一个代表，把所见所闻表述出来）

生阅读、讨论、表述。

师：刚才我们按照不同的身份，一起感受了那段历史。隋炀帝起于江都，死于江都。咱们扬州的同学对他可能十分了解。隋炀帝是公认的暴君，可他通音律、善诗赋、治军旅，绝非一般昏君可比。他搞工程建设，开运河、修驰道、建东都，甚至下江都，也都有积极意义。运河就是功在千秋。但是，我们刚才亲身体会了那段历史，隋炀帝在短短几年之内，连续进行大规模建设。人民急需休养生息，国力也需要恢复。他的所作所为急功近利，造成兵役、徭役沉重，社会生产遭到严重破坏。（显示材料）民不聊生，只能揭竿而起，隋炀帝本人也身死国灭，埋骨荒丘。由此，我们可以得出什么样的教训呢？

生讨论、发言。

师：隋炀帝的很多建设都是有意义的。但是即使是正确措施，如果时机不当，弄得人民活不下去，也只能发生悲剧。所以，治国必须要考虑社会的承受能力。文武之道，一张一弛，只有稳定，社会才能发展。后来的唐太宗吸取了隋亡教训，休养生息，轻徭薄赋，开创了"贞观之治"的治世局面。这是我们以后要学习的内容。

第十三章 引导探究的教学样式

在课堂教学中，除了使用系统讲授教学样式之外，就某些教学内容而言，如抽象的概念等，教师可以考虑选用引导探究的教学样式，即教师通过创设问题情境等方式引导学生进行探究式学习。

一、概　述

引导探究教学样式，一般包括提出问题、展开探究和总结概括等阶段。这种教学样式，正在当前的课堂教学中得到广泛的运用。但是，教师引导学生的探究，容易出现"过度简化问题情境"和"直接提供解决问题的关键信息"等误区。[①]

第一，过度简化问题情境。在理科教学中，简化问题情境有时是必要的，这可以使学生获得方向感，少走弯路，但要防止过度简化问题情境。

比如，为了让学生顺利发现欧姆定律，教师先向学生介绍电流、电压、电阻这三个概念，然后做两组演示实验：第一组实验展现电流表的读数随电压增大而增大的情况，第二组实验则展现电流表的读数随电阻增大而减小的情况，让学生在观察上述实验的基础上猜想电流、电阻、电压三者的关系。这种高度结构化的演示实验，将现象所涉及的概念以及概念之间的关系都清楚地显示出来，表面上看是在让学生探究定律，实质上无须学生试探性地从繁多的现象中抽取出统一的规律，进而建构科学概念，得出科学定律。这种高度结构化的问题情境在一定意义上违背了探究学习的本真追求。

而在文科教学中，过度简化的问题情境往往是一些高度纯化的生活图景，即经过精心选择、剪裁或过度解释的生活图景。它们是现实生活的某些碎片或影像，难以真正反映生活的本质——复杂而充满矛盾，难以引起学生对生活问题的辩证思考；它们之所以被呈现在课堂上作为学生探究的对象，从根本上说是教师为了传达某些观念和看法。

比如，教师呈现几个生活片段，向学生展示公共汽车上、餐厅里、游乐场中人们互不谦让而引发矛盾和混乱的景象，然后让学生探究其中蕴含的道理。显然，这一问

[①] 刘华：《不侵犯学生的创造空间——探究式学习指导的基本原则》，载《教育科学研究》，2010(4)。

题情境是为了传递"谦让是一种美德"和"谦让带来和谐的人际关系"等观念而精心剪裁的，它不能激发学生对生活中有关谦让的复杂现象及谦让的相对价值进行辩证思考，而只是让学生不加批判地接受教师或教材现成的观点和看法。

第二，直接提供解决问题的关键信息。解决问题的关键信息是主体在分析问题的基础上形成的创造性见解，它们的出现最终导致问题的成功解决。比如，对于归纳性问题，大胆而合理的假设、搜集资料的方向和方法就是关键信息；而对于解释性问题，解释依据、解释框架等就是关键信息。

在引导探究时，很多教师在学生遇到困难、思路受阻时，不是去帮助学生分析问题，引导学生想出关键信息，而是直接将关键信息告知学生。这样做尽管能使学生顺利地完成探究活动，却未能充分体现探究学习的意义和价值。在一定意义上，探究学习存在的最大问题是，教科书或教师包办了如何根据有限的线索确定证据搜集的方向，如何在不止一个可能合理的解释面前做出决策。阿基米德定律的教学就是一个典型的例子。一般的教学处理，从表面上看好像是从事实得出规律的，但关键问题是人们怎么会想到设法去收集那一部分由于物体的浸入被排挤出的液体，这才是最奥妙、最有魅力的内容，而对于学生来说，如果将这变成了"阳关大道"，发现阿基米德定律就等同于测量的操作了。

在一定意义上，学生的探究，分析问题、解决问题的过程远比问题解决的最终结果具有更大的主体发展价值。很多教师忽视了这一点，为了让学生说出自己想要的答案，百般诱导，根本不管分析问题、解决问题本身的逻辑。在下面的教学片段中，教师非常成功地诱导学生说出了预设的结果，而这恰恰是以剥夺学生自主探究、寻找关键信息的机会为代价的。

在一节初中地理课上，教师首先以多媒体展示印度尼西亚巴东镇的民居，然后提出问题"他们的屋顶为什么是尖斗状的"，在学生凝神思考面露疑惑时，教师提示"这个地方的年降雨量达到2000毫米"，学生恍然大悟，异口同声地说"为了排水"。

我们看到，教师虽然没有将答案告诉学生，却将解决问题的关键信息直接提供给学生。在这一语言环境中，教师的言语明白地提示学生，用该地区的年降雨量来解释其屋顶的造型。学生仅仅是接受教师的提示，调用了排水式屋顶的生活经验，而没有真正开动脑筋思考问题、寻求问题的解决途径，没有经历一个自己搜集资料、分析资料、做出猜想、检验猜想的探求知识的过程——调查一下屋顶的形状一般与什么有关系，打开书查查印度尼西亚的地理位置在哪里、气候条件是怎样的，猜测、分析尖斗状的屋顶可能与哪些因素有关，最后再去搜集各种事实材料来直接或间接地检验自己先前的猜测。

总之，呈现过度简化的问题情境，直接提供解决问题的关键信息，都失之于指导过度。这种学习过程背离了真实的问题探究过程——学生并没有亲历开动脑筋理解问题情境、界定和分析问题、尝试解决问题的过程，而只是在揣测、回应教师的意图。

因此，或许课堂上师生进行着热热闹闹的互动，学生顺顺当当地解决了问题，但这些并不表示学生的探究是真实的、有效的和成功的。

因此，选用引导探究的教学样式，需要教师充分考虑如何进行适度的引导，促进学生探究活动的有效展开。

下文中呈现的"物质是由微粒构成的"和"我国的基本经济制度"教学设计，是选用引导探究教学样式的实例，可供参考和分析。

二、"物质是由微粒构成的"教学设计

"物质是由微粒构成的"，力求让学生的科学观念形成成为一个在教师引导下的自主探究和建构过程，让学生经由问题情境生发化学探究的愿望和意识，通过自主活动领悟化学的基本思想，用化学知识的精髓滋养自身的科学素养。具体教学设计如下：[①]

(一)教学内容分析

一位物理学家说过：如果在某次大灾难中，所有的科学知识都将被毁灭，只有一句话能够传给下一代，那么怎样的说法能够以最少的词汇包含最多的信息呢？我相信那就是原子假说(或原子事实，或随便你叫它什么名字)，即万物都由原子构成，原子是一些小粒子，它们永不停息地四下运动，当它们分开一个小距离时彼此吸引，而被挤到一堆时则相互排斥。只要稍微想一想，你就会看到，在这句话里包含关于这个世界的极大量的信息。

对于这个"包含世界的极大量信息"的原子、分子的教学内容，几种课改教科书有的着墨较多，有的着墨较少。我们分析了各种教材确定该部分内容的教学价值取向和教学这部分内容的现状，认为需要将原子、分子由知识教学转变为观念教学。微粒观是化学科学素养中的重要观念，只有让学生切实建立物质构成的微粒观，才能为学生今后的学习和发展打下坚实的基础。教学实践也表明，不少学生感到化学难学，不得入门，就是因为没有建立宏观—微观相互联系的思维方式，即没有形成物质构成的微粒观念。

(二)学生情况分析

学生在生活中认识的世界是一个能用感官感知的世界，自然形成了一种宏观的思维方式。一个同学拿着集满氧气的集气瓶问老师："氧气里面有什么？"这个问题看起来

---

① 程同森等：《初中化学教学落实观念教学的探索——"物质是由微粒构成的"教学设计与实施》，载《化学教育》，2009(10)。

有些可笑，却反映了生活在宏观世界里的人的一种思维方式：我们看不见氧气，怎么知道这个物质里面有什么呢？前人把物质想象成（或大胆假设成）肉眼看不见的微粒构成，是一种创造。今天，人们最终看到了原子、分子，真正知道"肉眼看不见"的"微"究竟小到什么程度，才更加体会到前人关于"物质由微粒构成"的想法具有多么大的创意。正因为如此，让不具有化学思维方式的人（包括初学化学的学生）想象出一种物质是由不连续的、看不见的微粒构成的，是很困难的。同时，这种源于直觉、想象的创造力又是不能用讲授的方法去教的，在教学上我们能够有所作为的，就是创设问题情境，用问题"逼"学生去解释、去想，想通了、顿悟了、解释得让别人信服了，教学的目的就达到了。我们安排了较多的课时进行这部分内容的教学，本课时为第一课时，内容是"物质是由微粒构成的"。

（三）教学目标

1. 基本目标

（1）知道"物质是由微粒构成的，微粒很小，肉眼看不见"。

（2）能用上面的观念解释一些现象。

（3）为能形成这种认识并用于解释现象而高兴。

2. 开放性目标

（1）学会提问如"为什么酒精汽化了就看不见了"这类"简单"的问题。

（2）知道"直觉"和"想象"对创造具有重大作用。

（3）感受人类认识微观世界的智慧，产生探究微观世界的热情。

（四）重点难点

1. 教学重点的分析与确定

"建立物质构成的微粒观"为教学重点。观念是一种见识或见地，解决"怎样想、为什么这样想"的问题，是化学的一种基本思想方法和核心认识构架。较之具体的知识，观念是学生科学素养中更为本质的部分，观念形成是科学教育的基本任务。

学生是否建立了物质构成的微粒观念，不在于是否记住了相关的词句，关键要看学生是否把该词句所蕴含的观念变成自己的一种信念，一种看问题的思想和方法。检测观念是否形成，就要看用该观念对相关问题的解释是否合理，是否令人信服，是否经得住反驳，所以教学中让学生开展解释活动是很重要的。

2. 教学难点的分析与确定

学生用感官认识的物质都是连续不间断的，建立"物质不连续，由分离的微粒构成"的观点是难点。除了直觉、想象的方法，也要用科学的事实来帮助学生克服难点。

(五)教学流程图

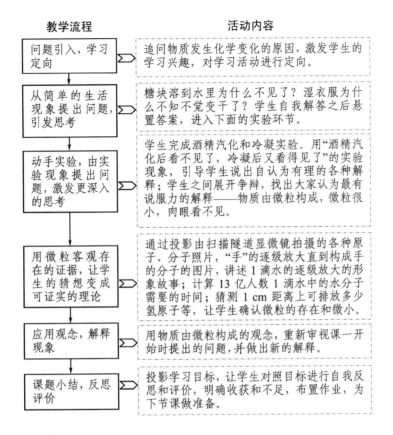

教学流程	活动内容
问题引入,学习定向	追问物质发生化学变化的原因,激发学生的学习兴趣,对学习活动进行定向。
从简单的生活现象提出问题,引发思考	糖块溶到水里为什么不见了?湿衣服为什么不知不觉变干了?学生自我解答之后悬置答案,进入下面的实验环节。
动手实验,由实验现象提出问题,激发更深入的思考	学生完成酒精汽化和冷凝实验。用"酒精汽化后看不见了,冷凝后又看得见了"的实验现象,引导学生说出自认为有理的各种解释;学生之间展开争辩,找出大家认为最有说服力的解释——物质由微粒构成,微粒很小,肉眼看不见。
用微粒客观存在的证据,让学生的猜想变成可证实的理论	通过投影由扫描隧道显微镜拍摄的各种原子、分子照片,"手"的逐级放大直到构成手的分子的图片,讲述1滴水的逐级放大的形象故事;计算13亿人数1滴水中的水分子需要的时间;猜测1 cm距离上可排放多少氢原子等,让学生确认微粒的存在和微小。
应用观念,解释现象	用物质由微粒构成的观念,重新审视课一开始时提出的问题,并做出新的解释。
课题小结,反思评价	投影学习目标,让学生对照目标进行自我反思和评价,明确收获和不足,布置作业,为下节课做准备。

(六)教学过程

1. 问题引入,学习定向(约 1 分钟)

师:同学们都非常喜欢做化学实验,做实验可以观察到新奇的现象,很多同学已经耐不住性子在问,物质发生变化的原因是什么。从今天开始,我们就踏上这一寻根问底之路。

2. 从生活现象提出问题进行思考(约 1 分钟)

(投影)

◇ 一小块冰糖如何均匀地分给全班同学?

◇ 糖块放入水中后,会逐渐变小,直到糖块完全消失。你怎样解释糖块消失这一现象?

◇ 湿衣服为什么会晾干?蒸发是怎么回事?

——牛顿或爱因斯坦这一类科学家成才的一个原因是:他们问很浅显、很天真的问题,结果,这些问题的答案却是惊天动地的。

师:请把你们的解释写在学案上,暂时放在那里,接着让我们做一个有趣的实验。

3. 实验提问，探究答案，建构微粒观(约 20 分钟)

学生观察密封在塑料袋中的乙醇(俗称酒精)，记下乙醇的物理性质：颜色、状态。

将密封有乙醇的塑料袋放入 85℃ 以上的热水里，观察现象，此变化属于(　　　　)变化(填化学或物理)。

将塑料袋从热水中拿开，在空气中停留一会儿，观察现象，你对这一实验现象感到新奇吗？你提出的问题是什么？

思考：怎样解释看得见的乙醇汽化后就看不见，液化后又看得见？

让学生提出自己的解释，老师进行追问。如学生回答："汽化了，变成气体了就看不见了。"老师追问："为什么气体就看不见？"……迫使学生人人动脑筋给出一个自己认可的解释。

学生归纳已有的几种解释，然后分组讨论这些解释。学生分小组进行汇报，全班自由争论，并记下自己认为最有说服力的解释。

老师期望并引导学生做出这样的解释：

如果我们把看得见的乙醇想象成是由很多很多小到肉眼看不见的微粒聚集而成的，当乙醇受热时，就会分散开来成为一个一个的微粒，我们称这种微粒为乙醇分子。微粒(分子)很小，是我们肉眼看不见的，所以我们就看不见了。当遇冷的时候，一个一个的乙醇微粒(分子)又聚集在一起，聚集得多了，我们就又看到液体状态的乙醇。

师：你赞同这种想象吗？你信服这样的解释吗？

师：微粒(分子)是一种想象的产物，是发明出来用于解释现象的一种"说法"，这种想象的"说法"被称为"假说"或"猜想"。

设计意图：假说的创立，不能是一个被告知的过程。学生自己的想象和同学之间的交流共享是必不可少的。有了上述过程，保证了学生表述的关于微粒观念的词句是自我建构的，会从内心里和感情上接受它们。如果没有这个过程，学生即便把分子、原子的知识记下来了，也很难相信它们。另外，这个过程也是人类建立微观认识的一种重演，学生较容易体验到原子学说的提出是人类智慧的创造。以上活动是本节课最核心的环节。

4. 观察，思考，确认(约 8 分钟)

师：同学们用"物质是由微粒构成的"这一猜测，对我们提出的问题做出了令大家都能接受的解释，这是令我们高兴的事情。我们的想法和两百多年前道尔顿等人的思想是一致的，最初他们把想象的这种微粒称之为原子，后来发现构成物质的微粒还有分子、离子。这些微粒作为人类思维的发明物，成功地解释了原来人们不能解释的现象。但对这一学说持怀疑态度的人，总是不依不饶地让拥护该学说的人拿出一个原子或分子来看看，才能让他们信服。原子、分子是不是一种真实存在？直到 20 世纪80 年代发明了扫描隧道显微镜后，人们才通过这个仪器真切地看到了原子、分子。

(投影)扫描隧道显微镜下的原子、分子照片。分子由原子构成。

(投影)人的手从 100 倍逐级放大到 1010 倍的系列照片。

师：水是大家最熟悉的物质之一。我们肉眼看一滴水，是光滑的、连续的。用放大 2000 倍的光学显微镜看，水滴会变成 10 立方米大小，大约有一个大房间这么大，我们仍旧看到相当光滑的水，当然也会看到水中存在的像草履虫那样的微生物。把它再放大 2000 倍，我们就会看到某种挤在一堆的东西，它们不再有光滑的外表了，看起来像是从很远的距离外看到的足球比赛时场上的一堆人。为了看清这种挤在一堆的东西究竟是什么，把它放大到 10 亿倍，我们就会看到这滴水是由一个一个的粒子构成的。

（投影）水放大 10 亿倍的示意图。

设计意图：通过以上教师的谈话和投影，让学生确立"物质是不连续的，是由分离的微粒构成"的认识。

师：再让我们看一下投影。

（投影）

猜测：1 cm 距离能排多少氢原子？（大约 1 亿个）

猜测：1 滴水里大约有 1.67×10^{21} 个水分子。如果 13 亿人都来数这 1 滴水里的水分子，1 秒钟数 1 个，24 小时不停地数，需要数多少年？（约 4073 年）

阅读：把 3 滴水中的全部水分子连成 1 根链子，能够从地球到太阳绕 2 个来回，还有剩余，因为这根链子长 6.68×10^8 km。

设计意图：通过以上猜测、阅读活动，让学生根据数据尽量想象物质微粒的小，确信微粒的"微"。

师：为了直观地认识原子、分子的模样，人们依据放大后的影像制作了模型。

（展示）水分子模型、氧分子模型、甲烷分子模型，指明其中的 C、H、O 原子。

（投影）二氧化碳、乙酸、乙醇等分子模型。

设计意图：通过以上观察，让学生直观、形象地感知分子、原子。只有被实验证实了的假说才称为理论。以上多个环节的教学，特别是扫描隧道显微镜下的图片，证实了学生的猜想，学生会为自己的智慧成果而骄傲，也从历史的、直观的、形象的角度认识了物质微粒的客观存在，巩固了由想象得出的物质构成的微粒观。

5. 应用观念，解释现象（约 6 分钟）

师：请同学们用"物质是由微粒构成的，微粒很小，肉眼看不见"这一观点，再来看你对"糖块放入水中后，为什么会逐渐变小，直到糖块完全消失"以及"湿衣服为什么会晾干？蒸发是怎么回事"的解释。

学生重新整理、书写新解释。师生互动矫正。

设计意图：应用微粒观解释自然现象，借此评价微粒观是否成立。

6. 反思评价（约 4 分钟）

(1)投影出教学目标，请学生对照目标，说说自己在本节课中的收获和体会。

(2)布置作业。

（投影）

爱因斯坦是能问极为简单问题的人。你问过这些问题吗？

为什么敞口容器中的水会逐渐减少？为什么温度越高减少得越快？

为什么没有看见花却能闻到花香？

香水、汽油为什么要密封保存？挥发是怎么回事？

物体为什么会有热胀冷缩现象？

想想以上问题的答案，为下节课做准备。

（七）教学反思

1. 本节课力求由知识教学转变为观念教学

以往的教学把"物质是由原子、分子构成的"结论直接告诉学生，然后学习分子、原子的性质。这样就把人们提出"原子、分子"这种假说的初衷，把原子、分子假说的形成过程忽略了，因此也就舍弃了这个理论中蕴含的极大的人类智慧，忽视了理论形成过程对培养学生创造力的重要价值。我们的课把丢弃的部分捡回来了，在让学生建构微粒观的过程中，不但形成了化学的最为基本的观念，同时培养了他们直觉和想象的创造力。

2. 开放性是本节课的基本特征

正因为观念的形成必须是自我建构的，所以，它需要教学具有更大的开放性。我们从生活、实验、科学史等诸多方面开发资源，提出开放性的问题，特别是采用直觉、想象、讨论、争辩等开放性的活动，把微粒观的形成落到了实处。在 40 分钟的时间里，学生能把"物质是由微粒构成的，微粒很小，肉眼看不见"这句话变成自己的信念，就是很了不起的发展。

3. 本节课在结构上有两点特色

一是以"问题"上课，仍以"问题"下课。二是学生对问题的最初答案被悬置，待到形成微粒观后再反观这些答案，既保持了教学活动的一种张力，又通过这种自我反馈让学生真切体验到自己的发展。

学习这样的内容需要师生极大的激情，这也是我们创建活力课堂的基本追求。但我们的激情还不够，开放性的活动也还有不充分的地方，师生互动也有不流畅的地方，这都是这节课的不足之处，尚需改进。

三、"我国的生产资料所有制"教学设计

"我国的生产资料所有制"教学设计，以议题为纽带，以活动任务为依托，从学生的实际生活出发，注重乡土资源的开发利用，创设生活化情境，把课堂学习和生活实践有机结合，强化价值引领。设计思路为"活动调研—分享成果""问题探究—建构知

识"。具体设计如下：①

（一）教学内容

统编版普通高中教科书《思想政治》必修 2 第一课"我国的生产资料所有制"。

（二）教学目标

（1）学生能列举实例，运用相关原理，说明坚持公有制经济主体地位、发挥国有经济主导作用的必要性和重要性；了解各种所有制经济成分的地位与作用；明确坚持毫不动摇巩固和发展公有制经济，鼓励、支持、引导非公有制经济；增强制度自信和爱国热情，弘扬社会主义核心价值观。

（2）通过开展学生课前实践探究活动，提高学生对数据和信息的分析解读能力及小组合作探究能力，培养学生"学习即生活、生活即学习"的思维观念。

（三）教学方法

1. 探究性学习法：自主探究，合作探究

让学生进行自主探究的目的是让学生做学习的主人，使学生愿学、爱学、乐学，并培养学生终身学习的能力。

让学生进行合作学习的目的是促使学生克服"以自我为中心，合作精神不足，实践能力弱"等缺点，培养学科核心素养。

2. 理论联系实际法：关注生活，学以致用

在议题式教学中，好的议题有助于实现教育的真实性、生活性、引领性和价值性四个维度的统一。源于生活又贴近学生实际的学习材料、情境、议题才能带领学生在学习王国与社会生活中自由穿行，理论联系实际才能帮助学生实现深度学习和迁移学习。选择并确定符合学生最近发展区的议题是开展高中政治议题式教学的逻辑起点。

（四）学情分析

这一课的内容，学生在初中阶段就已学习过，所以对这一课的知识并不感觉陌生。但高一学生还缺乏必要的经验积累和深层次分析问题的能力，所以在整个教学过程当中，教师必须设置一定的情境进行适当引导，通过自主探究与合作探究相结合的方式，调动学生的学习积极性和提高其判断、分析问题的能力。

（五）重点难点

公有制的主体地位和国有经济的主导作用；公有制的实现形式以及我国实行这

---

① 朱良：《高中政治议题式活动教学探析——以〈我国的基本经济制度〉教学设计为例》，载《中学教学参考》，2020(16)。

一基本经济制度的必然性。

(六)教学过程

1. 学生在直观数据辨析中科学理解抽象概念

课前准备：完成问卷咨询函，预习不同经济成分的内涵、地位和作用。

课堂要求：12位学生展示问卷咨询函（见附1、附2）；其他学生抢答单位性质及其体现的具体经济成分，并说明判断依据。

附1：咨询函

◇ 父母工作单位的全称。

◇ 父母所在单位的生产资料归_____所有。

◇ 父母认为单位发展的亮点有_____。

◇ 父母认为当地政府可以为单位发展_____。

附2：家庭工作调研数据部分实录

◇ 学生甲母亲的工作单位为宝宝艺术幼儿园；其生产资料归私人所有；打造了幼教精致品牌；望政府在教育政策上多给予倾斜。

◇ 学生乙母亲的工作单位为中石化仪征化纤有限公司热电部；其生产资料归国家所有；单位的水处理技术远高于国家标准，是真正的环保企业；望国家加大技术和人才培养，多点税收优惠。

◇ 学生丙父亲的工作单位为扬州亿丰汽车部件有限公司；其生产资料归民营家所有；单位产品都是自主研发设计的，有自动化生产线；望政府搭台，企业唱戏。

◇ 学生丁父亲的工作单位为仪征市青山镇通讯器材厂；其生产资料归村集体和私人老板共同所有；服务水平高，口碑好；望政府出台更好的政策扶持小微乡镇企业。

教师角色：点评答案，引导学生归纳所有名词概念，初步理解各种经济成分的作用，带领学生完成表13-1和表13-2的部分内容填写。

2. 学生录制、观看采访视频，发展实践与合作能力

课前准备：4位学生代表采访经济开发区基层负责人，录制视频并整理成文。

学生提问：

(1)请魏伯伯介绍仪征市当前的主要产业布局和经济结构。

(2)作为经济开发区负责人，您认为这样的产业布局和经济结构有哪些经济价值和社会意义？

(3)在仪征市的经济建设中，民营企业越来越多、越来越好，那公有制企业的发展前景呢？另外我们作为学生感觉不到国有企业与我们小地方的生活、生产关系密切，请魏伯伯解惑。

(4)作为政府代表，你们为当地经济建设提供的服务有哪些？还在做哪些改进和努力？

经济开发区基层负责人回答概要：

(1)我们仪征市主要的经济结构布局是"3+1"："3"是指以金陵船厂为代表的船舶业、种类齐全的化工园以及以上海大众为代表的汽车支柱产业；"1"是指借助枣林湾承办世园会平台打造的现代农业经济产业群。

(2)金陵船厂、上海大众以及部分化工项目都是知名的国企，枣林湾附近的农业经济带主要是农民股份合作企业，它们构成我们仪征的财税大动脉，也是我们地方就业大户。同时通过政府的努力，引进和整改了一批大型民营企业和外资经济，它们构成的产业群初具规模，包括腾讯云计算中心的入驻、远东石化的投资、西门子的壮大等。

(3)政府对待国企和民营企业是一视同仁的，秉持政府搭台、企业唱戏的原则，保障政策和环境公平给予，但是客观上来说，这两年国企发展吃力，因为其生产成本高、市场竞争残酷、政府支持力度减弱。而民营企业灵活，在减税优惠等政策的推动下，效益好，但污染重、社会责任心不强，且整体规模小。

(4)政府经济工作的努力方向：第一，把当地知名特产做大做优，比如，十二圩茶干、大仪老鹅、月塘雨花石、枣林湾的玫瑰葡萄等；第二，努力推动保障国企优化布局、提高资源配置效率，引导民营实体经济高效发展。

(5)公有制企业与我们的生活、生产息息相关：在生活中，气、水、电、通信业务均由国企提供服务和产品；在生产中，石油、高级机械装备以及我们正在全力打造的新G328国道都是国企产品，上海大众、仪征化纤等一批优质国企也保障了我们的经济发展和税收。公有制经济所发挥的作用不可替代。

教师角色：带领学生观看视频内容，了解家乡的经济建设。引导学生分组合作，归纳总结家乡各种所有制企业的发展、地位和作用，完成表13-1和表13-2部分内容的填写。

3. 学生围绕议题争辩明理，重塑理性认知

议题："我的就业去向"：公有制企业、非公有制企业谁更受欢迎？

附3：部分学生发言

◇ 陈同学：我的志向是进军阿里巴巴、华为等大型民营企业，虽然它们不是事业单位，但竞争就是动力，我可以快速成长，也能实现自我价值。

◇ 邵同学：我愿意到公办学校当老师，帮助像我这样有个性的同学，而且公办学校有制度保障。

◇ 郭同学：如果说做老师的话，我会选择去培训机构或民办学校，因为那里自由而且多劳多得。

◇ 聂同学：我喜欢模型设计，我国现在达到世界级水平的装备制造单位都是央企，我想进央企。

◇ 周同学：国企事业单位福利好，有保障，而民营企业国家扶持少，不稳定，所以父母他们建议我以后考事业编制。

教师角色：点评学生的就业志愿，综合评价公有制经济和非公有制经济目前的发展现状和利弊，引导学生得出我国基本经济制度实施的原因和完善的措施，并最终完成表 13-1、表 13-2 和表 13-3 的全部内容填写。

表 13-1　公有制经济与非公有制经济的含义与特征

	内容	含义	地位	作用
公有制经济	国有经济			
	集体经济			
	混合所有制经济的国有成分和集体成分			
非公有制经济	个体经济			
	私营经济			
	外资经济			

表 13-2　公有制经济与非公有制经济的对比分析

	公有制经济(社会主义经济)	非公有制经济
性质		
形式(内容)		
地位		
政策		
联系		

表 13-3　我国基本经济制度的实施原因与完善措施

坚持和完善我国的基本经济制度	
内容	
地位	
原因	
措施	

第十四章 合作讨论的教学样式

　　学生的课堂学习，主要有孤立、竞争和合作三种方式。在我国传统教学中，前两种出现的比例较高。学生主要是独自听讲和练习，并且相互赶超、力争上游。合作讨论的教学样式，鼓励合作学习，试图在一定程度上弥补以往学习方式的不足。这一教学样式，是在教师的指导下，整个班级分为若干小组，学生针对某个学习主题，在深入思考的基础上展开组内和组间讨论，促进学生之间的相互交流、共同发展。

一、概　述

　　合作讨论的教学样式，大致有明确合作目标、个人独立思考、小组内部交流、全班汇报分享和教师总结评价五个阶段。在明确合作目标阶段，教师可以通过创设问题情境等方式，激发学生的兴趣，激活学生的思维，诱发学生产生疑问并提出问题，生发合作的需要，明确合作的具体目标。在个人独立思考阶段，学生个体要充分开动脑筋，就某一问题、某一任务进行独立思考，这样才能保证小组交流的深入展开。在小组内部交流阶段，学生个体发表自己的看法，小组成员进行回应，并形成小组意见。在全班汇报分享阶段，小组代表在全班汇报所在小组的讨论情况，实现小组间的交流分享，全班同学进行回应。在教师总结评价阶段，教师简明扼要地小结学生的学习情况，清晰地梳理本节课的学习内容。这五个阶段是合作讨论教学样式的基本程序。由于年级的不同，学科内容的不同，其程序也不是固定不变的。教师可以从实际情况出发，创造性地、灵活地进行探索和运用。

　　那么，什么样的内容适宜于选用合作讨论教学样式呢？总的来说，如果教学任务蕴含了下列这些因素，就可以优先考虑采用合作学习：[①]

　　互动。教学任务强调师生之间、生生之间的交流沟通，彼此关爱理解，共同分享、鉴赏等。当然，这里的互动不是一般课堂教学中常见的讲解提问等"继时互动"，而是要求生生之间讨论、展示、争辩、操作等"同时互动"。

　　互助。教学任务包含了不同层次的要求，有可能产生一定的分化或理解、掌握上的障碍，会自然地形成求助与助人的需求。

　　协同。教学任务只有经过小组成员责任分工、角色轮换，发挥自己的优势与吸取别人的长处相结合，集思广益、取长补短、协作共事、齐心协力才能完成。

---

　　①　盛群力：《什么样的教学任务适宜合作学习》，载《人民教育》，2004(5)。

整合。教学任务体现了跨学科性、综合性和任务驱动性、项目性学习的特点，要求不同观点、不同材料、不同解题思路或方法的汇总综合，涉及去粗取精、由表及里、去伪存真、从特殊到一般的过程。

求新。教学任务突出了学习者个人的独特感受与体验，要求生成别出心裁、与众不同的理解，求新、求异、求变，有较高的知识迁移性质。

辨析。教学内容需要经过争辩、探讨、质疑，在独立思考的基础上交换意见，在相互磨合中坚持自己合理的想法，同时也吸收别人好的创意。

评判。教学任务涉及较多的价值判断和选择，有多种决策路径可供选择，需要权衡利弊得失。

表现。教学任务要求学生充分展示、表露或"外化"已经学到的东西，以群体业绩表现、以任务整合或项目调研的成果来衡量考评。

尤其值得注意的是，合作讨论教学样式的成功运用，需要在日常的教育教学中重视学生人际交往特别是合作技能的培养。深入有效的合作讨论并不是一朝一夕就能实现的。在一定意义上，合作讨论既是一种可供选用的教学样式，也是一种值得追求的教学目标。教师可以考虑将常用的人际交往技能，如请求发言、遵循指导、称赞他人、澄清观点、支持反馈、互相检查、表示疑义、提出建议、概括小结等编成儿歌、故事或以漫画、板报等形式，供学生进行日常学习和训练。杭州市胜利小学张晓敏老师曾自编了一首合作技能七字诀，读起来朗朗上口，学生很喜欢。具体为:[①]

合作技能"七字诀"(一)
(小学三、四年级适用)

听取发言要专心，注视对方动脑筋。
说明紧紧扣中心，有根有据说得清。
求助别人要有礼，得到帮助表谢意。
反思自己有勇气，肯定别人得诚心。
自控守纪勿喧哗，依次发言从多数。
帮助同学要热情，耐心周到把难除。
支持对方露微笑，点头鼓掌拇指翘。
说服别人把理表，态度诚恳不嘲笑。
建议大胆有设想，人人献策大步闯。
协调组员共商量，指正让步齐向上。

---

① 余慧娟、赖配根：《开展合作学习的有效策略》，载《人民教育》，2002(10)。

合作技能"七字诀"(二)

（小学五、六年级适用）

听取发言不插嘴，分析比较求领会。

说明理由要充分，启发大家同思考。

求助别人要心诚，注视对方稍欠身。

反思敢于承认错，肯定别人学着做。

自控发言尽量轻，服从集体留个性。

帮助同学要主动，诲人不倦情意浓。

支持对方心坦荡，高明见解倍赞赏。

说服旁人先肯定，语气婉转少批评。

建议之前多思考，分工合作效果好。

协调彼此求默契，交往合作争第一。

以下将介绍两则实例——"安恩和奶牛"以及"Where is Haibao"的教学设计。这两例都选用了合作讨论的教学样式，然而，具体的安排各有不同。

二、"安恩和奶牛"教学设计

在"安恩和奶牛"的教学设计中，教师针对学生的年龄特点及认知水平，通过创设情境，提出学生感兴趣的问题，带动学生展开合作讨论，进而把文章读懂读透，把握人物形象，同时引发学生的深层思考，使学生一步步触摸作品的灵魂，感受文学的魅力，从而激发其亲近文学之情。具体设计为：[①]

(一)教学设想

短篇小说《安恩和奶牛》是丹麦作家约翰尼斯·延森的名作，小说淳朴的人物形象和奇妙的构思感动着一代又一代读者的心灵。教师一个非常重要的任务就是在教学中调动学生对文学的认识，体会文学作品中的人物形象、人物心境以及渗透在文中的美好情感，使学生充分感受文学作品的美，感受文学作品的魅力，从而积极主动地去"亲近文学"。

(二)教学目标

(1)能用简洁的语言概括故事内容，能初步体会小说情节设计的巧妙。

(2)分析小说人物形象，初步了解小说塑造人物形象的方法。

(3)揣摩作品主旨，感受文学魅力。

---

① 邵利娜：《〈安恩和奶牛〉教学设计》，载《中学语文教学》，2009(8)。

(三)教学重点

(1)理解安恩对奶牛的深厚情感及勤劳淳朴、善良慈爱的性格特点。

(2)把握生动传神的人物形象描写。

(四)教学难点

理解安恩对奶牛的特殊情感及其生活态度。

(五)教学时间

一课时。

(六)教学过程

1. 导入

有这样一位小说家,他从事创作半个世纪,其长篇系列小说《漫长的旅途》(1908—1922)六部曲更是从远古冰河时代的北欧写到哥伦布发现美洲大陆,具有史诗般的宏大气魄和优美奇特的风格。1944 年他获得了诺贝尔文学奖,他就是丹麦小说家约翰尼斯·延森。他有一篇短篇小说,不但经常在广播中被朗诵,还被选入丹麦语文教材,给无数心灵以感动、教育和启迪,它就是我们今天要学习的《安恩和奶牛》。

2. 检查字词预习情况

(1)读准生字词字音。

羞怯　干瘪　腼腆　褶　撂　木屐　锃亮　嶙峋　嘈杂　蹭　反刍　翕动　纯粹　瑕疵　粗粝　踌躇　窘迫

(2)结合注释理解词义。

锃亮　瘦骨嶙峋　熙来攘往　嘈杂　翕动　瑕疵　粗粝　踌躇

3. 朗读课文,整体感知

教师可范读一段,然后请学生朗读。

明确朗读要求:声音洪亮,读音正确,吐字清晰,语速适当。

4. 创设情境,梳理故事情节,认识人物形象

此学习环节分成三步。首先由教师创设学习情境,给出五个问题;然后学生分成若干小组,依据问题难度分配学习任务,难度大的问题(如第 5 题)可多一些小组参与,分工也可再具体些,小组成员明确任务后,分组学习并讨论本组问题,记录员认真做记录;随后小组汇报人向全班汇报本组问题学习的讨论成果,并接受他人的质疑和补充;最后教师做小结。

情境创设:同学们,我记得阅读材料《致文学》中有这么两句话:"你把时间凝聚在薄薄的书页之中,让读者无拘无束地漫游岁月的长河,尽情地观赏两岸变化无穷的风

光。"那么，这一堂课，让我们穿越时空，走进百年前的丹麦小镇希默兰，一起去探访一个让人无比回想的温馨故事。

安恩的故事很快就由集市传遍了小镇，"我"当时是丹麦《都市报》记者尼尔，正在此地采风。听到这个故事后，想写一篇民情专访文章，于是去采访五个经历了集市奶牛风波的当事人。他们是牛贩比尔，第一位买牛人瑞恩，最后一位买牛人汉斯，小镇居民希瑞，集市巡查员克里斯。"我"分别向他们询问了五个问题。现在你们就是他们的化身，请就采访的问题进行回答。

(1)问牛贩比尔：作为奶牛事件的旁观者，您目睹了事情的全过程，请您概括地介绍一下它的全部经过。

参考思路：关注时间、地点、人物、起因、经过、结果，从这几个角度概括介绍。

(2)问第一位买牛人瑞恩：您是一个买牛行家，请谈谈您中意的那头奶牛的特点。

参考思路：关注奶牛的毛色、体格、品种、年纪、乳房等。

(3)问最后的买牛人汉斯：您特别希望能买到那头出色的奶牛，以至于出到奇高的价格。在遭到一再地拒绝后，您和安恩有一段关于奶牛的对话，请谈谈您当时问话的想法和心情。

参考思路：关注买牛人的问话情境。

"那么，它是已经卖出了不成？"

——揣测：牛或许已经卖出，所以不再理睬别人。

"是吗？那么干吗老站在这里？难道是让这头奶牛出出风头吗？"

——质问：既然不卖，为什么要来这里？

"是你自己的奶牛吗？"

——怀疑：你不是奶牛的主人(看看她的衣着)，所以不能卖。

"难道你站在这里就为了拿大伙儿开心吗？"

——气恼：既然是你的，却又不肯卖，耍我们吗？不可思议！

(4)问小镇居民希瑞：在真相大白之前，您觉得安恩有欺骗大家的嫌疑吗？

参考思路：关注小说的情节设计。

安恩去集市原本就没有卖牛的打算，和买牛人一再发生冲突是她根本没想到的，所以从头到尾她都没有存心欺骗众人。她一开始就和奶牛悄悄地站在一边，不想干扰别人做生意；面对嘈杂喧闹的集市、熙来攘往的人群，她不过是一个悠闲的旁观者；对所有的买主，她拒绝的态度都很鲜明；最后真相大白，虽在意料之外，却也在情理之中。

(5)问集市巡查员克里斯：事情发生在您管理的集市上，在您眼中，安恩是一个怎样的老人？

参考思路：勾画出描写人物外貌、神态、语言、动作的语句，注意细节，进行分析批注，看看故事表现了安恩怎样的内心世界、怎样的性格特点。

衣着、外貌：

样式老掉牙却很干净的旧衣服，散发着土味儿的手染蓝裙，棕褐色的绒线方披肩，褪得泛白、七皱八褶、有了年头的头巾，后跟磨平了的木屐，瘦骨嶙峋的双手，灰白的白发。

脚上的木屐连后跟都磨平了，但是皮面上却抹了油擦得锃亮。

——安恩年纪老迈，饱经沧桑，生活不富裕而十分俭朴。但她在意生活细节，是一位勤劳而有做人尊严的老人。

动作、神态：

她牵着那头孤独的奶牛悄悄地站在一边。

——联系后文，就可以明白她"悄悄地站在一边"不是出于"太腼腆羞怯"，更不是"故意要吸引更多人的注意"，只是不想打扰别人罢了。这一举动也显示出她的善良。

她那瘦骨嶙峋的双手拿着毛线针飞快地翩然起舞。

——干活时动作娴熟优美，可以看出她虽已不年轻，但依旧勤劳能干。

周围一片嘈杂喧闹……然而她却站在那里晒着太阳，打着她的毛袜。

她站在那里，竖起耳朵凝神倾听着杂货摊上飘过来的音乐声，也不时地抬头看看身边熙来攘往的人群和买卖交易的牲口。

——闲适悠然地置身于喧嚣中，于嘈杂中享受生活的乐趣。

自顾自继续打着毛线。

——专注于手中的活计，可见没有卖奶牛之心。

老太婆安恩爱怜地瞅了瞅自己的奶牛，不屑地斜视了一下那根藤杖，然后转过脸向远处张望，仿佛发现了什么使她感兴趣的东西。

——"爱怜地瞅"表现出对奶牛的爱惜，"不屑地斜视"则明确表现出对屠夫粗鲁动作的厌恶，刻画其善良、慈爱与朴实。

她睁大了眼睛，用恳求的眼神看着那个人。

——真诚地希望别人能理解她对奶牛的情感。

语言：

"它是不卖的。"

——认真拒绝真心想买奶牛的第一个买主。

"它不卖的！"

——冷冷地拒绝屠夫的兴趣。

"这头奶牛是不卖的。"

——接连打发走了许多主顾。

"不！"

——拒绝"那诱惑力简直令人难以抗拒"的"大价钱"时毫不犹豫。

"这头牲口是不卖的。"

——再度坚持。

"这头奶牛太孤单了，"她终于吐露了真情，"我的小村庄就只有这么一头奶牛，它又没法同别的牲口在一起，所以我就想到不如把它带到集市上来，至少可以让它跟同类聚聚，散散心……这样，我们就到这里来了。但是我们不是来做生意的。既然已经弄成这样，我们只好回去了。不过，我刚才应该讲一句'对不起，我很抱歉'。好吧，再见了，谢谢你。"

——安恩带奶牛来集市的目的就是让它到集市上散心，亲近同类。至此，前面所有的"不"都有了答案。这朴素至极的理由表达了她对奶牛的慈爱之心，也尽显她的淳朴善良。她那窘迫下真诚的歉意也让我们真切地感受到人物的淳朴善良。

小结：研读课文之后，在感动的同时，我们还真切地感受了小说的艺术魅力。

第一，情节。本文作者巧妙设计了悬念：安恩为什么不卖那头漂亮的奶牛？她最后道出的原委让人称奇却又合情合理，出人意料却又在情理之中。巧妙的构思让读者于情节的波澜中体会小说特有的魅力，也很好地表现了安恩这一人物形象。

第二，人物形象。作者在短小的篇幅中，通过外貌、神态、动作和语言描写，借助于传神的细节刻画，塑造了勤劳朴实、慈爱善良的乡村老妇人安恩这一人物形象。她淳朴的性格和对动物的仁爱之心，不只让人感动，也让人敬重。

5. 探究小说的主题及现实意义

(1)一幕集市上引人注目的奶牛风波结束了，引发了无数人好奇心的谜底竟是如此简单——安恩带着奶牛来到集市，仅仅是为了让奶牛和同类相聚、散心。下面，请你谈谈对小说主题的理解。

讨论、明确：

安恩和奶牛有着深厚的感情，她对奶牛喜欢、爱护、怜惜、尊重，把它当作生活中的伙伴，甚至当成和自己同类的生命来看待。她对生命的尊重不是一种形式，也不是一种姿态，而是发自内心的愿望。她用看似简单的行动诠释了人与动物的深厚情感，把尊重生命做到了极致，也阐释了作品的主题：人与动物也会有真挚的感情，人应当像尊重同类一样尊重它们，爱护它们，理解它们，重视它们的情感需求；人也因之展现出高贵的人性之美。正如米兰·昆德拉《生命中不能承受之轻》中所说："对于人性，道德上的真正考验，根本性的考验，在于如何对待那些需要他怜悯的动物。"

(2)根据你对课文的理解，深情诵读课文最后一段，以表达出对安恩情感世界的理解。

教师可以对学生进行一些朗读指导。例如：

把握情感基调——这段话是安恩向诚心要买奶牛的人解释不卖奶牛的原因，希望买牛人能理解她的苦衷，要读得缓慢庄重、真挚诚恳又有点惶恐不安，表现出她对奶牛的真情和淳朴仁爱的性情，也表现出她对这种结果的始料不及和真诚歉意。

把握具体语句——"这头奶牛太孤单了"，整句要读得轻柔一些，表现安恩对奶牛的理解和爱怜，其中"太"和"孤单"重读，突出奶牛的可怜处境。

把握重点词语——三个"我们"要重读，安恩自然而然地把自己和那头孤零零的奶牛视为同等的生命，要读出她和奶牛是一体的感觉。

教师要尊重学生的阅读体验，也可由学生自己谈怎样以声传情。

(3)100 多年前，约翰尼斯·延森以日德兰半岛北部故乡的风光和人物为背景，把幼时听到的各种故事和逸闻进行文学加工，写成短篇故事集《希默兰的故事》，一共34 篇。在这些短篇小说中，他热情讴歌希默兰的农民，赞美他们日出而作、日落而息、简朴却健康的生活。这部故事集的出现一扫当时流行的无病呻吟、追求华丽辞藻的时尚，为丹麦文坛输入一股清新之气。《安恩和奶牛》是其中最出色的短篇，安恩身上所散发的人性之美，感动着一代又一代人。那么，现时代的我们，除了为这位平凡老人的高贵人性所感动之外，从她身上还能读出一些别的东西吗？

引导学生深层思考：安恩并不富有，但对生活有着自己的理解。她拒绝"那诱惑力简直令人难以抗拒"的"大价钱"，坚持不卖奶牛，是因为她把奶牛视为同等的生命。她生活俭朴，与老牛相伴，闲适安然，表现出一种沉静安详、淡泊坦然的生活态度。她在简朴的生活中得到了平凡的快乐，她固执的外表下有着一颗澄澈的心灵。她的本色人生引发人们对生命、对生活的深入思考，让人感悟精神的力量。

6. 结语

赵丽宏先生在《致文学》中说："你是神的一双大手，拨动着无数人的心弦。你在人心中激起的回响，是这个世界上最激动的声音。"文学即人学，文学殿堂中的美好形象，能够唤起我们心灵深处的美好情感。读文学就是读自己，读社会，读人生，作为中学生的我们，有什么理由不去热爱阅读，亲近文学呢？文学"是一扇神奇的大门，所有愿意走进这扇大门的人，都不会空手而归"。希望同学们亲近文学，推开这扇神奇之门，真正步入神圣的文学殿堂，领略其绮丽的风光。

三、"Where is Haibao"教学设计

合作讨论教学样式，为学生提供了英语交际的可能性，教师在英语课堂教学中可以选用此教学样式。"Where is Haibao?"是一节小学英语方位教学拓展课。执教教师由众所周知的世博口号"Better City, Better life"，想到了适当整合课堂内外的内容，以"Better Classroom, Better School Life"为主题进行方位介词教学。本节课综合使用多种小组合作的组织形式，提高了学生的学习兴趣，增加了学生之间的交流互动，取得了良好的教学效果。具体设计如下：①

(一)抽签分组，激发兴趣

在这个环节中，学生需要完成两个任务：首先抽签分组，通过自由对话找到自己的伙伴，在交流中学生围绕海宝进行讨论，从而了解海宝的特征；其次学生在老师的启发下尝试用英语讨论将海宝藏在什么地方，并且付诸实施。

---

① 倪静君：《合作学习组织形式探索：以一堂小学英语方位教学课为例》，载《全球教育展望》，2010(2)。

在简单的 Warming up(热身活动)后，进入教学的分组环节。老师取出竹签(画有不同的玩具)，学生们当场抽签，并通过自由对话"What have you got? I've got …"找到相同的竹签，从而形成一个两人的学习小组。

实施效果：由于整个活动具有不确定性，学生充满了期待，他们都想知道未知的合作伙伴是谁。如果他们想要找到伙伴，就必须通过对话，知道别人手中的竹签上画的玩具是什么。孩子们自然地说出了"Oh，we have the same one. We are partners."等生机勃勃的语言。

接下来，老师出示准备好的地图：Look，this is a map. Haibao likes to play hide and seek. Look at the map. Where can I put? 老师示意学生将海宝藏在教室中的某个地方，让另一组的学生去寻找。

实施效果：教室里再次热闹起来了，学生放开了束缚，积极地用英语讨论。老师在巡视中听到有的学生说：Let's put Haibao in Emma's desk. 还有的说：Can I put Haibao behind the teacher's desk?

教学反思：在这个环节中，采用抽签的方式，一方面，避免了学生自由组合时只找好朋友的情况；另一方面，又使原本单调的分组成了一个有趣的教学环节，并且将对话交流融入分组过程，最大限度地给学生提供了运用语言的机会。不过，这种分组方法也可能出现两个学困生抽到一起，组合实力过低的情况。因为是随机分组，教师人为可控性较低，课后通过思考，这个分组方法可以进行如下的改进：

教师将学生喜爱的玩具放在教室的不同区域，指导他们根据兴趣爱好选择相应的区域，通过自由对话找到与自己有共同兴趣爱好的伙伴。在这个过程中教师要进行适当调配。这样的分组，一方面可以使小组成员间更熟悉、亲近；另一方面可以提高教师的控制力，能更有效地控制分组的结果，教师的及时介入可以适时规避组合实力过低的情况，进一步提高课堂效率。

(二)交叉访谈，共享信息

本环节的任务是：看懂海宝在地图上的位置，并最终在教室中找到海宝。在具体操作中，老师让两个 pair-work 小组自由组合，形成一个四人小组，学生既可以进行组内交流，也可以进行组间信息共享。

为了让学生明确组间交流的要求，老师事先将交流的形式用视频播放出来，使学生能直观了解交流的过程。然后，老师请两组学生现场示范，并给予清晰的指导，从而让全班学生加深对活动步骤的理解。在活动过程中，pair-work 小组的每位成员与另一小组的一位成员相互访谈，并将各自获取的信息填在"访谈记录表"(见"表 14-1")中。之后，同组成员对获取的信息进行综合，在地图中找到海宝的位置，并据此在教室中找到海宝。

为了激发学生的兴趣，此处设计一个组间竞赛的内容——最快找到海宝的那个小组可以获得一个真正的"海宝"。

表 14-1　访谈记录表 Where is Haibao?

Where is Haibao in the picture?	
What has he got?	
What is he doing?	
Other questions	

实施效果：在这个环节中，组间交流成为活动的主要形式。学生在两个 pair-work 小组间进行信息交换。在交流过程中，学生处于组内与组外的二元交流环境，对于语言的操练从深度和广度上超越了单一分组交流模式的效果。从操练的深度看，这个过程包括了听说写三个方面的能力培养。学生被要求通过提问获取信息，通过书写记录信息，这个步骤无疑充分调动了学生的不同感官，使他们能全身心地投入到语言中。从操练的广度看，每个学生能和两个同伴进行对话，并进行问与答的角色替换，得到了更多的语言操练机会，培养了他们正反两方面的思维方式。因此，组间交流提高了学生获取信息的能力。同时，在活动中小组成员自发地产生了分工合作的概念，一个问一个写，然后交换，体现了他们的合作精神。

教学反思：教师在使用组间交流时应注意以下两点：第一，组间交流在刚开始实施的时候每个组的学生越少越好，一般是两个比较好，以免使交流过程过度复杂，而且每个小组的人数应该相同。随着学生的熟练程度渐渐增加，人数也可以慢慢递增。第二，组间交流的任务设计应该有交际性、实用性，这样课堂就能将学生被动的学习转化成主动的创造性学习，也便于学生从多角度进行语言操练。

（三）分工合作，创意探究

这个环节旨在培养各小组的分工与合作能力。课堂上，老师要求原先进行交叉访谈的四人小组分工合作，具体任务见"表 14-2"，共同设计一张 Dream Classroom（心目中的教室）的海报。

表 14-2　Dream Classroom 组内分工表

角　色	任　务
会议记录	负责记录大家讨论的细节
文字编辑	构思海报的文字内容
美术编辑	负责将大家讨论好的 Dream Classroom 描绘成图
现场解说	整理大家的设计思路，并向全体学生解说所在小组海报的设计意图

实施效果：课堂上各小组开展热烈的讨论，有的小组设计出具备书房气息的教室，其中设置了图书角、阅读心得板报、好书介绍专栏等环境元素。还有的小组以迎世博为主题设计教室，设置了世博园区介绍、世博畅想、我与世博等栏目。这些图文并茂的教室设计，通过解说员生动的讲解，深深地吸引了全班同学，使大家在学习英语的同时拓展了思维。

第十五章　指导自学的教学样式

指导自学的教学样式，力求教学活动以学生的自学为主，教师的指导贯穿始终。这一样式的精要可以概括为：先学后教、先练后讲、教师指导、学生自学。

一、概　述

一般来说，指导自学教学样式的主要步骤是明确目标、学生自学和反馈总结。根据不同的教学情况，可以有不同的变化运用。总体而言，在课前、课中和课后，教师需要做好以下几方面的工作。[①]

在课前，教师要精心准备，主要包括：第一，熟悉教材，把握重点、难点及教学目标，特别是要熟悉自学范围内知识面、知识点的内在联系，相应技能和突破点。第二，充分掌握学生的自学能力，根据学生的共性与个性，确定指导的内容、环节及其深度，研制出自学提纲，使自学的指导有针对性，切中要害，抓住关键。第三，设计一份较大的课堂座位表，以便观察记录学生的自学情况，如遇到的难点和疑问等，并按勤奋与否、敏捷与否和踏实与否来分类，深刻了解学生的自学情况及学习心态。第四，相信学生，克服"不讲不放心"的心态，保障学生自学，尊重学生的自学权。教师要从培养学生自信心和消除依赖性这两方面来掌握指导、解疑的分寸。

在课中，教师复习旧课，引入新课，视新课的难易给予较详细或简略的启发，并出示自学提纲，布置学习任务，引导学生阅读教材，为学生顺利地进行自学创造条件。在学生自学时，教师巡回辅导，个别答疑，着重帮助学困生。学生自学后，教师根据自学情况，进行有针对性的、画龙点睛的重点讲解。最后布置课外学习任务。

在课后，教师引导学生不断总结。学会总结就是要学会做单元总结、全章总结、学期总结等，把已学的知识、思想方法条理化、系统化，并达到熟练掌握、灵活运用的程度。

下文将介绍洋思中学"先学后教，当堂训练"的基本程序，并提供钱梦龙老师的"谈骨气"教学设计实例，以期更深入、更充分地解读指导自学的教学样式。

[①]　杨惠丽：《"四个过渡""五个环节"培养学生自学能力》，载《新课程（中学版）》，2010(1)。

二、"先学后教，当堂训练"基本程序

位于江苏省泰兴市天星镇的洋思中学，是一所偏僻的农村初级中学，原来只有5个教学班，两排简易平房，现已发展为有几千学生，有较完善的教学设施，闻名遐迩的名校。洋思中学校内，几乎每天都有来自全国各地的参观学习者。在许多学校还被学习困难生多，学生负担重等现象所困扰，苦于发展无路时，洋思中学却以在较差的办学条件下获得突出的办学成绩而引人注目，来自全国十多个省市的学生家长冲着"要教好每一名学生"这个承诺，不远千里将孩子送到洋思中学。[①] 洋思中学经多年探索，形成了行之有效的"先学后教，当堂训练"课堂教学结构。其理念是"尊重主体，面向全体"以及"教师的责任不仅仅在教，而更在于教会学生学"，其实质是"全过程都让学生学"。基本程序如下：[②]

(一)揭示课堂教学目标(约 1 分钟)

【操作】课前制作课件，课上通过投影让学生观看。

【目的】让学生从总体上知道本节课的学习任务和要求。

【好处】(1)使学生在课始就明确学习目标，使学习有方向。同时，激发学生学习的动机，调动学生学习的积极性，促使学生在以后的各个环节里主动地围绕目标探索、追求。(2)由于学习目标往往是一节课的主干知识及其要求的体现，因此，长期坚持揭示目标，可以培养学生的概括能力。

【学生的主体地位】学生通过观看投影，明确学习目标。

【教师的主导作用】准确揭示目标，引导学生追求目标。

【注意点】(1)要认真钻研教材和课程标准，准确地制定学习目标，既不降低也不拔高要求。该"会运用"的，就要能当堂运用，不能人为地降低到"知道"的要求上。(2)要层次清楚，简明扼要，不要烦琐。

(二)指导学生自学(约 2 分钟)

【操作】课前制作课件，课上通过投影让学生观看。

【目的】让学生知道自学什么，怎么自学，用多长时间，应达到什么要求，届时如何检测等。

【好处】(1)让学生带着明确的任务，掌握恰当的自学方法，从而使自学更有效。(2)坚持每次自学前都给予方法指导，使学生积累起不少的自学方法，学生的自学

---

① 华国栋、高宝立：《实施优质教育，促进全体学生全面发展——江苏省泰兴市洋思中学的经验及启示》，载《教育研究》，2005(6)。

② 周桂海：《全过程都让学生学——浅析江苏省泰兴市洋思中学"先学后教，当堂训练"的课堂教学结构》，载《江苏教育》，2002(8B)。

能力一定能提高。

【学生的主体地位】学生通过观看课件，掌握自学的方法。

【教师的主导作用】引导学生抓住重点进行自学，为学生提供有效的自学方法，防止学生走弯路，上岔道。

【注意点】自学指导要层次分明，让学生看了之后，做到三个明确：(1)明确自学内容。即让学生知道学什么，有的教学内容单一，一般一次性自学就可完成学习任务；有的教学内容多，可视情况分几次自学，但每次自学前都必须写清楚自学的内容(或范围)。(2)明确自学的方法。如看书，是围绕思考题看书，独立找答案；还是边看书边与同桌讨论，解决疑难。自学理科内容时，往往引导学生抓住新旧知识相衔接的重点看，如自学含有分母的一元一次方程的解法，应引导学生重点看好去分母的那一步，其他的步骤一目十行。(3)明确自学后的要求。即用多长时间，应达到什么要求，届时如何检测等。

(三)学生自学，教师巡视(5～8分钟)

【操作】学生自学，教师通过察言观色，了解学生自学的情况，端正学生自学的态度。

【目的】使每个学生都积极动脑，认真自学，挖掘每个学生的潜能。

【好处】学生按照教师的指导自学，积极思考，千方百计地去理解概念、公式、法则、定理等，就会自觉而且认真地学习例题的解题思路和方法，把课本上的知识内化为自己的能力。学生处于主体地位，培养了他们自主学习的能力。

【学生的主体地位】学生积极主动去探究知识。

【教师的主导作用】端正自学态度，确保人人高效自学。

【注意点】(1)学生自学时，教师要加强督查。及时表扬自学速度快、效果好的学生，激励他们更加认真地自学。(2)重点巡视中等生和学困生，甚至可以给学困生说几句悄悄话，帮助其端正自学态度，使他们也变得认真起来。(3)要面向全体学生，不得只顾辅导一个学生，而放弃了督促大多数学生。(4)教师不得在黑板上抄检测练习，或做其他与教学无关的事，因为这样会分散学生的注意力。

(四)检查学生自学的效果(5～8分钟)

【操作】让学困生回答问题或板演。

【目的】最大限度地暴露学生自学后存在的疑难问题。

【好处】(1)通过尝试做与例题类似的习题，培养学生分析问题和解决问题以及学以致用的能力。(2)若学困生做对了，说明全班学生都会了，就不要老师再教了；若学困生做错了，引导中等偏上的学生分析，讲清错的原因，并更正、归纳。这不仅对学困生有帮助，而且使优等生理解更加深刻。

【学生的主体地位】学生回答问题或板演练习。

【教师的主导作用】通过巡视，确保每个学生都认真演练，及时了解学生存在哪些倾向性疑难问题。

【注意点】(1)要解放思想，真正让学困生回答问题或板演，千万不要搞形式主义，叫优等生演练，表面上正确率高，实质上掩盖矛盾，不能最大限度地暴露自学后存在的疑难问题。(2)要面向全体学生，学困生回答问题或板演时，要照顾全体同学，让他们聆听别人回答问题，随时准备纠正错误，或布置他们做哪些练习等。(3)教师在巡视时要注意搜集学生有哪些错误，并在头脑里分分类。哪些属于新知方面的，这是要解决的主要矛盾；哪些属于旧知遗忘或粗心大意的，这是次要矛盾。教师要把倾向性的错误用黄色粉笔写在大黑板对应练习处，供评讲时使用。

(五)引导学生更正，指导学生运用(8～10分钟)

【操作】(1)学生观察板演，找错误或比较自己做的方法、结果是否与板演的相同。(2)学生自由更正，各抒己见。(3)引导学生讨论，说出错因、更正的道理。(4)引导学生归纳，上升为理论，指导以后运用。

【目的】(1)凡是学生能解决的，就让他们自己解决，真正找出那些需要教师引导、点拨的问题。(2)通过学生讨论、教师点拨，使学生进一步加深对所学知识的理解，最终形成运用所学知识去分析问题、解决问题的能力。

【好处】这一环节既是补差，又是培尖，让不同层次的学生都有提高，既帮助学困生解决疑难问题，又通过纠正错误，训练一题多解，使优等生理解更加透彻，训练他们的求异思维和创新思维，培养他们的创新精神和一题多解的能力。

【学生的主体地位】学生找错误，分析错因，通过讨论，寻求正确答案。

【教师的主导作用】引导学生更正，寻求规律，帮助学生归纳，上升为理论，指导学生运用。

【注意点】学生更正后，教师要做到三个明确：(1)明确教的内容。教的内容应该是自学中暴露出来的主要的倾向性疑难问题。对学生通过自学已经掌握的，坚决不教。如数学课上，学生板演解分式方程，如果学生只在去分母及检验这两步骤有错误，教师就只讲这两步，其余几步不需要讲。(2)明确教的方式。教的方式是让会的学生教不会的学生，即"兵教兵"，也就是先让会的学生讲。如果学生讲对了，教师点点头，表示肯定，不必重复；讲得不完整的、达不到深度的，教师要补充；讲错了的，教师则要引导更正。这样，教师讲的时间虽只有4～5分钟，但能通过补充、更正的方式达到解决疑难问题的目的。(3)明确教的要求。教师不能就题讲题，只找出答案，而是要引导学生找出规律，真正让学生知其所以然，帮助学生将规律归纳上升为理论，引导学生注意运用时可能出现的错误，这就从理论到实践架起一座桥梁，以免学生走弯路。

(六)当堂训练(不少于15分钟)

【操作】(1)布置课堂作业。(2)督促学生独立完成课堂作业。(3)批改部分学生已完成的作业。

【目的】通过完成课堂作业，检测每个学生是否都当堂达到学习目标。

【好处】(1)下课时要交作业本，促使学生在各个环节中都积极主动地学和练，提高了学习效率。(2)及时反馈信息，能按时做对课堂作业的就达到学习目标，做到了"堂堂清"。(3)将所学知识通过训练，内化为解题能力。(4)课堂作业下课时都交了，真正减轻了学生的课外负担。(5)课后学生轻松了，有时间发展自己的个性特长，提高了他们的综合素质。

【学生的主体地位】学生像考试那样，独立完成作业，形成分析问题、解决问题的能力。

【教师的主导作用】督促学生独立完成作业，鼓励做完必做题的学生做选做题或思考题。通过巡视，了解哪些同学真正做到了"堂堂清"，哪些同学课后需要"开小灶"，使课外辅导更有针对性。

【注意点】(1)课堂作业的时间不得少于 15 分钟。(2)课堂作业要典型、适度和适量。(3)课堂作业要低起点，多层次，有必做题，有选做题，有时还有思考题。(4)要勤于巡视，尤其关注学困生，若有困难，则课后主动找学生来"开小灶"，做到"日日清"。(5)要批改部分已完成了的学生作业，尤其是学困生的作业，要让他们尝到成功的喜悦。

以上只是"先学后教，当堂训练"课堂教学结构的基本应用程序。事实上，由于科目的不同，教学内容的不同，教师可以采用一些变化的形式。如分两次自学、两次检测、点拨，最后当堂训练，称为"两学两教，当堂训练"；又如，一次性自学，但分两次检测、点拨，最后当堂训练，称为"一学两教，当堂训练"；还有学一点，检测一点，再学一点，再检测一点……最后当堂训练，称为"多学多教，当堂训练"；等等。不管怎么变，课堂教学的全过程都体现了两条线：一条线是充分放手让学生学和练，这是一条明线，突出了学生的主体地位；另一条线是每一步都离不开教师的引导，这是一条暗线，体现了教师的主导作用。

三、"谈骨气"教学设计

钱梦龙老师多年来致力于"导读"艺术的研究。"导"，指语文教学过程中教师的指导、引导、辅导、因势利导；"读"，指学生在教师指导下的阅读实践。"导"和"读"的结合，勾画出语文教学过程中一幅师生互动的"图景"，突破了"教师滔滔讲授，学生默默聆受"的单向"授—受"格局。[1] 他的课堂教学设计和实施对选用指导自学的教学样式，具有重要的参考价值。"谈骨气"一课的具体教学设计如下：[2]

---

[1]　钱梦龙：《钱梦龙与导读艺术》，17 页，北京，北京师范大学出版社，2006。

[2]　同上书，201～209 页。

(一)教学目标

(1)能说出"我们中国人是有骨气的"这一论断的根据和意义。

(2)在回忆议论文一般知识的基础上,通过对观点相反的材料的分析,培养思辨的兴趣和能力。

(3)积累一定的词语、句子。

(二)教学思路

"导读法"确认学生的主体地位,强调教师的"导"必须着眼于学生自读能力和独立思考能力的培养。本文的教学拟从引入不同观点的文章入手,激发学生深入钻研课文的兴趣。教学时间为两课时,第一课时的前15分钟为学生自读,其余时间组织学生质疑、讨论,教师相机点拨指导。探究性作业另外安排时间(或结合作文课)进行。

(三)教学重点

第一课时:引入与课文观点相反的文章;学生自读课文;正字音、释词义;讨论、把握本文的论点、论据。

第二课时:讨论、理解本文的论证过程,要求在关键处都能问个"为什么";在充分了解本文的论点、论据和论证过程的基础上,联系网上的批评文章,独立思考,可以提出问题,也可以发表自己的意见。发表意见要求观点鲜明,理由充足。

(四)教学过程

第 一 课 时

1. 导入新课

有人在网上发表文章,对吴晗的《谈骨气》提出不同的看法,不妨先来看看那篇文章说了些什么:

近日查检以前的书时,不经意地翻到了选入初中语文课本中的吴晗的《谈骨气》。……又读了一遍这篇文章,我没有再次感受到什么"爱国主义"的豪情壮志,……吴老先生一开始就像一个天真的小学生似的写道:"中国人是有骨气的。"请问:"难道那么多中国人都是有骨气的吗?"答案不说也知道。为了支持论点,吴老先生搬出了那个"不食嗟来之食"的乞丐,宁死不屈的文天祥和横眉怒对国民党反动派的闻一多,我真为这三个不屈的灵魂感到不值。人家不屈,说明人家的人格高尚,凭什么拿人家高尚的精神往那些麻木的人,那些坐享其成的伪君子的脸上贴金?还说这是"中华民族的传统"……说吃饺子是一个民族的传统有人信,可硬把"有骨气"当成所谓"传统"塞到本国本民族的腰包里,稍明智一些的人都会嗤之以鼻的。这与中国封建统治者宣扬的"四海之内,莫非王土,率土之滨,莫非王臣"的妄自尊大有何区别呢?

这位作者对《谈骨气》的批评究竟有没有道理？我没有标准答案。现在请同学们暂时把这些批评的意见放在心里，慢慢些下结论，先按常规读懂、读好课文，然后再对两篇文章的是非做出自己的判断。相信这个问题会引起同学们的思考兴趣。

2. 提示自读要求

(1)读课文两遍。第一遍默读，要求：圈出生字、新词，查字(词)典读准字音，了解词义；按自然段次序标明序号。第二遍朗读，要求读得比较流利，有一定的感情。

(2)按"什么"(作者提出了什么观点)、"怎样"(作者怎样证明他的观点)和"为什么"(作者为什么要这样进行论证)三个问题的顺序大体梳理课文内容。

(学生按要求自读课文)

3. 检查自读

(1)了解学生掌握字、词的情况。

(2)学生朗读课文。教师提示：这篇文章是议论文，主要是讲道理的，但作者写得很有感情，有些句子读起来很带劲。读的时候要尽可能把文章的感情表达出来，并把那些你认为读起来特别带劲的句子找出来，体味体味。

实施效果：学生朗读课文后，找出了"我们中国人是有骨气的"，"富贵不能淫、贫贱不能移、威武不能屈，此之谓大丈夫"，"人生自古谁无死，留取丹心照汗青"，"那位穷人是有骨气的：看你那副脸孔，那个神气，宁可饿死，也不吃你的饭"以及"闻一多拍案而起，横眉怒对国民党的手枪，宁可倒下去，不愿屈服"等句子。然后结合给"宁"(nìng)正音，要求学生用"宁"字组成表现骨气的成语，学生说出了"宁死不屈""宁为玉碎，不为瓦全"等成语。

4. 梳理文章内容

(1)揣摩思路。教师提示：为了梳理和讨论的方便，我们先来揣摩一下作者的思路，并根据思路把文章划分为几个部分，然后再按"什么""怎样""为什么"的顺序进行讨论，力求完整、准确地把握作者的论点、论据和论证过程。

实施效果：学生在讨论作者思路时，意见有分歧，绝大多数学生认为1～4段为第一部分，主要提出论点并说明骨气的含义以及今天我们对待骨气的原则。5～9段为第二部分，作者分别用文天祥、穷人、闻一多三个事例论证"我们中国人是有骨气的"这一中心论点。第10段为第三部分，总结全文，并指出无产阶级应该有怎样的骨气。个别同学则认为第1段应为文章的第一部分，独句成段，揭示中心论点，显得肯定而有力。2～9段为第二部分，先用孟子的话阐明什么是骨气，然后用文天祥等三个具体的事例分别印证孟子的三句话，这样划分才能显出第二部分思路严密、结构紧凑的特点。对第三部分意见没有分歧。老师指出：文章怎样分段，本来没有绝对的标准。一般教学参考书上都采用第一种分法，但第二种分法确实也言之有理，这反映了同学们对作者思路的正确把握。老师欣赏这种独立思考的态度。

(2)按"什么""怎样""为什么"整体解读课文。学生发表意见，教师进行点拨。

实施效果：

生：“谈骨气”这个标题揭示了文章的中心论点。

生：我不同意，“谈骨气”只是表明论述的范围，第一段“我们中国人是有骨气的”才是揭示中心论点的。（大家表示同意）

师：体会一下，这个句子在表达上有什么特点，给人怎样的感觉？

生：这是一个语气肯定的判断句，用“是……的”这样的句式，给人斩钉截铁不容怀疑的感觉。

师：你的语感很准确。下面大家讨论一下，作者是怎样论证这个观点的？

生：作者在提出论点后，第2段就用孟子的三句话“富贵不能淫、贫贱不能移、威武不能屈”具体说明什么是骨气。第3、4段从历史、传统的角度进一步肯定了中国人的骨气以及我们今天对待骨气的原则：对历史上有骨气的人，主要看他是不是“坚定不移地为当时的进步事业服务”。

生：从第5段开始，作者用了三个具体的例子证明了“我国经过了奴隶社会、封建社会的漫长时期，每个时代都有很多这样有骨气的人”，这就支持了中心论点“我们中国人是有骨气的”。

生：课文最后一段在肯定孟子三句话的积极意义的基础上，进一步指出无产阶级骨气的内容，既总结全文，又发出号召。

生：作者所列举的三个人物，如果按年代先后排列，应该是饿人、文天祥、闻一多。但作者却没有这样排列，为什么？

师：问题提得很好。谁能回答？

生：这个问题其实很简单，三个人物完全是与孟子的三句话一一照应的：文天祥多次拒绝元朝高官厚禄的诱惑，这是“富贵不能淫”；饿人直至饿死也不吃嗟来之食，这是“贫贱不能移”；闻一多横眉怒对国民党的手枪，宁死不屈，这是“威武不能屈”。如果三个人物按年代前后排列，就跟三句话的次序不一致，思路就有些乱了。

生：我认为，这篇文章的思路，从优点说，比较严谨；但同时也显得有些呆板，读起来不大有味道。（不少同学表示赞同）

师：同学们很会读文章，我也同意这名同学对本文优缺点的看法。这是一篇写得“规规矩矩”的议论文，比较适合初次接触议论文的人学习，放在初中三年级的课堂来学习，确实嫌“浅”了，显得不耐咀嚼。但是我们如果把它作为一个思考的对象，仍然是可以学出趣味来的。下一节课我们就来做这件事。

5. 布置作业

作者列举的三个事实论据，涉及三个人物，请同学们到图书馆或网络上查找以下资料：（1）文天祥《过零丁洋》。（2）“嗟来之食”的故事出处。（3）毛泽东《别了，司徒雷登》中有关闻一多的文字。（4）你感到有兴趣的其他资料。（找到资料后，有条件的同学可用电脑制作幻灯片）

第 二 课 时

1. 学生交流作业

(1)文天祥《过零丁洋》。(学生背诵)

(2)《礼记·檀弓下》：齐大饥，黔敖为食于路，以待饿者而食之。有饿者，蒙袂、辑屦，贸贸然来。黔敖左奉食，右执饮，曰："嗟！来食！"扬其目而视之，曰："予唯不食嗟来之食，以至于斯也。"从而谢焉，终不食而死。(由学生作口头解释)

(3)毛泽东《别了，司徒雷登》："我们中国人是有骨气的。许多曾经是自由主义者或民主个人主义者的人们，在美国帝国主义者及其走狗国民党反动派面前站起来了。闻一多拍案而起，横眉怒对国民党的手枪，宁可倒下去，不愿屈服。朱自清一身重病，宁可饿死，不领美国的'救济粮'……我们应当写闻一多颂，写朱自清颂，他们表现了我们民族的英雄气概。"

2. 学生就"为什么"(作者为什么要这样论证)的问题展开讨论

师：经过上面的讨论，同学们已从整体上理解、把握全文内容，还找到了课文涉及的一些资料。这是阅读的第一步工作，大家完成得很好。

下面请大家再细读文章，要求在关键处都问个"为什么"，这样也许可以把本来较"浅"的文章读出一点"深"意来。

实施效果：

生：(提问)作者为什么要把饿人作为"贫贱不能移"的例证？我认为与其举饿人为例，还不如用朱自清的事例好。理由是：①文中的另两个例证(文天祥和闻一多)，都是有名有姓的真实人物，饿人却无名无姓，也许只是寓言中虚构的人物，夹在中间似乎有些不大相称；②朱自清的生活年代离我们很近，事迹真实可信，对读者更有教育意义。

师：这个问题很有讨论的价值，请大家发表高见。(不少同学赞成把饿人的例子换成朱自清的事例)

生：我不同意大家的意见。我认为文章选用什么例子，应该由写作的目的来定。作者写这篇文章，目的是要证明"我国经历了奴隶社会、封建社会的漫长时期，每个时代都有很多这样有骨气的人"。文章选取的三个人物正好代表了三个不同的时代：那个饿人大概是奴隶社会的，文天祥是封建社会的，闻一多是国民党统治下的时代，这就证明了"每个时代都有很多这样有骨气的人"。作者的举例自有他的道理，如果把饿人换成朱自清，就跟作者的写作目的不符合了。

生：我同意，再想补充一点理由：毛泽东在《别了，司徒雷登》一文中谈中国人的骨气，举的就是闻一多和朱自清的例子，如果吴晗也举同样的两个人为例，那不是有抄袭的嫌疑了吗？

生：说吴晗抄袭，说得太严重了，但我认为这篇《谈骨气》至少是一篇没有什么创见的文章。如果把它和毛泽东《别了，司徒雷登》中的那段文字比较一下，就会发现《谈

《骨气》从论题的确定、论点的提出到论证的整个思路，都是"借用"别人的。

师：我真为同学们眼光的敏锐性而感到高兴！中国过去的文人写文章，有个很坏的"传统"，叫作"代圣人立言"，自己没有思想，写文章只是为了阐发圣人的言论。这篇《谈骨气》也不能不带有这样的烙印。不过我相信，吴晗如泉下有知，一定会以学者的宽大胸怀，为同学们这种独立思考的精神和敢于向名家挑战的勇气而暗暗喝彩的。

师：这里顺便向同学们介绍一点有关吴晗的情况。

吴晗(1909—1969)，著名历史学家。在民主革命时期，他和闻一多都是站在斗争最前沿反对国民党统治的民主战士，闻被人称为"狮子"，吴被人称为"老虎"，可见两人斗争的勇猛。

1959年4月，毛泽东针对干部中不敢讲真话的问题，提倡学习海瑞"刚正不阿，直言敢谏"的精神。当时任北京市副市长的吴晗积极"响应号召"，于6月间发表了《海瑞骂皇帝》一文。之后，又相继写出《论海瑞》和《海瑞罢官》等文章和剧本。但他万万想不到的是，他的剧本《海瑞罢官》，竟会被诬陷为"大毒草"，并成为发动"文化大革命"的导火线。"文革"期间，他先被揪斗批判，后被投入监狱，在残酷折磨之下，于1969年10月11日自杀(一说吐血而死)，最后以付出生命的代价维护了人格的尊严。吴晗和闻一多一样，也可以说是一个很有骨气的人。这也许正是这篇文章写得较有感情的原因所在。

3. 就网上的批评文章进行讨论

师：下面是不是请同学们就那篇网上的批评文章谈谈看法？

实施效果：

学生发表看法。多数同学赞同批评文章的观点，认为"我们中国人是有骨气的"这句话是有不严密的毛病，因为中国人有好有坏，不能一概而论；少数同学认为这句话中的"中国人"显然并不指所有的中国人，这是不言而喻的，吴晗是位著名学者，不可能犯这样的"低级错误"。两种观点，都能言之成理，各不相让。他们都希望老师"给个说法"。

师：看来，同学们的分歧主要集中在对"中国人"这个概念的理解上。我不想当裁判，只想提供一点资料，究竟谁是谁非，请同学们自己拿主意。

鲁迅有两篇文章也说到了"中国人"，对我们判断是非也许有帮助：

一篇是《记念刘和珍君》。

北京女子师范大学学生刘和珍等到段祺瑞执政府前请愿，卫兵开枪，死伤数百人，刘和珍不幸罹难，接着又有人放出流言，诬蔑她们是受人利用的。鲁迅就此事发表议论说："我向来是不惮以最坏的恶意，来推测中国人①的，然而我还不料，也不信竟会下劣凶残到这地步。"

另一篇是《中国人②失掉自信力了吗》。

文中有这样的说法："我们从古以来，就有埋头苦干的人，有拼命硬干的人，有为民请命的人，有舍身求法的人……这就是中国的脊梁。……要论中国人③，必须不被搽在表面的脂粉所诓骗，却要看看他的筋骨和脊梁。"

师：鲁迅的文章中用到了三个"中国人"，请同学们比较一下，三者所指的对象是一样的吗？然后再回到我们刚才讨论的问题上，看能不能取得一点共识。

生：鲁迅的文章中，中国人①指的是杀害刘和珍和制造流言的那一类坏人，而中国人②指的是没有失掉自信力的中国人，中国人③则指中国人中的"脊梁"。三个"中国人"都不是指中国人的全体。

师：这对我们解决刚才的问题有什么帮助吗？

生：我们在用"中国人"这个概念的时候，如果前面不加任何表示限制的词语，既可以指全体中国人，也可以指某一部分中国人。主要看它出现在什么语言环境中。可见网上那篇文章对吴晗的批评是没有道理的。

生：中国当然有优秀的人，也有坏人，吴晗会不懂这个道理吗？还用得着这位网上的作者来教训吗！再说，我们写文章总得给人一点启发或鼓舞，吴晗写这篇《谈骨气》就是要鼓舞人们以"中国人的骨气"去克服国家面临的困难。"我们中国人是有骨气的"，这样的句子铿锵有力，很有鼓舞人心的作用，如果改为"有一些中国人是有骨气的"，还有这种表达效果吗？

生：我同意他们的意见，想再作点补充。我们在谈到民族传统的时候，应该看主流的方面。世界上任何一个民族，都有优秀分子，也有败类，但优秀分子总是处在主流的地位，否则，这个民族就不可能生存和发展。他们也许人数不多，但却是一个民族的代表人物，也就是鲁迅说的民族的"脊梁"。

师：这几位同学说得真好！我同意你们的分析。"我们中国人是有骨气的"这句话中的"中国人"，指的正是堪称"中国的脊梁"的那一部分优秀的中国人，正是在他们的身上体现着中国人的骨气。再从语文知识的角度说，这里其实有一种修辞现象：整体和部分可以互代。吴晗的文章中是用表示整体概念的"中国人"代替一部分中国人。这在修辞学中叫作"借代"。

前面说过，这篇文章让九年级的学生读虽然嫌浅，但如果在读的时候不是把眼光局限于课文，而让视野稍稍拓宽一些，也是可以读出深意和趣味的。刚才同学们就是这样读的，我发现大家都表现出很高的兴趣。这对我们今后读文章是有启发的。

4. 布置作业

(1)就"中国人的骨气"问题谈谈你的看法。字数不限，形式不拘。完成作业前，可以从网上或到图书馆查找有关的资料，使你的议论像这篇《谈骨气》一样，有具体的事实作支撑，尽可能做到有理有据。

(2)与邻座的同学一起讨论课后练习题，不必做成书面作业。

第十六章　教学样式的创新探索

前几章分别介绍了系统讲授、引导探究、合作讨论和指导自学的教学样式。其实，在教学领域，还存在林林总总的教学样式，等待人们去学习、去选用，并在此基础上，去探索、去创新。

一、概　述

从根本上说，任何一种教学样式都有自身特定的目标、功能、适用范围和条件，不能适用于任何教学情境，不能"包打天下"。在教学样式多样化的背景下，尤其需要留意以下三点。第一，拓展知识面，多了解各种不同教学样式的概况；加深领悟度，多思考各种不同教学样式的特点。第二，根据教学目标、教学内容、学生现状、教师风格和教学条件等，结合各种教学样式的自身特点，从丰富多彩的样式中加以合理选择和运用。第三，也是非常关键的一点，即要优化组合、变通运用各种教学样式，在模仿中求创造，在运用中谋创新。

值得一提的是，教学样式的构建并不是终极追求，只是优化教学设计与实施的一种手段。在一定意义上，教学设计与实施的理想境界，是去样式化，是众法皆备于我的无式之式。

下文将提供"促进民族团结""平方差公式""锋与天气""小学语文说明文单元整体教学设计"这四则教学设计实例，展示人们对教学样式的创新探索。

二、"促进民族团结"教学设计

"促进民族团结"是统编版《道德与法治》九年级上册第七课第一框的内容。本节课的教学灵活运用合作探究、自主学习和角色扮演等方法，创造自然、流畅与和谐的学习氛围，引导学生思考、辨析、感悟和发展，具体教学设计如下：[1]

（一）课标依据

本课依据的课程标准是第四学段（7～9 年级）中的法治教育："了解民族区域自治制

---

[1]　林世龙：《"促进民族团结"教学设计》，载《中学政治教学参考》，2019(32)。

度对维护和发展平等团结互助和谐的社会主义民族关系的意义"。

(二)教学目标

引导学生认识和感受民族国情，增强维护民族团结的意识，自觉履行维护民族团结的基本义务。

(三)教学重点

了解我国是一个统一的多民族国家，体悟民族团结的重要作用。

(四)教学难点

感悟我国各民族团结奋进、共同维护国家安全与利益的优良传统并自觉传承。

(五)教学过程

1. 民族团结我感受

(1)学生活动一：阅读感悟。

多媒体播放：竹镇镇有 18 个少数民族，是南京市唯一的民族镇，在历史上还曾经出现过竹镇市。抗日战争时期，新四军名将罗炳辉、方毅等率部入驻竹镇一带，开辟根据地。1942 年 8 月，竹镇市抗日民主政府成立，竹镇是当时苏皖边区的政治、军事、经济、文化中心。许多当地的少数民族群众参加了抗日军队，一些少数民族人士为抗战奔走忙碌、无私奉献。满族的武铁肩是竹镇市首任市长，他不仅不拿工资，而且出钱出物招待新四军干部和战士，还主动出资作为政府办事经费。(穿插抗战时期竹镇市各族人民抗战的图片)

问题：从上述材料和教材第 92 页江孜保卫战的故事中，你能获得哪些感悟？

设计意图：介绍竹镇历史上各族人民共同抗日以保家卫国的情况，再结合著名的少数民族抗击英国侵略者的江孜保卫战，让学生感悟我国各民族团结奋进的优良传统和维护国家安全与利益的大义之举，初步突破教学难点。需要指出的是，关于我国民族分布的特点等内容，学生已在其他学科学习，本课时教学将其略去，在新授环节直接解决本框重难点问题。

(2)学生活动二：合作探究。

阅读教材第 93 页《探究与分享》栏目材料。结合材料讨论：在大灾面前，各族群众为什么会积极主动参与玉树抗震救灾？这说明了什么？(点拨：除了考虑本框内容，还可从民族精神和社会主义核心价值观等角度思考)

设计意图：合理利用教材栏目，结合典型事例，通过组内思维碰撞和组间交流互评，进一步体会民族团结的重要作用，有效突破教学难点。

2. 民族政策我认识

(1)学生活动一：自主学习。

民族平等、团结和共同繁荣是我国处理民族关系的基本原则。阅读教材第93、第94、第95页，使用以下表格梳理我国在政治、经济、社会、文化等方面坚持该原则的政策举措及相关实例。

表 16-1 民族政策、举措和实例分析

	政策和举措	实例
政治方面		
经济方面		
社会方面		
文化方面		

设计意图：九年级学生已经在历史、地理等学科及八年级法治教育专册不同程度地学习了我国处理民族关系的基本原则和民族区域自治制度，九年级《道德与法治》教材对我国如何促进民族团结的介绍分散在第七课第一框两目，让学生自主学习，从四个方面梳理相关内容，难度不大，而且有助于学生形成更清晰、有条理的认识。

(2)学生活动二：观点演绎。

多媒体呈现材料一：

民族区域自治法内容摘选：中华人民共和国民族区域自治法，根据中华人民共和国宪法制定。各少数民族聚居的地方实行区域自治……

宪法内容摘选：各民族都有使用和发展自己的语言文字的自由，都有保持或者改革自己风俗习惯的自由……

多媒体呈现材料二：

学生课前实践性作业信息摘选：在决胜脱贫攻坚战中，南京市第八批援藏工作组以规划帮扶、项目帮扶、结对帮扶、社会帮扶、产业帮扶、民生帮扶等多种方式，开展对口援藏和扶贫协作工作，援助对象墨竹工卡县40个行政村完成区市脱贫摘帽考核验收，在全区脱贫验收中评为优秀。墨竹工卡县整体实现脱贫摘帽，南京扶贫协作成效得到了干部群众一致好评。

问题：结合所学知识，简要说明上述材料是如何体现社会主义核心价值观国家和社会层面内容的。

设计意图：我国的民族政策和相关举措蕴含丰富的教育价值，本活动通过对社会主义核心价值观国家层面和社会层面内容的演绎，落实教学重点，促进学生思维能力和信息提取、语言表达能力的提升，有利于培育社会主义核心价值观。

3. 民族友爱我珍视

(1)学生活动一：角色扮演。

多媒体呈现学生课前实践性作业的信息摘选：南京市浦口区江浦高级中学是全国首批承办内地新疆高中班的学校之一。19 年来，学校办学成果显著，受到中央、省、市领导和新疆各族群众的热情赞扬和充分肯定。学校实行"四分"（分类指导、分层推进、分别要求、分档评价）教学原则。在学业上，不让一个人掉队，人人走向优秀，不断探索新疆班教学规律和方法，全面提升学生综合素养；在生活上，学校和教师都给予特别关照，为学生排忧解难。学校每年都让班主任和任课教师到新疆进行家访，了解家长和学生的需求，采取相应帮扶举措。

针对材料，联系所学知识和生活经验，进行角色扮演，回答下列问题：如果你是新疆班的一名同学，请你介绍生活在这样集体中的感受。如果你是江浦高级中学的学生，在与新疆班同学交往时，应注意什么？

设计意图：江浦高级中学与本区相邻，结合新疆班事例创设真实情境，引导学生通过角色扮演，回顾社会主义民族关系和我国民族政策，在体会中提升认同感，思考如何履行维护民族团结的基本义务。

三、"平方差公式"教学设计

"平方差公式"是人教版八年级《数学》上册的内容，以下教学设计灵活融入了讲练结合、引导发现和讨论交流等，充分体现了对教学样式的创新探索。本节课的授课教师是华南师范大学的林佳佳同学，本案在 2008 年由中国教育部国际交流司与师范司以及东芝公司共同举办的首届"东芝杯·中国师范大学师范专业理科大学生教学技能创新实践大赛"中获得第一名。具体设计如下：①

(一)教学目标

【知识与技能目标】(1)理解平方差公式的本质，即结构的不变性，字母的可变性；(2)达到正用公式的水平，形成正向产生式："$(\Box+\triangle)(\Box-\triangle)$"→"$\Box^2-\triangle^2$"。

【过程与方法目标】(1)经历公式的独立建构过程，构建以数的眼光看式子的数学素养；(2)发展抽象概括的能力；(3)提升问题解决能力，进行运用平方差公式来研究"等周问题"的探究。

【情感态度与价值观目标】纠正片面观点："数学只是一些枯燥的公式、规定，没有什么实际意义！学了数学没有用！"体会数学源于实际、高于实际、运用于实际的科学价值与文化价值。

---

① 林佳佳：《平方差公式的教学设计》，载《中学数学研究》，2009(1)。

（二）教学重点

第一，平方差公式的本质的理解与运用。

第二，数学是什么。

（三）教学难点

平方差公式的本质，即结构的不变性、字母的可变性。

（四）教学手段

计算机、PPT、flash。

（五）教学时间

一课时。

（六）教学流程图

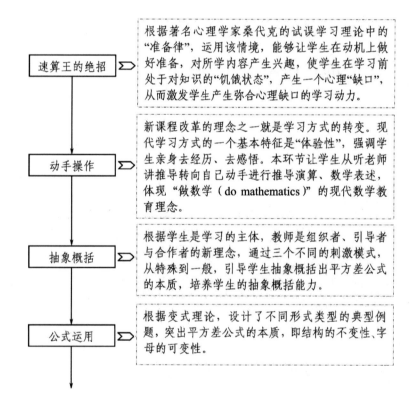

教学流程	设计意图
速算王的绝招	根据著名心理学家桑代克的试误学习理论中的"准备律"，运用该情境，能够让学生在动机上做好准备，对所学内容产生兴趣，使学生在学习前处于对知识的"饥饿状态"，产生一个心理"缺口"，从而激发学生产生弥合心理缺口的学习动力。
动手操作	新课程改革的理念之一就是学习方式的转变。现代学习方式的一个基本特征是"体验性"，强调学生亲身去经历、去感悟。本环节让学生从听老师讲推导转向自己动手进行推导演算、数学表述，体现"做数学（do mathematics）"的现代数学教育理念。
抽象概括	根据学生是学习的主体，教师是组织者、引导者与合作者的新理念，通过三个不同的刺激模式，从特殊到一般，引导学生抽象概括出平方差公式的本质，培养学生的抽象概括能力。
公式运用	根据变式理论，设计了不同形式类型的典型例题，突出平方差公式的本质，即结构的不变性、字母的可变性。

教学流程　　　　　　　　　　设计意图

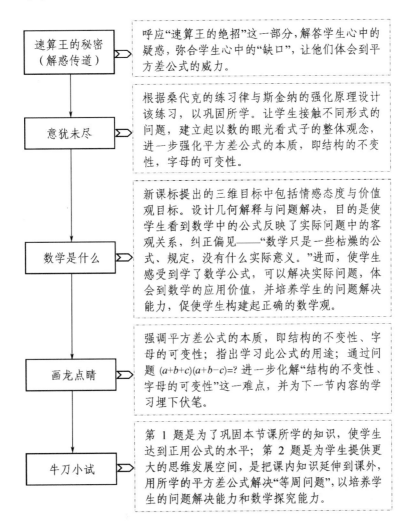

速算王的秘密
（解惑传道）

呼应"速算王的绝招"这一部分，解答学生心中的疑惑，弥合学生心中的"缺口"，让他们体会到平方差公式的威力。

意犹未尽

根据桑代克的练习律与斯金纳的强化原理设计该练习，以巩固所学。让学生接触不同形式的问题，建立起以数的眼光看式子的整体观念，进一步强化平方差公式的本质，即结构的不变性，字母的可变性。

数学是什么

新课标提出的三维目标中包括情感态度与价值观目标。设计几何解释与问题解决，目的是使学生看到数学中的公式反映了实际问题中的客观关系，纠正偏见——"数学只是一些枯燥的公式、规定，没有什么实际意义。"进而，使学生感受到学了数学公式，可以解决实际问题，体会到数学的应用价值，并培养学生的问题解决能力，促使学生构建起正确的数学观。

画龙点睛

强调平方差公式的本质，即结构的不变性、字母的可变性；指出学习此公式的用途；通过问题 $(a+b+c)(a+b-c)=?$ 进一步化解"结构的不变性、字母的可变性"这一难点，并为下一节内容的学习埋下伏笔。

牛刀小试

第 1 题是为了巩固本节课所学的知识，使学生达到正用公式的水平；第 2 题是为学生提供更大的思维发展空间，是把课内知识延伸到课外，用所学的平方差公式解决"等周问题"，以培养学生的问题解决能力和数学探究能力。

（七）教学过程

教学环节	教学内容	教师活动	学生活动	设计意图
1. 速算王的绝招（约 1 分钟）	在一次智力抢答赛中，主持人提供了两道题。第 1 题：$21×19＝?$ 第 2 题：$103×97＝?$ 主持人话音刚落，就立刻有一个学生刷地站起来抢答说："第 1 题等于 399，第 2 题等于 9991。"其速度之快，简直就是脱口而出。同学们，你知道他是如何计算的吗？你想不想掌握他的简便、快速的运算招数呢？	教师讲故事，激发学生的学习欲望。	学生听故事，并思考。	通过"速算王的绝招"这一故事情境创设，引发学生学习的兴趣，同时激发学生的好奇心和求知欲，顺利引入新课。

教学环节	教学内容	教师活动	学生活动	设计意图
2. 动手操作（约4分钟）	(1)现有两个数，不知其大小，请你随意用两个字母来表示这两个数； (2)请把这两个数的和与差分别表示出来。这两个式子是多项式还是单项式？ (3)请将所得的和与差相乘并化简； (4)请思考：两个数的和与这两个数的差的乘积等于什么？（让学生用自己的语言描述出来）	教师发出指令，引导学生操作。	学生动手操作演算，思考表达。	让学生运用前面已掌握的三个乘法法则，自己动手演算，积极思考，尝试数学表述，为后面的抽象概括做好准备。
3. 抽象概括（约3分钟）	教师同时请三名学生板演不同的操作演算形式： $(x+y)(x-y)=x^2-y^2$ $(m+n)(m-n)=m^2-n^2$ $(c+d)(c-d)=c^2-d^2$ 三名同学所用的字母，所得的结果完全不同！请问：他们的结果真的没有一点共同之处吗？引导学生横向比较三个结果，抽象概括出它们的共同结构："两个数的和与这两个数的差的乘积等于这两个数的平方之差。"它就是整式乘法的一个乘法公式——平方差公式(formula for the difference of squares)： $(a+b)(a-b)=a^2-b^2$	教师引导学生比较分析三种形式的异同。	学生比较分析三种形式的异同，归纳总结其共性。	通过三个不同刺激模式，由特殊到一般，师生共同概括出平方差公式，发挥教师的主导作用，学生的主体作用，培养学生的抽象概括能力。
4. 公式运用（约10分钟）	运用平方差公式计算： (1)$(p+q)(p-q)$； (2)$(3x+2)(3x-2)$； (3)$\left(-x+\frac{1}{2}y\right)\left(-x-\frac{1}{2}y\right)$； (4)$(b+ac)(ac-b)$。 分析：引导学生识别出它们都是两个数的和与这两个数的差的乘积的形式。 下面各式的计算对不对？如果不对，应当怎样改正？ (1)$(x+2)(x-2)=x^2-2$； (2)$(-3a-2)(3a-2)=9a^2-4$。	教师引导学生以数的眼光去看式子，并进行分析讲解。	学生思考问题。	1. 根据变式理论，设计了不同形式类型的典型例题，强化平方差公式的本质，即结构的不变性，字母的可变性。 2. 这组练习主要是考查学生有没有掌握平方差公式的结构。

教学环节	教学内容	教师活动	学生活动	设计意图
5. 速算王的秘密（解惑传道）（约 1 分钟）	$103 \times 97 = ?$ 解：103×97 $=(100+3)(100-3)$ $=100^2-3^2$ $=9991$。	教师引导讲解。	学生听讲思考。	呼应"速算王的绝招"这一部分，解答学生心中的疑惑，弥合学生心中的"缺口"，让他们体会到平方差公式的威力。
6. 意犹未尽（约 8 分钟）	课堂练习： 运用平方差公式计算： (1)$(a+3b)(a-3b)$; (2)$(3+2a)(-3+2a)$; (3)51×49; (4)$(3x+4)(3x-4)-$ $(2x+3)(3x-2)$。	教师巡视观察，进行个别辅导。	学生自己思考做题。	根据桑代克的练习律与斯金纳的强化原理设计该练习，以巩固所学。可以让学生接触不同形式的问题，建立起以数的眼光看式子的整体观念，进一步强化平方差公式的本质，即结构的不变性、字母的可变性。
7. 数学是什么（约 8 分钟）	有人说，数学只是一些枯燥的公式、规定，没有什么实际意义！请问数学真的没有什么实际意义吗？ 请看下面的问题： 1. 几何解释： (1)请表示图(1)中阴影部分的面积。 (2)将阴影部分拼成了一个长方形，见图(2)，这个长方形的长和宽分别是多少？你能表示出它的面积吗？ (3)比较前两问的结果，你有什么发现？ $S_{阴}=a^2-b^2$，$S_{阴}=(a+b)(a-b)$。 $\therefore (a+b)(a-b)=a^2-b^2$。 还有人说，学了数学没有用？果真如此吗？请看： 2. 问题解决： 宏业住宅小区的花园，起初被设计为边长为 a 米的正方形，后因道路	教师引导分析，讲解演示。	学生观察思考领悟。	新课标提出的三维目标中包括情感态度与价值观目标。 设计几何解释，目的是使学生看到数学中的公式反映了实际问题中的客观关系，纠正"数学只是一些枯燥的公式、规定，没有什么实际意义"这样的偏见。

教学环节	教学内容	教师活动	学生活动	设计意图
	的原因,设计修改为:北边往南平移 2.5 米,而东边往东平移 2.5 米。试问修改后的花园面积和原先设计的花园面积相差多少? 解:如图(1),原花园的面积 $S=a^2$。 修改后的花园面积如图(2)所示,其面积 $S_后=(a+2.5)(a-2.5)=a^2-2.5^2$。所以,$S-S_后=a^2-(a^2-2.5^2)=2.5^2=6.25(\text{m}^2)$。 答:修改后的花园面积比修改前少了 6.25 平方米。	教师引导分析,讲解演示。	学生听讲思考观察。	设计问题解决的目的,一是培养学生的问题解决能力;二是使学生知道,学了数学公式,可以用来解决实际问题,从而体会到数学的应用价值,并构建起正确的数学观。
8. 画龙点睛(约 4 分钟)	1. 平方差公式的本质: $(a+b)(a-b)=a^2-b^2$。 (1)结构是稳定不变的,即只要是两个数的和与这两个数的差的乘积,就一定等于这两个数的平方之差。 (2)公式中的字母 a 和 b 却可以变脸!可以是其他字母;可以是正数,也可以是负数;可以是单项式,也可以是多项式。	教师引导总结。	学生思考体会。	让学生看到公式的本质所在,能突破公式字面意义的局限性,建立起较高层次的有意义条件反射,而不是机械的记忆公式。
	2. 我们为什么要学习平方差公式,学了它我们能做什么呢? 在进行某些乘法运算时,利用平方差公式,可以进行简便、快速运算。 计算:$(a+b+c)(a+b-c)=?$ 解:$(a+b+c)(a+b-c)$ $=[(a+b)+c][(a+b)-c]$ $=(a+b)^2-c^2$。 那么如何计算 $(a+b)^2$? 也就是说,如何计算两数和的完全平方呢?让我们共同期待下一次数学课的到来!	教师启发学生以数的眼光看字母式子。	学生识别出这是两数和与这两数差的乘积的结构。	点明学习平方差公式的必要性。 进一步化解"结构的稳定性,字母的可变性"这一难点,并为下一节内容的学习埋下伏笔。

教学环节	教学内容	教师活动	学生活动	设计意图
9. 牛刀小试（布置家庭作业）（约1分钟）	家庭作业： 1. 运用平方差公式计算： $(1)\left(\dfrac{2}{3}x-y\right)\left(\dfrac{2}{3}x+y\right)$； $(2)(xy+1)(xy-1)$； $(3)(2a-3b)(3b+2a)$； $(4)(-2b-5)(2b-5)$； $(5)2001\times1999$； $(6)998\times1002$。	教师布置作业。	学生认真记录。	由浅入深的练习和灵活的变式练习，能够强化本节课所学的知识。
	2. 数学探究——等周问题： 宏业住宅小区的花园，起初被设计为边长为 a 米的正方形，后因道路的原因，设计修改为：北边往南平移 $x(x\leqslant a)$ 米，而西边往西平移 x 米。试问： (1)修改后的花园面积和原先设计的花园面积相差多少？ (2)上述两种设计的面积之差与 x 的大小有什么关系？ (3)在周长为定值 $4a$ 的矩形中，什么时候其面积最大？ (4)计算周长均为 $4a$ 的圆的面积，正六边形的面积。由此你有什么新的发现？	教师解释问题。	学生思考问题。	该环节为学生提供更大的思维发展空间，是把课内知识延伸到课外，用所学的平方差公式解决"等周问题"，以培养学生的问题解决能力和数学探究能力。

本教学设计实现了三个方面的创新。一是目标创新。①理解平方差公式的本质，即结构的不变性，字母的可变性。这也是数学公式的本质，初步化解了今后大量数学公式学习的难点。②培养"以数的眼光看式子的整体观念"的数学素养，培养学生的问题解决能力和数学探究能力。③纠正片面观点："数学只是一些枯燥的公式、规定，没有什么实际意义！学了数学没有用！"二是教法创新。从低认知水平的模仿套公式转向高认知水平的学生动手操作，教师引导发现，师生共同抽象概括，形成正向产生式："$(\square+\triangle)(\square-\triangle)$"→"$\square^2-\triangle^2$"。三是数学创新。设计了运用平方差公式来解决实际问题的例子，为学生提供运用平方差公式来研究"等周问题"的探究机会，以培养学生的问题解决能力和数学探究能力，体现了现代数学教育的价值取向。

四、"锋与天气"教学设计

"翻转课堂"是互联网时代一种全新的教学模式，是在技术支持下，学生课前完成基础知识的精学，课堂上师生合作进行知识应用与问题解决，经由教学流程的翻转带动师生角色发生转变以及教育理念、内容、方式与评价等产生变革,进而带动学生的学习投入度提高、课堂学习参与度增强以及知识内化与应用效果提升。[①] "锋与天气"一课的教学设计,即是基于翻转课堂模式开展地理教学活动。本节课的教学内容是人教版高中《地理》选择性必修1"常见天气系统"知识点。制订的教学目标是:理解不同锋面系统的活动规律和天气特征;比较分析冷暖锋的特征;了解天气变化对人类生产生活的影响。翻转课堂模式下该内容的教学,分为课前学习活动、课中教学活动和课后反馈活动:[②]

(一)课前学习活动

课前学习活动是翻转课堂实施的重要阶段,教师设计学习任务单,提供微视频和参考资料(包括景观图片、地图、拓展资料等),供学生自主学习并完成相应学习任务。

1. 任务一:气团

主要包含三个步骤:(1)结合教材内容掌握气团的概念。(2)结合教师所给的参考资料,明确气团按照热力性质,分为暖气团和冷气团。(3)观看微视频(一),比较冷暖气团的性质。

设计意图:引导学生理解气团的概念、分类及性质,为"锋"的学习作铺垫。

2. 任务二:锋的形成

主要包含三个步骤:(1)结合教材内容,掌握锋线、锋面和锋的概念。(2)观看微视频(二)的模拟实验:仔细观察在向上抽出隔板后的数秒内,冷热水之间会出现什么现象?分析产生此种现象的原因,并描述锋在冷暖气团控制下的形成过程。(3)画出"锋"的示意图。

设计意图:通过实验,引导学生掌握锋的形成过程,明确暖气团的位置,其交界面就是锋面。培养学生的观察能力和分析解决问题能力。

3. 任务三:冷暖锋的特征比较

主要包括以下步骤:(1)阅读教材,观看微视频(三),了解锋的类型,掌握冷暖锋的形成过程。(2)观看微视频(四),比较冷暖锋在概念、示意图、雨区位置、雨线倾向、锋面符号之间的不同,运用表格进行归纳。

设计意图:引导学生观看视频,自主学习冷暖锋形成过程及其特征,并通过示意图和表格归纳知识点,培养其归纳分析和比较能力。

4. 任务四:冷暖锋的天气特征

主要包括以下步骤:(1)结合教材内容,观看微视频(五),掌握冷暖锋过境前、过

---

① 曾文婕等:《怎样设计"以学生学习为中心"的大学翻转课堂》,载《现代远程教育研究》,2020(5)。

② 叶莎莎:《基于翻转课堂模式的中学地理教学设计——以高中〈地理〉(人教版·必修1)"锋与天气"为例》,载《中学地理教学参考》,2015(9)。

境时和过境后的天气特征。(2)运用表格进行归纳，如表 16-2。

表 16-2　冷暖风的天气特征与实例

		冷锋	暖锋
天气特征	过境前		
	过境时		
	过境后		
我国天气实例			

设计意图：引导学生自主学习冷暖锋影响下的天气特征，并通过表格培养其归纳分析能力，使学生结合我国天气情况，将理论应用于实际生活中。

5. 任务五：准静止锋

主要包括以下步骤：(1)结合教材内容，掌握准静止锋的概念，并绘制示意图。(2)结合我国实际情况，描述准静止锋控制下的天气状况。掌握江淮准静止锋、天山准静止锋和昆明准静止锋控制下对当地天气的影响。

设计意图：引导学生掌握准静止锋的特征并绘制示意图，将理论运用于实际生活中。

6. 任务六：疑难点

学生写下自主学习过程中的疑难点，进行汇总，为课中教学活动提供依据。

(二)课中教学活动

课中的教学环节主要包括：梳理问题、解决问题、系统整理、巩固强化。

1. 梳理问题

疑难点 1：冷暖锋形成的具体过程。

疑难点 2：冷锋、暖锋和准静止锋降水特点和位置。

疑难点 3：冷暖锋过境前、过境时、过境后的天气特征。

2. 解决问题

小组讨论：在教师指导下，学生以前后桌为小组，探究三个疑难点并得出相应结论。

个性展示：针对疑难点 1 和疑难点 2，随机挑选小组代表回答问题。

角色扮演：针对疑难点 3，采用角色扮演方式，三名学生分别扮演过境前、过境时、过境后的天气特征，在小组成员共同合作下描述天气特征。

师生交流和教师点评：教师针对疑难点，与学生进行交流讨论，评价各小组发言，给予肯定鼓励，并指出不足之处。

3. 系统整理

疑难点讨论结束之后，教师带领学生对本课重难点知识进行系统整理，构建知识结构图，绘制思维导图。

4. 巩固强化

采取课堂练习形式,如选择题、填图题和填空题,以巩固知识点,强化重难点。

(三)课后反馈活动

课后反馈活动是翻转课堂教学模式的最后一个阶段,对学生和教师进行评价,有利于师生共同成长,优化教学策略。

学生:(1)复习本课知识点,完成课后练习。(2)对本课学习过程提出不足之处与改进建议。(3)自我反思,是否达到课堂教学目标,并制订优化复习方案。

教师:(1)反思本课中的优缺点,制订优化措施。(2)收集学生意见和建议,及时制订改进措施。(3)及时了解学生学习情况,对学困生进行重点辅导。(4)对学生在课前、课中和课后三个阶段做出科学评价。

"翻转课堂"教学模式并不改变教学内容,只是在教学方式和教学流程上进行调整,将其运用于高中地理教学时,重点在于调动学生的学习主动性,发挥其学习潜能。在实际操作过程中,由于地理具有空间性与地域性的特点,学生自主学习难度较大,要求教师应用该模式时,重点关注学生的空间思维、读图与归纳综合能力的发展,课堂教学注重师生结合,课后评价方式多样化、评价主体多元化,真正让学生感受到自主学习的成就感。

五、小学语文说明文单元整体教学设计

说明文的实践应用在生活中无处不在。教师进行单元整体教学设计,帮助学生在学校教育与现实世界、现在与未来之间搭建桥梁。具体设计如下:①

(一)单元整体规划

说明文单元共有四篇文章,从说明对象来看,《风向袋的制作》属于程序说明文,而《太阳》《松鼠》《鲸》则属于实物说明文;从语言风格来看,《松鼠》属于典型的文艺性说明文,《风向袋的制作》则属于典型的平实性说明文。总体来说,这个单元属于并联结构,大概念1、2、3(见表16-3)均贯彻于这四篇课文中。根据说明文的学习逻辑,本单元可以分为四个单元链,即什么是说明文(1~2课时)、说明文的不同类型(1~2课时)、说明方法有哪些(1~2课时)和"我来写写说明文"(3~4课时),但同时前两个单元链以《太阳》和《松鼠》这两篇课文为重点案例来帮助学生理解大概念。当单元链根据时间形成单元轴时,前面三个单元链各侧重于一个大概念,同时也有融合,最后一个单元链充分融合三个大概念。

---

① 刘徽:《大概念教学:素养导向的单元整体设计》,294~302页,北京,教育科学出版社,2022。

（二）单元目标设计

本单元的素养目标为：读懂学校和生活中不同类型的说明文，体会语言风格、说明方法的差异，准确迅速地抓住说明文要表达的要点。能够根据不同对象、目的和场合，合理选材和构思，并正确灵活地运用不同的说明方法进行书面或口头表达。同时养成热爱生活、亲近自然、关注社会以及实事求是、严谨科学的态度。

表 16-3　单元大概念与具体单元目标

单元大概念	具体单元目标
大概念1：说明文是一种客观说明事物、阐明事理的文体。	1.1　能够把握说明文的特点，将之与其他文体相区分。 1.2　体会说明文在人类生活中的必要性。 1.3　养成实事求是、崇尚真知的科学态度。
大概念2：根据不同的目的和对象，说明文可以分为不同的类型，它们的语言风格和说明方法都有所差异。	1.1　理解说明文在不同情境下的功用。 1.2　能够根据说明对象的不同，区分程序说明文、实物说明文和事理说明文。 1.3　能够根据语言风格，区分平实性说明文和文艺性说明文(科普小品文)。 1.4　能够根据不同的说明文类型进行合理选材和构思，凸显重点和要点。 1.5　体会科普的重要性，建立人与自然的联结。
大概念3：不同说明方法的用途有所不同，如列数字是为了更精确地表达，而举例子、作比较和打比方则是通过将陌生的事物熟悉化，从而更具体生动地进行表达。	1.1　认识列数字、作比较、举例子和打比方等说明方法的价值和作用。 1.2　能够识别不同的说明方法。 1.3　能够正确灵活地运用说明方法。

其他具体单元目标则包含正确熟悉"殖""鼠"等字；认识"敏捷""触动""追逐"等词语。

（三）单元评价设计

最终评价任务可以让学生撰写说明文，例如，学生办一期属于自己班级的《我们爱科学》，每个学生都是特约作者，选择自己感兴趣的主题和内容撰写一篇科普文章(可配图)。

表 16-4　成果评价分析型量规设计

指标	选材合理性	构思条理性	语言风格呈现	说明方法运用
权重	30%	20%	20%	30%

指标	选材合理性	构思条理性	语言风格呈现	说明方法运用
3	根据具体的情境选取合适的素材，既充分体现事物的特点，又能做到科学准确。	全文整体构思清晰有条理，说明逻辑顺序合理。	全文语言风格整体统一，呈现出平实或生动活泼的鲜明特征。	能够正确运用合适的说明方法，达到清晰准确或生动有趣的说明效果。
2	根据具体的情境选取了部分合适的素材，能做到科学准确，但未能充分体现事物的特点。	全文整体构思基本清晰有条理，说明逻辑顺序大致合理，但有1～2处存在逻辑混乱的问题。	全文语言风格基本统一，大致呈现平实或生动活泼的特征，但有1～2处的语言风格存在差异。	能够正确运用合适的说明方法，基本达到清晰准确或生动有趣的说明效果，但在方法选择或运用上存在不恰当之处。
1	未能根据具体情境选取合适的素材，或所收集的素材比较有限，或科学性上有所偏差。	全文整体构思模糊无条理，说明逻辑顺序不合理，有多处存在逻辑混乱的问题。	全文语言风格不统一，难以呈现平实或生动活泼的特征，有多处语言风格存在差异。	没有很好地运用说明方法，不能达到清晰准确或生动有趣的说明效果。

(四)单元过程设计

导入：本单元我们将学习说明文，就像叶圣陶爷爷说的那样，"说明文以'说明白了'为成功"，当然有时还有更高的要求。

1. 单元链一："什么是说明文？"(重点学习大概念 1)

教师讲解＋师生交流：学习《太阳》这篇课文。讨论本质问题：选择说什么？怎么说？

教师示证：出示四篇与"太阳"主题有关的不同文体的文章，比较童话、记叙文、散文和说明文的异同，理解文体的不同主要在于写作目的的不同。

小组合作：教师给学生提供十篇已经学过的文章，请学生进行归类，并对小组的分类结果进行交流，教师予以反馈。

师生交流：讨论本质问题"猜想下，最早的说明文是什么？""为什么会有说明文？""说明文的特点是什么？"等。

独立思考＋师生交流：为什么《白鹭》不是说明文？

作业布置：寻找生活中的说明文。

2. 单元链二："说明文的不同类型"(重点学习大概念 2)

教师讲解＋师生交流：学习课文《松鼠》，并与《中国大百科全书》中的《松鼠》说明文进行比较，两篇说明文有什么不同，为什么有这样的不同。

自主阅读＋教师辅导：学习《鲸》和《风向袋的制作》两篇课文。

小组合作＋师生交流：出示一些说明文，统整学生在"单元链一"中收集的说明文，请学生进行分类，同时猜想应用的情境。

讨论问题：说明文有哪些不同类型？各自有什么特点？

作业布置：根据说明文的分类，对前一阶段"寻找生活中的说明文"作业进行补充完善。

3. 单元链三："说明方法有哪些"(重点学习大概念 3)

教师讲解＋教师示证＋师生交流：学习说明文会用的说明方法，如列数字、作比较和打比方等。通过举例让学生理解说明方法的大概念。结合具体案例思考本质问题：为什么要用这种说明方法？有没有发挥作用？

作业布置：(1)说明方法应用的纠错练习；(2)找到课文中的说明方法。

4. 单元链四："我来写写说明文"(学习大概念 1、2、3)

教师示证＋师生交流：教师出示电视塔的说明文例文(例文中融入学生在说明文写作时的易错点)，请学生进行评价和修改。

独立完成＋教师辅导：将《白鹭》第 2～5 自然段改写为说明文，教师辅导并进行例文分析。

作业布置：请学生根据自己的兴趣选择一件值得介绍的事物，配图撰写科普文章，最后集成一本班级版《我们爱科学》。

5. 反思

组织"我所认识的说明文"的前后对比活动，让学生总结学完这个单元后对说明文有了哪些新理解，在日常生活中怎样才能说得更明白，等等。

布置持续性反思任务：请学生在今后一个月中记录日常学习和生活中说明的实物、程序或事理等并进行反思。这里的说明文可以是口头的，也可以是书面的。

参考文献

1. 布兰思福特等. 人是如何学习的——大脑、心理、经验及学校[M]. 程可拉等译. 上海：华东师范大学出版社，2002. ［美］

2. 蔡晓燕. 善用学生已有知识[J]. 科学课，2006(3).

3. 陈娟. 浅论物理课堂教学设计[J]. 物理通报，2008(12).

4. 陈琳. 初中思想品德学科发展性评价方法初探[J]. 思想政治课教学，2006(6).

5. 陈思静. "化学是人类打开物质世界的钥匙"的教学设计[J]. 化学教学，2009(8).

6. 陈向明. 教师的作用是什么——对教师隐喻的分析[J]. 教育研究与实验，2001(1).

7. 陈之华. 芬兰教育全球第一的秘密[M]. 北京：中国青年出版社，2009.

8. 程同森等. 初中化学教学落实观念教学的探索——"物质是由微粒构成的"教学设计与实施[J]. 化学教育，2009(10).

9. 仇国发. 从"女儿村"谈铍[J]. 科学大众，2003(6).

10. 丛立新. 讲授法的合理与合法[J]. 教育研究，2008(7).

11. 崔允漷. 课程实施的新取向：基于课程标准的教学[J]. 教育研究，2009(1).

12. 董林伟. 从"研标读本"来引领教师的专业发展[J]. 中国数学教育(初中版)，2009(7/8).

13. 董旭午. 归去来兮，教师讲授之精魂[J]. 语文教学通讯，2010(3A).

14. 窦桂梅. 回到说课[J]. 江苏教育(小学教学版)，2009(4).

15. 杜殿坤，朱佩荣. 苏联关于教育思想的论争[M]. 北京：教育科学出版社，1988.

16. 杜威. 民主主义与教育[M]. 王承绪译. 北京：人民教育出版社，2001. ［美］

17. 冯旭洋. 统编初中语文教材单元教学目标设计——基于单元整体教学的视角[J]. 课程·教材·教法，2021(12).

18. 高岱亮. 基于课程标准要求的《摩擦力》教学设计[J]. 中学物理，2017(9).

19. 顾明远. 教育大辞典(增订合编本)[Z]. 上海：上海教育出版社，1998.

20. 顾文亚. 数学教学中"推敲"故事两则[J]. 江苏教育(小学教学版)，2009(11).

21. 韩震. 道德与法治课程标准的新特点[J]. 全球教育展望，2022(4).

22. 何江. 数学课堂教学设计的有效性探究[J]. 数学通报，2008(9).

23. 核心素养研究课题组. 中国学生发展核心素养[J]. 中国教育学刊，2016(10).

24. 华国栋，高宝立. 实施优质教育，促进全体学生全面发展——江苏省泰兴市洋思中学的经验及启示[J]. 教育研究，2005(6).

25. 黄甫全. 现代课程与教学论学程(下册)[M]. 北京：人民教育出版社，2006.

26. 黄桂平，徐建平. 回归讲授法真谛 焕发政治课活力[J]. 教学与管理，2008(6).

27. 黄惠珍. "探究做功与物体速度变化的关系"教学设计[J]. 中学物理教学参考，2009(8).

28. 黄伟. 教学三维目标的落实[J]. 教育研究，2007(10).

29. 霍晓宏，高杰. 为学生的课堂行为进行教学设计[J]. 物理通报，2009(1).

30. 江家发，杨浩文. 新课程理念下的化学教学设计[J]. 中国教育学刊，2005(8).

31. 蒋晓茹. 大单元大任务设计让自主识字真实发生——统编本教材二年级下册第三单元教学实践与思考[J]. 语文建设，2019(8).

32. 解世雄. 物理课堂教学设计的几点理论思考[J]. 课程·教材·教法，2008(10).

33. 靖国平. 从"仓库"理论到"蜜蜂"理论——知识教学观的变革[J]. 中国教育学刊，2000(2).

34. 卡西尔. 人论[M]. 甘阳译. 上海：上海译文出版社，1985. ［德］

35. 夸美纽斯. 大教学论[M]. 傅任敢译. 北京：人民教育出版社，1984. ［捷］

36. 兰德曼. 哲学人类学(第2版)[M]. 阎嘉译. 贵阳：贵州人民出版社，2006. ［德］

37. 雷玲. 小学数学名师教学艺术[M]. 上海：华东师范大学出版社，2008.

38. 李本华. 分数也有人情味[J]. 天津教育，2002(12).

39. 李冲锋. 四种教学隐喻的分析[J]. 上海教育科研，2006(5).

40. 李定仁. 教学思想发展史略[M]. 兰州：甘肃教育出版社，2004.

41. 李定仁，徐继存. 教学论研究二十年(1979—1999)[M]. 北京：人民教育出版社，2001.

42. 李建华，覃青必. 论道德自由的三个基本向度[J]. 哲学研究，2006(1).

43. 李娜. 答疑的基本方法及应注意的问题[J]. 黑龙江教育，1994(7/8).

44. 李鹏程. 当代文化哲学沉思[M]. 北京：人民出版社，1994.

45. 李琴. 教师如何让课堂更加生动有趣[M]. 长春：吉林大学出版社，2008.

46. 李天金. 靠制度给教师提供课改动力[N]. 中国教师报，2003-5-14(B1).

47. 李雪峰. 警惕教材开发过度现象[J]. 教学与管理，2009(10).

48. 林佳佳. 平方差公式的教学设计[J]. 中学数学研究，2009(1).

49. 林世龙. "促进民族团结"教学设计[J]. 中学政治教学参考，2019(32).

50. 林宪生. 教学设计的概念、对象和理论基础[J]. 电化教育研究，2000(4).

51. 林运来. 初中课文重难点确定与突破[J]. 语文教学通讯，1998(2).

52. 刘华. 不侵犯学生的创造空间——探究式学习指导的基本原则[J]. 教育科学研究，2010(4).

53. 刘徽. 大概念教学：素养导向的单元整体设计[M]. 北京：教育科学出版社，2022.

54. 刘徽. "大概念"视角下的单元整体教学构型——兼论素养导向的课堂变革[J]. 教育研究，2020(6).

55. 刘晟等. 核心素养如何落地——来自全球的教育实践案例及启示[J]. 人民教育，2016(20).

56. 刘墉. 跨越自己生命的高度[M]. 贵阳：贵州人民出版社，2001.

57. 刘墉. 刘墉·精品书坊·纵横卷(M). 南宁：接力出版社，2002. ［美］

58. 刘原，于书江. 从"小学科"里走出的"大教师"——记地理特级教师王能智[J]. 北京教育，2003(4).

59. 卢梭. 爱弥儿论教育[M]. 李平沤译. 北京：商务印书馆，1978. ［法］

60. 鲁献蓉. 从传统教案走向现代教学设计——对新课程理念下的课堂教学设计的思考[J]. 课程·教材·教法，2004(7).

61. 马水娟. 基于理解与尊重，勇于超越与重构——谈小学科学教材的二度开发[J]. 中小学教学研究，2009(5).

62. 马斯洛等. 人的潜能和价值[C]. 林方等编译. 北京：华夏出版社，1987. ［美］

63. 梅迪契. 新教育[M]. 侯健译. 北京：商务印书馆，1998. ［法］

64. 苗力田，李毓章. 西方哲学史新编[M]. 北京：人民出版社，1990.

65. 倪静君. 合作学习组织形式探索：以一堂小学英语方位教学课为例[J]. 全球教育展望，2010(2).

66. 宁本涛. "五育融合"与中国基础教育生态重建[J]. 中国电化教育，2020(5).

67. 帕尔默. 教学勇气：漫步教师心灵[M]. 吴国珍等译. 上海：华东师范大学出版社，2005. ［美］

68. 潘蕾琼等. 师范生师德养成课程创新研究——以"高尚师德修养实验"课程为例[J]. 中小学德育，2019(9).

69. 潘永庆. 关于新课程教学设计的几点反思[J]. 当代教育科学，2004(20).

70. 裴光亚. 试谈以人为本的三维课堂教学[J]. 中学数学，2006(1).

71. 彭富春. 哲学美学导论[M]. 北京：人民出版社，2005.

72. 钱梦龙. 钱梦龙与导读艺术[M]. 北京：北京师范大学出版社，2006.

73. 秦豪. 论问题逻辑在教学中的作用[J]. 课程·教材·教法，1986(8).

74. 邱学华. 邱学华与尝试教育人生[M]. 北京：北京师范大学出版社，2006.

75. 邵利娜. 《安恩和奶牛》教学设计[J]. 中学语文教学，2009(8).

76. 盛群力. 什么样的教学任务适宜合作学习[J]. 人民教育，2004(5).

77. 施勤，柴林喜. 小学数学课堂教学的55个细节[M]. 成都：四川教育出版社，2006.

78. 苏霍姆林斯基. 给教师的建议(修订版)[M]. 杜殿坤编译. 北京：教育科学出版社，1984. ［苏］

79. 苏霍姆林斯基. 帕夫雷什中学[M]. 赵玮等译. 北京：教育科学出版社，1983. ［苏］

80. 孙双金. 孙双金与情智教育[M]. 北京：北京师范大学出版社，2006.

81. 孙永强等. 应用信息技术创新语文阅读教学的思路与策略研究[J]. 电化教育研究，2013(10).

82. 王本陆. 课程与教学论[M]. 北京：高等教育出版社，2004.

83. 王金红. 更合理有效地使用教材的探索与实践[J]. 思想政治课教学，2008(10).

84. 王金战，隋永双. 英才是怎样造就的[M]. 重庆：重庆出版社，2006.

85. 王力波. 列子译注[M]. 哈尔滨：黑龙江人民出版社，2003.

86. 王凌，余慧娟. 关于数学教育若干重要问题的探讨——对话特级教师王凌的读书笔记[J]. 人民教育，2008(7).

87. 王升. 教学策略与教学艺术[M]. 北京：高等教育出版社，2007.

88. 王崧舟. 诗意语文挥洒诗意人生(上)[J]. 小学教学参考(语文)，2004(11).

89. 王为峰. 初中数学教学难点的确定及处理[J]. 中学数学杂志(初中)，2002(6).

90. 王小雪. 巧用实验打造魅力课堂——实验演示法在政治教学中的运用[J]. 考试周刊，2009(7).

91. 王晓春. 教育智慧从哪里来：点评100个教育案例(小学)[M]. 上海：华东师范大学出版社，2005.

92. 王晓春. 让学习更加人性化[J]. 河南教育，2000(6).

93. 王烨晖，辛涛. 基于核心素养的课程改革之关键问题[J]. 人民教育，2017(3).

94. 王跃. 高效课堂的101个细节[M]. 广州：广东高等教育出版社，2009.

95. 王自文，王崧舟. 《古诗两首》教学设计及点评[J]. 小学教学参考(语文)，2004(12).

96. 韦伯. 有效的学生评价[M]. 国家基础教育课程改革"促进教师发展与学生成长的评价研究"项目组译. 北京：中国轻工业出版社，2003. [美]

97. 魏书生. 教学工作漫谈[M]. 桂林：漓江出版社，2007.

98. 魏书生. 语文教学[M]. 沈阳：沈阳出版社，2000.

99. 吴建明. 绿太阳[J]. 湖北教育，2000(1/2).

100. 吴式颖. 外国教育史教程[M]. 北京：人民教育出版社，1999.

101. 吴正宪. 吴正宪与小学数学[M]. 北京：北京师范大学出版社，2006.

102. 小学数学(第3辑)[M]. 北京：人民教育出版社，2009.

103. 肖川. 名师作业设计经验(数学卷)[C]. 北京：教育科学出版社，2007.

104. 谢弗勒. 人类的潜能：一项教育哲学的研究[M]. 石中英，涂元玲译. 上海：华东师范大学出版社，2005. [美]

105. 谢明初等. 数学学困生的转化[M]. 上海：华东师范大学出版社，2009.

106. 辛涛，贾瑜. 核心素养落地的几个关键问题[J]. 教育科学研究，2019(7).

107. 辛晓明. 异域阅读课《灰姑娘》教学评析[J]. 小学语文教学，2004(4).

108. 徐秋云，李远蓉. 农村中学化学课程资源开发与利用的调查研究[J]. 中学化学教与学，2006(8).

109. 徐淑萍. 在生成性数学课堂中展现学生自我评价魅力[J]. 小学数学教育，2008(10).

110. 徐玉斌. 略论农村小学艺术课程资源的若干问题[J]. 教育研究，2002(7).

111. 杨惠丽. "四个过渡""五个环节"培养学生自学能力[J]. 新课程(中学版)，2010(1).

112. 叶澜. 更新教育观念，创建面向21世纪的新基础教育[J]. 中国教育学刊，1998(2).

113. 叶莎莎. 基于翻转课堂模式的中学地理教学设计——以高中《地理》(人教版·必修1)"锋与天气"为例[J]. 中学地理教学参考，2015(9).

114. 叶小兵. 讲授的必要[J]. 历史教学，2006(4).

115. 易良斌. 例谈数学教材处理的"六个注意"[J]. 教育研究与实验(新课程研究)，2006(6).

116. [英]汉迪. 饥饿的灵魂[M]. 刘海明，张建新译. 上海：上海三联书店，1999.

117. [英]洛克. 教育漫话[M]. 傅任敢译. 北京：人民教育出版社，1985.

118. 余慧娟，赖配根. 开展合作学习的有效策略[J]. 人民教育，2002(10).

119. 余文森. 从三维目标走向核心素养[J]. 华东师范大学学报(教育科学版)，2016(1).

120. 余文森. 从"双基"到三维目标再到核心素养——改革开放40年我国课程教学改革的三个阶段[J]. 课程·教材·教法，2019(9).

121. 俞正强. 只有心灵才会把一切安排得最好——浙江省数学特级教师夏美丝访谈录[J]. 教学月刊(小学版)，2007(12).

122. 袁仕理. 对数学教学中若干"顾此失彼"现象的思考[J]. 中国教师，2009(20).

123. 袁腾飞. 历史课的体验和探究——《繁盛一时的隋朝》教学设计[J]. 中小学教材教学，2003(23).

124. 曾文婕. 如何看待教育中的"限制"[J]. 教育科学研究，2008(5).

125. 曾文婕. 试析教学领域的文化错位[J]. 教育发展研究，2010(4).

126. 曾文婕. 文化学习引论——学习文化的哲学考察与建构[D]. 广州：华南师范大学博士学位论

文，2007.

127. 曾文婕. 学习通达自由——对学习领域自由问题的新阐释[J]. 教育研究，2008(6).

128. 曾文婕，周子仪，刘磊明. 怎样设计"以学生学习为中心"的大学翻转课堂[J]. 现代远程教育研究，2020(5).

129. 张春莉. 走向多样化的评价——小学生学习能力评价的理念、方法与实践[M]. 上海：上海教育出版社，2005.

130. 张奠宙. 构建学生容易理解的数学教育形态——数学和人文意境相融合的 10 个案例[J]. 教育科学研究，2008(7).

131. 张焕庭. 西方资产阶级教育论著选[C]. 北京：人民教育出版社，1979.

132. 张庆. 何必如此看重"收口"[J]. 小学语文教师，2003(7/8).

133. 张世成. 学生意识：体验教学的起点[J]. 中学物理教学参考，2009(5).

134. 张双弟，余娟. 基于学科核心素养的教学目标设计[J]. 甘肃教育研究，2021(8).

135. 赵爽. 和"蜗牛"一道散步[J]. 小学语文，2009(9).

136. 郑百苗. 人文关怀是一种召唤——《江雪》教学片断[J]. 教学月刊(小学版)，2002(4).

137. 周桂海. 全过程都让学生学——浅析江苏省泰兴市洋思中学"先学后教，当堂训练"的课堂教学结构[J]. 江苏教育，2002(8B).

138. 朱良. 高中政治议题式活动教学探析——以《我国的基本经济制度》教学设计为例[J]. 中学教学参考，2020(16).

139. 朱铁成，张晶. 中学物理"生活化"教学的策略[J]. 中学物理教与学，2010(6).

140. 朱艳娥. 《赠汪伦》教学设计[J]. 东坡赤壁诗词，2007(1).

141. Ausubel，D. P. ，et al. Educational Psychology：A Cognitive View（2nd Ed. ）[M]. New York：Holt，Rinehart & Winston，1978.

142. Bloom，B. S. Taxonomy of Educational Objectives，Handbook I：Cognitive Domain[M]. New York：David McKay，1956.

143. Clement，M. ，Vandenberghe，R. Teachers' Professional Development：A Solitary or Collegial（Ad）venture[J]. Teaching and Teacher Education，2000(1)：81-101.

144. Krathwohl，D. R. ，et al. Taxonomy of Educational Objectives，Handbook II：Affective Domain[M]. New York：David McKay，1964.

145. Simpson，E. J. The Classification of Educational Objectives in the Psychomotor Domain[M]. Washington，DC：Gryphon House，1972.